Stefan Selke
SCHAMLAND

Stefan Selke

SCHAMLAND

Die Armut mitten unter uns

Econ

Econ ist ein Verlag
der Ullstein Buchverlage GmbH

ISBN 978-3-430-20152-0

© der deutschsprachigen Ausgabe
Ullstein Buchverlage GmbH, Berlin 2013
Alle Rechte vorbehalten
Gesetzt aus der Scala
Satz: LVD GmbH, Berlin
Druck und Bindearbeiten: Friedrich Pustet, Regensburg
Printed in Germany

INHALT

PROLOG ▪ 9

I ARMUT MITTEN UNTER UNS
Die soziale Frage 19 ▪ Politik der Beschämung 39 ▪ Reise zu den Unbekannten 47

II TROSTBROT
Das Konto hat gesprochen 53 ▪ Ein kleiner Hitler müsste kommen 58 ▪ Seltenes Glück 63 ▪ Grundsicherung statt Après-Ski 67 ▪ Die Welt da draußen 72 ▪ Container und Croissants 76 ▪ Im Lager der Unerwünschten 80 ▪ Alles reduziert 87 ▪ Aufessen gehört zum Programm 91 ▪ Abgespeist 97 ▪ Hartz IV, Personalausweis und Hund 103 ▪ Brötchen in Scheiben 108 ▪ Im Paradies 114

III DER CHOR DER TAFELNUTZER
Vorbemerkung 121 ▪ Leben im Schamland 124 ▪ Magische Grenze 125 ▪ Am Pranger 133 ▪ Schattenmenschen 136 ▪ Kleine Bürokratie 138 ▪ Im Regen stehen 141 ▪ Wundertüten 145 ▪ Krümel vom Kuchen 147 ▪ Die Ausgabemenschen und wir 149 ▪ Motzen unerwünscht 152 ▪ Der Nächste, bitte! 155 ▪ Gewöhnung 156 ▪ Kleine Reserve 158 ▪ Entsorgte Gemeinschaft 159 ▪ Unsichtbare Währung 161 ▪ Ins Feudale gerutscht 163 ▪ Raus aus der Mühle 165

IV ZURÜCKBLEIBEN, BITTE!

Armut schadet allen 169 ▪ Die ›Parasiten‹ 176 ▪ Alles gegeben, nichts gewonnen – Altersarmut 186 ▪ Vom heiligen Blechle zur Hartz-IV-Ökonomie 195 ▪ Armutslinderung als Spektakel 206

V NACH DEM LOB

Engagement in der Freiwilligengesellschaft 215 ▪ 20 Jahre Tafelmythos 223 ▪ Die Gnade der kollektiven Selbsttäuschung 242

EPILOG ▪ 247

DANKSAGUNG ▪ 250

ANMERKUNGEN ▪ 255

»Sie (die Armen) fühlen, dass die Wohltätigkeit eine lächerlich ungenügende Art der Rückerstattung ist oder eine gefühlvolle Spende, die gewöhnlich von einem unverschämten Versuch seitens des Gefühlvollen begleitet ist, in ihr Privatleben einzugreifen. Warum sollten sie (die Armen) für die Brosamen dankbar sein, die vom Tische des reichen Mannes fallen? Sie sollten mit an der Tafel sitzen und fangen an, es zu wissen.« (Oscar Wilde)

Prolog

Ich erinnere mich noch sehr genau an den Abend, an dem ich zusammen mit meiner damaligen Freundin zum Abschlussball unseres Tanzkurses unterwegs war. Auf dem Weg durch die Stadt sah ich zum ersten Mal in Deutschland einen Mann, der in einer Mülltonne nach Essbarem suchte. Den Abschlussball ließ ich platzen. Meiner Freundin aber war mehr nach Tanzen zumute als nach Gesellschaftskritik. Der Preis für meine Empörung bestand darin, als Single nach Hause zu gehen. Jetzt, viele Jahre später, nutze ich die Möglichkeit, mit diesem Buch erneut meiner Empörung Ausdruck zu verleihen. Tanzen kann ich leider noch immer nicht richtig.

Seit 2006 beschäftige ich mich intensiv mit dem, was mich damals, knapp volljährig, so verstörte. Mit der Frage, wie Armut im Reichtum möglich ist. Mein Interesse für diesen Skandal bekam eine für mich unerwartete Aktualität, als ich selbst prekär beschäftigt und von Arbeitslosigkeit bedroht war und darüber nachdachte, wie es weitergehen könnte. Ich beschloss, ein Jahr lang bei einer Lebensmittelausgabe zu hospitieren und exemplarisch eine dieser boomenden Hilfsorganisationen aus der Innenperspektive zu erkunden. Nach und nach wurde ich zu einem kritischen Beobachter des Systems der Lebensmitteltafeln, Suppenküchen und ähnlicher Angebote. Sie werden in diesem Buch zusammenfassend Armuts-, Almosen- oder Hartz-IV-Ökonomie genannt und versinnbildlichen die Armut mitten unter uns.

Was zufällig begann, ist inzwischen fester Bestandteil meiner Forschungs- und Lehrtätigkeit. Zwischenzeitlich wurden einige meiner Thesen von Journalisten und von den Tafeln selbst aufgegriffen – wenn ich gut gelaunt bin, werte ich dies als Erfolg. Ich könnte mit dieser Rolle zufrieden sein. Nicht zufrieden bin ich hingegen nach wie vor mit der Gesellschaft, in der ich lebe. Dieses Buch schrieb ich aus Protest, als mir klarwurde, dass 2013 die Tafeln in Deutschland ihr 20-jähriges Bestehen feiern werden. Ich fragte mich, wie das wohl aussehen würde. Vielleicht wie im Herbst 2012, als ich zur 13-Jahr-Feier der Wiener Tafel in Österreich eingeladen wurde. Der Moderator wünschte allen Gästen »gute Unterhaltung bei einem höchst spannenden Thema«. Einen Abend lang standen die Themen ›Motivation älterer Ehrenamtlicher‹ und ›Tafelarbeit als Sinnstiftung‹ im Mittelpunkt. Ein Sozialforscher nannte die Wiener Tafel »vorbildlich«. Der Gründer der Wiener Tafel war begeistert vom Zuspruch anwesender Tafelhelfer. Kein Wort aber zu den Ursachen von Armut inmitten von Reichtum.

War dies ein Vorgeschmack darauf, wie die feierliche Stimmung in Deutschland unter Tafelmenschen, Tafelsponsoren und tafelnahen Politikern aussehen könnte? Für viele, auch für die uninformierte Öffentlichkeit, wird das 20-jährige Bestehen der Tafeln in Deutschland ein Grund zum Feiern sein. Den zu erwartenden Jubel, die eingeübten positiven Selbstdarstellungen der Tafeln sowie die pathetische Rhetorik der Politik möchte ich jedoch nicht unwidersprochen hinnehmen. Vielmehr ist es an der Zeit, dem Selbstlob eine fundiertere Perspektive entgegenzusetzen. Denn trotz zwischenzeitlich geschärfter sozialwissenschaftlicher Instrumente lässt sich die Public-Relations-Watte, in die die Tafelbewegung gepackt ist, noch immer schlecht durchdringen. Ich habe wenig Lust, mich dem arrangierten Schulterklopfen anzuschließen – lieber möchte ich eine öffentliche Debatte darüber anstoßen, wie es sich aus der Sicht Armutsbetroffener anfühlt, seit vielen

Prolog

Jahren Teil dieses Systems zu sein. Und darüber, wie durch Tafeln und ähnliche Angebote die Spaltung der Gesellschaft in Arm und Reich fortgeschrieben wird.

Dafür gibt es aus meiner Sicht gute Gründe. Die seit fast einer Generation mitten in Deutschland existierenden Tafeln werfen ernsthafte moralische Fragen auf, bei denen es im Kern um die existentielle Verletzbarkeit des Menschen geht. Um Rechte, die Bürgern dieses Landes (sowie in den deutschsprachigen Nachbarländern Schweiz und Österreich, wo Tafeln nach vergleichbaren Prinzipien betrieben werden) zunehmend aberkannt werden. Zentrale Fragen nach sozialer Gerechtigkeit, Verantwortung, Nachhaltigkeit sowie einem zivilisierten Menschenbild stehen auf dem Prüfstand.

Daher verfolgt dieses Buch das Ziel, einen Ausweg aus dem eher technokratischen Verständnis des Sozialen zu suchen. Wenn die Zivilgesellschaft die Versäumnisse des Sozialstaats kompensieren muss und sich Daseinsfürsorge vermehrt in privaten Almosensystemen erschöpft, wird zivilgesellschaftliches Engagement nicht nur genutzt, sondern ausgenutzt. Mit diesem Buch ist daher eine Warnung verbunden. Es soll aber auch den Blick dafür schärfen, was es bedeutet, von der eigenen Gesellschaft aussortiert und an den unteren Rand gedrängt zu werden, dorthin, wo das eigene Leben als fremdbestimmt erfahren wird.

Das Material dafür liefern zahlreiche persönliche Begegnungen und Gespräche mit Nutzern von Tafeln und anderen existenzunterstützender Einrichtungen, die ich in den letzten Jahren bundesweit besucht habe. Daraus entstand eine detaillierte Analyse der Lebensrealität armutsbetroffener Menschen. Dieses Buch zeigt, dass der Preis für die dabei sichtbar werdende, weichgespülte Auffassung von Sozialpolitik hoch ist. Denn diese neigt immer mehr dazu, soziale Verantwortung an Freiwillige auszulagern und die Symptombehandlung von Armutsphänomenen an Agenturen wie Tafeln, Suppenküchen und Kleiderkammern zu delegieren. Hilfeleistungen werden hier nicht angeboten, weil die Empfänger ein Recht dazu haben – sondern aus karitativen Motiven, die einer eigenen Logik folgen, nicht aber die Bedürfnisse der Betroffenen im Blick haben. Da sich für die vielen Anbieter der Eigennutz der Hilfe immer wieder in den Vordergrund schiebt, bleiben die Hilfesuchenden oft genug auf der Strecke. In der Folge verwandelt sich unser Land in ein *Schamland*, in dem die Gewinner sich gegenseitig applaudieren, die Verlierer aber beschämt werden.

Während zahlreicher Podiumsdiskussionen und öffentlicher Veranstaltungen, zu denen ich als Experte zum Thema ›Tafeln und Armut‹ seit 2007 eingeladen wurde, fiel mir immer öfter auf, dass sich dort sehr selten diejenigen befanden, um die es eigentlich geht: die Armen. Mir gefiel überhaupt nicht, wie über eine gesellschaftliche Realität geredet wurde, von der die meisten der Anwesenden nur wenig Ahnung hatten. Das Wissen über die Armut stammte in aller Regel nur aus den Medien, die ihrerseits nur eine Oberfläche zu sehen bekamen. Armut ist Teil von Lebenswelten, zu denen man gerne auf sicherer Distanz bleibt. Immer offensichtlicher wurde, dass gerne über von Armut betroffene Menschen gesprochen wurde, nicht aber mit ihnen. In anderen Worten: Mir wurde immer klarer, dass in der Debatte über die Sinnhaftigkeit privater Hilfsformen (die ich zum Teil selbst mit angestoßen hatte) sowie über ›richtige‹ oder ›falsche‹ Strategien der Armutsbekämpfung eine zentrale Perspektive fehlte.

Diese Leerstelle störte mich im Laufe der Zeit so sehr, dass ich beschloss, die Perspektive der Armutsbetroffenen in diesem Buch konsequent in den Mittelpunkt zu stellen. Im öffentlichen Diskurs schoben sich unmerklich, aber doch verlässlich – meist die ehrenamtlichen Helfer in den Vordergrund. Menschen, die versuchen, mit viel Engagement eine Arbeit zu leisten, die bis vor kurzem noch der Sozialstaat übernommen hatte. Die Helfer sind dabei mit der moralischen Pose ausgestattet, immer das Richtige zu tun; sie werden angetrieben

Prolog

vom Gefühl ihrer eigenen Wichtigkeit und sind vor Kritik durch ihre Lobby und das Lob aus der Politik weitgehend geschützt.

Gerade deswegen erscheint mir ein Perspektivwechsel dringend notwendig. Es ist an der Zeit, dass über den weniger bekannten Teil der Gesellschaft gesprochen wird. Es geht um die Gedankenwelt und Lebenswirklichkeit derjenigen Menschen, die arm sind inmitten unseres gemeinsamen Wohlstands. Ich wünsche mir, dass bedürftige Menschen nicht als Kulisse einer Bewegung missbraucht werden, die sich selbst immer ungehemmter selbst feiert. Diese Menschen sind keine Komparsen in einem Stück, das die tugendhaften Helfer in den Himmel lobt. Sie sind vielmehr die eigentlichen Hauptdarsteller.

Deshalb dieses Buch. Es ist verbunden mit der Hoffnung, dass das Bühnenstück von der »sozial gerechten Gesellschaft« in Zukunft unter einer vernünftigeren Regie aufgeführt wird als bisher. Von verantwortungsbewussten Menschen, die bereit sind, eine Perspektive einzunehmen, die Betroffene ernst nimmt, anstatt ihnen die eigene Sichtweise bevormundend auszureden. Wird dieser Perspektivwechsel vollzogen, dann wird eine neue gesellschaftliche Realität sichtbar, die für Millionen von Menschen Alltag ist. Denn der Staat trägt die Verantwortung für eine angemessene und menschenwürdige Versorgung der Armen, die ja auch Bürger mitten unter uns sind. Niemand sollte deren Wunsch, am gesellschaftlichen Leben teilzuhaben, als »spätrömische Dekadenz« diskreditieren, wie Guido Westerwelle es 2010 prominent tat.[1] Stattdessen geht es in diesem Buch darum, in Zeiten grassierender Markttyrannei das Soziale im Interesse der Humanität zu verteidigen.

Für einen »Öffentlichen Soziologen« ist das eine Gratwanderung. Soziologie öffentlich und für die Öffentlichkeit zu betreiben, ist in letzter Zeit unmodern geworden. Kern meiner Öffentlichen Soziologie ist der Drang, mich in Debatten einzumischen und darin eine Haltung zu zeigen. Meine Soziologie ist eine wütende Wissenschaft. Sie ist nicht neutral, sondern interessegeleitet. Sie nimmt Anteil an den Sorgen der Menschen. Ich betreibe normativ engagierte Gesellschaftsforschung, die hoffentlich an manchen Stellen die Kraft hat, die herrschende Sprachlosigkeit zu beenden, weil sie die Sprache der Gesprächspartner ernst nimmt. Die Nationale Armutskonferenz[2] forderte in einem Positionspapier, dass Armen eine Stimme gegeben werden müsse. In diesem Buch kommen sie zu Wort. Da mein Ziel darin besteht, Soziologie öffentlich zu vermitteln, verzichte ich gerne auf die polierte Optik unnötiger Fachbegriffe. Ich versuche damit, den Beschränkungen komplizierter Sprachspiele zu entkommen, die Wissenschaftlichkeit lediglich suggerieren. Damit möchte ich vor allem dazu beitragen, die Enttäuschten und Ungeschützten wieder in die Mitte des gesellschaftlichen Diskurses zu rücken.

Ich vertrete dabei keinen Anspruch auf Vollständigkeit. Die hier dargestellten Szenen und Skizzen sind winzige Mosaiksteine, die sich aber zu einem großen Bild der Gesellschaft zusammenfügen lassen. Damit folge ich einem vielfach an mich herangetragenen Auftrag. »Das System muss wissen, dass es beobachtet wird« – diesen Satz schrieb mir ein Journalist, der seinen Namen nicht veröffentlicht sehen möchte. In ähnlicher Weise gab mir ein Tafelnutzer zum Abschied nach einem Gespräch folgende Bitte mit auf den Weg: »Ich wünsche mir, dass Sie ganz genau hingucken.« Nicht mehr länger wegschauen, genau hingucken, um Zusammenhänge zu erkennen, Interessen aufzudecken und Gesellschaft zu verändern – darum geht es. Ich teile meine Beobachtungen mit Ihnen, um Lust darauf zu machen, selbst nachzudenken. Ich wünsche mir, dass Sie als Lesende Ihre eigenen Schlüsse daraus ziehen können. Denn Denken ist Widerstand gegen Informationen. Der Inhalt dieses Buches kann und soll kritisiert, aber auch als Gesellschaftsdiagnose ernsthaft geprüft werden.

Letztlich geht es darum, eine um sich greifende Blindheit

Prolog

für die soziale Misere zu vermeiden. Gerne zitiere ich die einzige Folge der TV-Serie *Die Simpsons*, die ich je gesehen habe: Homer Simpson verursacht eine Massenkarambolage auf dem Highway. Er schaut in den Rückspiegel und sieht, wie sich die nachfolgenden Autos ineinander verkeilen. Seine Reaktion darauf kann als Sinnbild für die zweifelhafte Gnade der kollektiven Selbsttäuschung verstanden werden. Homer sieht die Autowracks und dreht daraufhin den Rückspiegel ein wenig zur Seite. Im Spiegel erscheint nun ein friedlich grasendes Reh auf einer wunderschönen Lichtung. Genau dies darf nicht passieren. Soziale Verantwortung zu übernehmen bedeutet, den Rückspiegel der eigenen Wahrnehmung nicht dauernd so zu verdrehen, dass darin nur das sichtbar wird, was gerade erwünscht ist.

Dieses Buch ist ein exemplarischer Blick in den unverstellten Rückspiegel der eigenen Gesellschaft. Es zeigt die Hinterbühne eines reichen Landes und vermeidet dabei den beruhigenden Blick auf die liebliche Lichtung. Diesem Blick standzuhalten heißt nicht, in depressive Empörung zu verfallen. Vielmehr geht es darum, den Aufbruch in eine bessere Zukunft vorzubereiten. Denn eine Gesellschaft muss sich daran messen lassen, wie sie mit den Schwächsten umgeht. Neben der gesellschaftlichen Analyse stehen in den Kapiteln »Trostbrot« und »Der Chor der Tafelnutzer« die O-Töne von Armutsbetroffenen im Zentrum. Sie summieren sich hoffentlich zu einen hilfreichen Zeitdokument, das dazu beitragen kann, alle Beteiligten an einen Tisch zu holen – auch wenn dieser bei zukünftigen Diskussionen gehörig wackeln wird.

Wien, im Januar 2013

I
ARMUT MITTEN UNTER UNS

Die neue soziale Frage

In der Doku-Fiktion *Aufstand der Jungen* wird mit »anschaulich inszenierter Trostlosigkeit« gezeigt, wie ein reiches Land aussehen könnte, in dem das Solidaritätsprinzip endgültig zu den Akten gelegt wurde.[1] Der Film porträtiert eine Gesellschaft, deren Regelsystem brüchig geworden ist und in der Menschen für weniger als 2,50 Euro pro Stunde arbeiten. Obwohl immer mehr Bürger unter die Armutsgrenze rutschen und um ihr Überleben kämpfen, schreitet der Staat nicht ein. Erste Stadtteile gelten als rechtsfreie Zonen, in denen diejenigen abtauchen, die sich »dem Würgegriff der Behörden und Gläubiger« entziehen müssen. Mitten in Berlin existiert ein derartiger Stadtteil, von allen nur »Höllenberg« genannt. Niemand dort zahlt Steuern. Die Polizei unternimmt nichts gegen Verbrechen. In dieser Gesellschaft akzeptieren die meisten, denen es noch besser geht, die durch Armut und Ausgrenzung gekennzeichnete Parallelwelt. Die Menschen in »Höllenberg« misstrauen dem »Establishment« und glauben nicht mehr an ihre Bürgerrechte. Stattdessen gründen sie Selbsthilfevereine und Nachbarschaftshilfen. Gleichzeitig gibt es dort öffentliche Armenküchen. Auf einem der Transporter, die Lebensmittel nach Höllenberg bringen, steht das Wort »Tafel« – in Farbe und Schriftart erinnert es deutlich an den Bundesverband Deutsche Tafel e. V. Als in Höllenberg Krawalle losbrechen, spricht man von den schwersten sozialen Unruhen seit dem Bestehen der Bundesrepublik Deutschland. Der Nachrichtensprecher kommentiert: »Deutschland zahlt nun den Preis für die verschleppten Sozialreformen.« Es ist ein düsteres Bild, das in diesem Film von der Zukunft gezeichnet wird. Aber es enthält Elemente, die wir schon jetzt wahrnehmen können, wenn wir mit offenen Augen auf unsere Gesellschaft blicken. Die Tafeln sind eines dieser Elemente.

In diesem Buch wird vor allem die Frage beantwortet, wie es sich anfühlt, inmitten von Reichtum arm zu sein. Armut im Reichtum ist ein Skandal. Damit ist auch eine Anklage verbunden. Durch rechtzeitige Reformen hätte das Problem entschärft werden können. Da dies aber nicht passiert ist, nähern wir uns der im Film gezeigten Negativfiktion Stück für Stück an. Denn Deutschland hat sich verändert. Es wird zu einem *Schamland*.

Für die meisten meiner Gesprächspartner, die ich im Verlauf meiner Recherchen zwischen 2009 und 2012 getroffen habe, war nicht die eigene Armut der Skandal, sondern die Tatsache, inmitten von so viel (sichtbarem und unsichtbarem) Reichtum arm zu sein. Dieses Gefälle führte zu Reaktionen, die sich nicht auf Sozialneid reduzieren lassen, sondern vielmehr das Ausmaß der allgegenwärtigen Beschämung und Verachtung verdeutlichen. Wenn zum Beispiel ein ehemaliger Handwerker, der von seiner geringen Erwerbsunfähigkeitsrente lebt, protestiert: »Die Reichen, die kriegen den Hals nicht voll. Die kriegen immer mehr. Während wir mit dem Minimum auskommen müssen.«[2] Mir geht es hierbei nicht darum, wie objektiv solche Aussagen sind, sondern um die Frage, warum immer mehr Menschen in diesem Land das Gefühl haben, nicht mehr Teil der Gesellschaft zu sein.

Weder Deutschland noch Österreich oder die Schweiz sind arme Länder. Und doch gibt es in diesen drei Ländern Tafeln, die Lebensmittel an bedürftige Menschen verteilen – im Grunde vormoderne Almosensysteme, die allein durch ihre Existenz ein lange verschwiegenes Armutsproblem sichtbar

Die neue soziale Frage

machen. Die neue Marktförmigkeit der Hilfsbereitschaft in Form privater Mildtätigkeit lässt sich gegenwärtig idealtypisch an den Tafeln in Deutschland beobachten.³ Daher wird in diesem Buch immer wieder prominent Bezug auf diesen Prototyp des Almosenwesens genommen, auch wenn gelegentlich andere Formen der Armutsökonomie zur Sprache kommen. In der Tafelarbeit spiegeln sich Werte und Normen der Mehrheitsgesellschaft wider: Konkurrenzdruck und Stress, Fokussierung auf Leistungsfähigkeit und die Fixierung auf einen Warenfetisch, auf den alle Ängste projiziert werden. Tafeln sind ein verkleinertes Modell der Gesellschaft und zugleich Erzeugnisse und Zeugnisse der Transformation des Sozialen.

Dem Land geht es gut, aber vielen Menschen geht es schlecht. Deutschland gilt in international vergleichender Perspektive als Wohlstandsgigant. Kennzahlen wie das klassische ›Bruttoinlandsprodukt pro Kopf‹ (BIP) eignen sich hervorragend dazu, Ranglisten zu erstellen, auch wenn sie langsam in Verruf kommen, weil sie nicht wirklich dazu geeignet sind, Lebensqualität und Wohlstand angemessen zu beschreiben.⁴ Der Internationale Währungsfonds listet Deutschland unter rund 180 Ländern auf Platz 20, gleich nach Japan und Frankreich.⁵ Zum Vergleich: Die Schweiz landet auf Platz 4, Österreich auf Platz 11 und die USA auf Platz 14. Kein Platz auf dem Siegertreppchen für Deutschland, aber eine gute Ausgangsposition. Dem Land geht es also trotz Krise vergleichsweise gut.

Und trotzdem sind viele Menschen arm. So arm, dass wir gerade einen schleichenden, aber radikalen Umbau unserer Gesellschaft erleben. In den letzten 25 Jahren haben sich die Wahrscheinlichkeiten zu verarmen in den verschiedenen Einkommensschichten unterschiedlich entwickelt. In den unteren Einkommensschichten stieg die Verarmungsquote von 10 auf 15 Prozent, in den mittleren und oberen Einkommensschichten ist sie hingegen gleichmäßig niedrig geblieben.⁶ Aber Armutsdefinitionen, Statistiken zu Armutsrisiken und Armutsquoten geben nur bedingt Auskunft über Armut. Denn

Armut und Reichtum sind nicht nur Fakten, die auf Zahlen basieren. Als Lebensgefühl und Existenzform sind sie nur unzureichend abbildbar. Das eigene Leben ist kein Zahlenspiel. Menschen verbringen ihren Alltag nicht damit, sich wie Nationalstaaten in Ranglisten einzuordnen. Armut und Reichtum sind ebenso emotionale Zustände, die auf subjektiven Wahrnehmungen basieren. Thema dieses Buches sind daher gerade diese subjektiven Komponenten von Armut. »Armut kann nicht auf eine Einkommensstatistik begrenzt werden«, bestätigt der Armutsforscher Christoph Butterwegge.[7] Sie wird daher in diesem Buch konsequent an der Selbstwahrnehmung betroffener Mitbürger festgemacht. Das Bild, das hierbei entsteht, zeigt, dass Armut mitten im Reichtum nicht ausschließlich tabellarisch zu erfassen ist. So kam einer meiner Gesprächspartner zu folgender persönlicher Diagnose: »Ich befinde mich am untersten Zipfel der gesamten Gesellschaft. Ich habe gearbeitet, habe Steuern bezahlt und bin auch in der Kirche geblieben, als ich arbeitslos wurde und weniger Geld hatte. Aber der Staat hat mich *verlassen*. Ich bin ein Ausgestoßener! Und es geht immer weiter. Ich *sinke* immer tiefer.« Vertrauensverlust, Verlassensängste und Selbstabwertung. Das sind subjektive Lebensgefühle, keine statistischen Parameter. Gleichwohl sind sie für das eigene Leben der Betroffenen sehr real. Wie subjektiv Armutslebenslagen sein können, zeigt auch dieser Ausschnitt aus einem Gespräch mit einem jungen arbeitslosen Familienvater, der versucht, gegen den sozialen Abstieg und die Resignation anzukämpfen: »Ich muss ständig an meinen Empfindungen arbeiten. Wie kann ich vernünftig haushalten? Wie kann ich einen vernünftigen Eindruck machen? Das Problem ist auch im Kopf, nicht nur im Portemonnaie. Das ist auch eine Einstellungssache, eine innere Sache. Die Frage, wie schlecht es einem geht.« Es sind solche Perspektiven, die in diesem Buch ausgebreitet, analysiert und als Aufforderung begriffen werden, Dinge zu verändern.

Aussagen über den Anteil der Gesamtbevölkerung, der als

Die neue soziale Frage

arm oder armutsgefährdet gilt, basieren auf ›offiziellen‹ Grenzziehungen, die hauptsächlich von Statistikern gezogen und bewacht werden. Nur wenige meiner Gesprächspartner würden sich selbst als »absolut arm« begreifen.[8] Dennoch gibt es Menschen, die aus verschiedensten Gründen hungern. Man kann die Ernährungsarmut im Soziologendeutsch als »sozial-existentielles Teilhabeproblem«[9] bezeichnen, bei meinen Gesprächspartnern klingt das so: »Es gibt Leute, die richtig Hunger haben. Ich war überrascht, wie viele es gibt. Mich eingeschlossen.« Mütter sorgen sich. Nicht um den eigenen Hunger, aber um den ihrer Kinder: »Wenn der eigene Pott leer ist, das ist zweitrangig. Aber die Kinder müssen irgendwie durchs Leben kommen.« Hunger ist hier mehr als nur eine Metapher für die verlorene gesellschaftliche Anschlussfähigkeit, sondern unter der Bedingung von Hartz IV immer öfter auch ganz konkret gemeint.

Aber auch »relative« Armutsgrenzen sagen nur bedingt etwas darüber aus, wie sich das echte Leben anfühlt. Die subjektive Lebenswirklichkeit und die individuellen Überlebensstrategien lassen sich mit derartigen Berechnungen nur schlecht erfassen. Armutsgrenzen sind berechenbar. Das Leben mit Armut nicht. Was heißt schon ›relativ arm‹? Keiner meiner Gesprächspartner käme von sich aus auf die Idee, sich so einzuordnen. Zumal sich die relative Armutsgrenze am »bedarfsgewichteten Haushaltsnettoäquivalenzeinkommen« festmacht und diese Formulierung nur Fachleuten unmittelbar einleuchtet, während sie für die meisten Normalbürger einen Zungenbrecher darstellt.[10] Das »gespaltene Ganze« der Gesellschaft[11] lässt sich nicht an exakten Grenzziehungen festmachen, auch wenn Armutsgrenzen rechnerisch ausgewiesen werden können. Auch die Anwendung konkurrierender Berechnungs- und Gewichtungsmethoden macht es nicht einfacher, objektiv über Armut zu reden.[12] Noch komplizierter wird es, wenn man das »noch annehmbare Minimum« bestimmen möchte, das eine Lebensweise gestattet, die soziale, kulturelle und politische Teilhabe ermöglicht. Denn nun stellen sich Fragen nach einer angemessenen Lebensweise. Gehört etwa ein Restaurantbesuch im Monat zum Minimalstandard oder reicht der Besuch bei IKEA, der »schwedischen Futterkrippe«, aus?[13] Darüber kann man streiten, und darüber wird gestritten.

Nur so lassen sich die teils wirren Diskussionen über die Regelsätze von Hartz IV und die Grundsicherung erklären. Der Regelsatz soll idealerweise einen materiellen, kulturellen und sozialen Warenkorb abbilden. Für die meisten Bereiche des Lebens sind einzelne ›Posten‹ vorgesehen.[14] Aber reicht das Geld zum Leben? Kirchen, die zu Aktionen wie ›Hartz-IV-Fasten‹ aufrufen, wollen Vorurteile gegenüber Bedürftigen abbauen. Die Gläubigen sollen »am eigenen Leib erfahren«, was es bedeutet, Hartz-IV-Empfänger zu sein.[15] Ob aber Hartz IV wirklich reicht, wissen nur die Menschen, die tatsächlich von diesen Geldbeträgen leben müssen. Und zwar ohne doppelten Boden. Für sie ist Hartz IV tägliche Lebensrealität und kein bürgerlicher Selbsterfahrungstrip.

Das Problem bei Zahlenspielen ist, dass sie nur die eine Hälfte der Realität erfassen. Schwer zu berechnen sind etwa die Einschränkungen der Freiheit, die Armut mit sich bringt. Unsere Lebensqualität ist schließlich zu einem guten Teil davon abhängig, welche Handlungsspielräume wir haben – oder eben nicht haben. Bürger, die mehr als 200 Prozent des äquivalenzgewichteten Medianeinkommens zur Verfügung haben, sind nach der relativen Armutsdefinition ›reich‹.[16] Wer reich ist, kann wertige und langlebige Dinge einkaufen, vielleicht bei Manufactum oder einem Designerlabel. Wer reich ist, kann einen eigenen Geschmack und Lebensstil entwickeln und seinen demonstrativen Konsum dazu einsetzen, das soziale Prestige zu steigern. Für Arme schrumpfen die Freiheitsgrade auf Miniaturgröße zusammen. Das eigene Leben findet dann zunehmend auf dünnem Eis statt. »Je niedriger das verfügbare Haushaltseinkommen ist, umso stärker

Die neue soziale Frage 25

ist der Verbrauch auf die Befriedigung des Grundbedarfs wie Wohnen, Essen, Kleidung konzentriert«.[17] Wer arm ist, kauft bei Kik, einem Discounter oder einem Vortagsladen ein, der Brötchen von gestern zum halben Preis anbietet. Oder geht zur Tafel und ähnlichen Einrichtungen, um sich kompensatorisch Spielräume zu verschaffen.

Armut mitten unter uns
Armutsquoten liefern das einprägsamste Bild von der Armut innerhalb der eigenen Gesellschaft. So kommt die Bertelsmann-Stiftung in einer Studie zu dem Ergebnis, dass relative Armut in Deutschland »weit verbreitet« ist. Im Durchschnitt beträgt die Quote in Deutschland gegenwärtig rund 15 Prozent.[18] Insgesamt sind das rund 12 Millionen Bürger. Auch wenn immer wieder darüber gestritten wird, ob durch die Anwendung bestimmter Berechnungsmethoden Deutschland »arm gerechnet« wird und die Kennzahlen mal nach oben, mal nach unten korrigiert werden: Der Trend lässt sich nicht wegrechnen oder -diskutieren. Etwa 7 Millionen Menschen erhalten in Deutschland Arbeitslosengeld II oder andere Transferleistungen. 1,3 Millionen Menschen beziehen trotz eigener Erwerbstätigkeit sogenannte ergänzende Leistungen – die wachsende Zahl der »Hartz-IV-Aufstocker« gilt als »Working Poor«. Sie sind arm, obwohl sie arbeiten.

Mit einer Armutsquote von rund 15 Prozent liegt Deutschland im Mittelfeld der alten EU-Länder. Armut ist jedoch innerhalb des Landes nicht gleich verteilt. 20 Jahre nach der Wiedervereinigung zeigt sich noch immer der große Graben zwischen Ost und West.[19] Diese Zahlen können als gewaltige Herausforderungen für die Politik gelesen werden. Schon weil am 9. Februar 2010 das Bundesverfassungsgericht in Karlsruhe das »Grundrecht auf Gewährleistung eines menschenwürdigen Existenzminimums inklusive gesellschaftlicher, kultureller und politischer Teilhabe« als zivilisatorisches Minimum festlegte. Viele der Geschichten, die ich in diesem

Buch erzähle, dürften von Rechts wegen gar nicht geschehen sein. »Arme habt ihr allezeit« – so steht es in der Bibel (Joh 12,8). Das klingt nach Schicksal. Politiker sollten sich aber hüten, dieses Trostzitat als Ausrede zu gebrauchen. Nur weil Armut bislang in keiner real existierenden Gesellschaft überwunden wurde, kann das nicht als Generalabsolution für mangelhafte Armutsbekämpfung verstanden werden. Die Nationale Armutskonferenz bringt es auf den Punkt: »Armut ist in einer reichen Gesellschaft kein Naturereignis, sondern politisch erzeugt und ökonomisch nützlich. Armut ist gemacht wie der Reichtum auch.« Armut ist ein gesellschaftliches Produkt.[20] Als arm gilt, wer bestimmte Unterstützungsleistungen erhält. Also auch, wer zu Tafeln, Suppenküchen und Kleiderkammern geht. Dabei ist wichtig, zwischen Armut als persönlicher Erfahrung des Mangels und Armut als Entgegennahme von Hilfeleistungen nach bestimmten Regeln zu unterscheiden. Denn wie diese Regeln gesellschaftlich definiert werden, bestimmt, wie sich die Menschen fühlen, die sie in Anspruch nehmen. Genau hierin liegt der Unterschied zwischen Tafeln (und ähnlichen privaten Fürsorgesystemen) und dem Recht auf Existenzsicherung im Sozialstaat. Tafeln definieren, was Armut ist, weil dort Bürger Regeln aufstellen, nach denen Mitbürger Gaben in Empfang nehmen dürfen. Es gibt dort keine Hilfe ohne Ansehen der Person, wie es das Grundgesetz vorsieht, sondern eine willkürliche Hilfe, die allein vom Willen und Engagement der Spender und Organisatoren abhängt. Vor unseren Augen ändern sich gerade die Grundlagen unserer Kultur. Armutsbetroffene Personen, die Tafeln in Anspruch nehmen, fühlen sich auf eine bislang nicht dagewesene Art beschämt und rechnen sich in der Folge selbst nicht mehr zur Mehrheitsgesellschaft. Die Nutzung von Tafeln wird somit zum einerseits eindeutigen Erkennungszeichen für Armut und Ausgrenzung. Andererseits lassen sich Tafeln als ›Erfolgsmodell‹ feiern und verhelfen ihren Spenderfirmen zu einem

Die neue soziale Frage 27

sozialen Image. Die grundsätzliche Paradoxie zeitgenössischer Almosensysteme besteht darin, dass durch sie »das Gute« als positiv bewertete und sozial erwünschte Handlungen repräsentiert wird und gleichzeitig vielfach psychisch belastende Scham- und Aberkennungserfahrungen gesamtgesellschaftlich zugelassen oder sogar institutionalisiert werden. Was zwischen diesen Polen fehlt, ist ehrliches Nachdenken über die Folgen dieser Entwicklung.

Die Demokratisierung der Armut
Bevor der 4. Armuts- und Reichtumsberichts der Bundesregierung einige ›Anpassungen‹ bzw. ›Schönungen‹ erfuhr,[21] warnten die Autoren des Berichts, dass die ungleiche Einkommensverteilung in Deutschland zunehmend das Gerechtigkeitsempfinden der Bevölkerung verletzen würde. Auch der Armutsbericht des Paritätischen Wohlfahrtsverbandes macht deutlich, dass einerseits Deutschlands Vermögende immer reicher und andererseits Armutslagen immer häufiger und langanhaltender werden. Die Armutsgefährdungsquote hat seit 2006 stetig zugenommen und befindet sich mit gut 15 Prozent »auf einem Höchststand seit der Vereinigung«, so der Verband in einer Presseerklärung.[22] Insgesamt wird die Lage als »dramatisch« eingeschätzt – trotz sinkender Arbeitslosenzahlen, denn Niedriglöhne schützen nur unzureichend vor Verarmung.[23]

Die Verhinderung der damit verbundenen sozioökonomischen Spaltung ist die Mammutaufgabe für eine sozial gerechte Politik der Zukunft. Die deutliche Teilung der Gesellschaft in ein ›Oben‹ und ein ›Unten‹ wird bereits von vielen alltäglich gefühlt. So berichtet mir eine 1-Euro-Jobberin: »Das ist inzwischen eine Parallelgesellschaft. Wir sind schon zwei Gesellschaften. Der Unterschied zwischen arm und reich wird immer größer. Irgendwann gibt es dann nur noch die ganz Reichen und die ganz Armen.« Diese Wahrnehmung wird durch immer mehr Studien empirisch bestätigt. So kommt etwa die Bertelsmann-Stiftung in einer ländervergleichenden Studie zu einem eindeutigen Ergebnis: »Einkommensarmut hat in der Bundesrepublik in den vergangenen zwei Jahrzehnten deutlich zugenommen.«[24] Von meinen Gesprächspartnern wird die soziale Segmentierung der Gesellschaft meist ganz konkret erlebt: »Deutschland entwickelt sich zu einer Armengesellschaft«, so ein ehemaliger Computertechniker, der einen Arbeitsunfall hatte und nun erwerbsunfähig ist. »Die Reichen grenzen sich mehr und mehr von den Armen ab. Mit solchen Leuten kommt man so gut wie nie in Berührung.« Erstaunlich ist auch Folgendes: Einerseits wurde zum Beispiel vom Fernsehjournalisten Tilmann Wolff in der WDR-Fernsehserie ›Quarks & Co.‹ die Finanzkrise 2009 mit der Weltwirtschaftskrise von 1929 verglichen.[25] Andererseits bleiben die konkreten Folgen der Krise für die tatsächlich Betroffenen oft im Dunkeln verborgen. Bezeichnenderweise heißt einer der wenigen kritischen Berichte über Armut in Deutschland »Schattenbericht«.[26]

Menschen waren noch nie alle gleich. Immer und überall gab es Armut und Ausgegrenzte. Der italienische Anthropologe und Historiker Piero Camporesi stellt in seinem Buch *Das Brot der Träume* sehr anschaulich die Armut im vorindustriellen Europa dar. Dieser Blick zurück hilft, den Unterschied zwischen alter und neuer Armut besser zu verstehen. Camporesi beschreibt, wie soziale Klüfte aufbrachen. Er spricht vom »Brot der Fürsten« und dem »Hundebrot« der Armen als Metapher für das Oben und das Unten einer Gesellschaft. Die Armen schildert der Historiker plastisch als »durch die Entbehrungen ausgetrocknete Schattenexistenzen«, die in »Trübsal, Elend und Auszehrung« verharren. Die Wohlhabenden hingegen skizziert er als in Angst versunken vor den »unzähligen Abfallfressern« und in »moralischer Unempfindlichkeit« erstarrt.[27]

Wie führt nun der Weg von den vormodernen Schattenexistenzen zum postmodernen Prekariat? Was ist neu an der Art

Die neue soziale Frage 29

von Armut, die sich uns gegenwärtig zeigt? Eine meiner Gesprächspartnerinnen hat den Wandel der Erscheinungsformen sehr prägnant auf den Punkt gebracht: »Nach dem Krieg, da gab es Hunger, aber eine *solche* Armut wie heute, die gab es nicht.« Lange galt Armut in modernen Industrieländern als überwunden. Nun ist sie wieder da – und zwar in der Mitte der Gesellschaft. Und mit ihr die Angst vor dem eigenen sozialen Abstieg.[28] Verstärkt wird diese latente Angst durch die regelmäßige Bekanntgabe von Armutsquoten und die Inszenierung der Armuts- und Unterschichtenkulturen in den Medien. Diese Rituale schüren vor allem die Angst vor dem eigenen Abstieg. Gefühlte Armut – auch das gehört zum Neuartigen der sozialen Frage.

Der CDU-Politiker Heiner Geißler sprach bereits Mitte der 1970er Jahre von der »neuen sozialen Frage«. Damit wollte er ausdrücken, dass sich die klassische Armutsproblematik gravierend gewandelt hat, weil gänzlich neue Personenkreise von Armut bedroht sind: Arbeitslose, Alleinerziehende, Menschen mit Migrationshintergrund, Kinder. Armut ist somit von den Rändern in die Mitte der Gesellschaft zurückgekehrt. ›Demokratisierung der Armut‹ bedeutet, dass prinzipiell immer mehr Personenkreise von Armut betroffen sein können und kaum ein sozialer Status sicher vor sozialem Abstieg schützt.[29] Es kann also (fast) jeden treffen.

Die neue Armut ist vor allem eine einsame Armut. Arme werden kaum noch von organisierten Interessengruppen (etwa der Kirche oder den Gewerkschaften) vertreten. Das stimmt zwar nicht mit dem Selbstbild vieler Institutionen überein, wurde mir aber in meinen Gesprächen immer wieder bestätigt. Auf die Frage, ob man sich durch den konfessionell gebundenen Wohlfahrtsverband oder durch andere Organisationen ›anwaltschaftlich‹ vertreten fühle, fiel meinen Gesprächspartnern kaum etwas ein. Eine chronisch kranke Frau sagte: »Einen Rechtsanwalt kann ich mir nicht leisten. Und sonst würde mir freiwillig keiner helfen.« Und ein ehemaliger

Selbständiger sah es so: »Papier ist geduldig. Die Hilfe, die notwendig wäre, wird wegbürokratisiert.«[30] So werden Armutsbetroffene zu Einzelkämpfern gemacht.

Sind dann wenigstens Recht und Gesetz ein sicherer Hafen? Im Sozialgesetzbuch II sind die Leistungsansprüche geregelt. Kapitel 1 des SGB ist mit »Fördern und Fordern« überschrieben. In Paragraph 1, Absatz 1 heißt es dort: »Die Grundsicherung für Arbeitsuchende soll es Leistungsberechtigten ermöglichen, ein Leben zu führen, das der Würde des Menschen entspricht.« Das klingt gut, ist aber nach Meinung vieler weit von der Realität entfernt. So kritisiert etwa der Soziologe Christoph Weischer, dass die Armut der SGB-II-Empfänger politisch gewollt sei. »Das Kalkül war, dass der längere Aufenthalt in Arbeitslosigkeit ›unbequem‹ gestaltet werden sollte. Man wollte Menschen zwingen, auch ›schlechte‹ Arbeit anzunehmen; dahinter steht ein paradigmatischer Wandel in diesem Feld der Sozialpolitik: Vom ›Welfare‹ zum ›Workfare‹ lautete die insbesondere in Krisenjahren zynische Devise.«[31]

Workfare ist das neue Leitbild der Sozialpolitik. Bei der Konzeption der Hartz-IV-Gesetze stand das britische Modell Pate. Das zentrale Ziel dieser Politik besteht in der Aktivierung noch vorhandener Arbeitskraft. Diese Politik sieht keine Gratisleistungen mehr vor. Leistungen werden stattdessen mit Gegenleistungen verrechnet. Maßnahmen, die dies sicherstellen sollen, reichen in unterschiedlichen nationalen Varianten von »befähigender Politik« bis hin zu Arbeitszwang. Während in Deutschland noch mit 1-Euro-Jobs experimentiert wird, lässt sich in Großbritannien bereits die nächste Stufe beobachten: Zwangsarbeit für Arbeitslose.[32] Da in Deutschland auch Jobs weit unterhalb des eigenen Qualifikationsniveaus angenommen werden müssen, wurden auch hierzulande die Zumutbarkeitsgrenzen neu definiert. Damit herrscht ebenfalls eine Art von Arbeitszwang, und sei es nur die Beschäftigung innerhalb von »Bildungsmaßnahmen«.[33]

Durch die Agenda 2010 und die Hartz-Gesetze, vor allem

Die neue soziale Frage 31

aber durch die Einführung des Arbeitslosengeldes II wurden Arbeitslose schneller unter die Armutsschwelle gedrückt. Kritische Beobachter weisen darauf hin, dass die Spar-Agenda der Bundesregierung vor allem über Kürzungen bei den Hartz-IV-Empfängern umgesetzt wurde. Einer der Kerne der Agenda 2010 war der Ausbau des Niedriglohnsektors. Immer mehr Menschen müssen niedrige Löhne ›aufstocken‹ lassen. Rund 1,2 Millionen Menschen in Deutschland arbeiten und beziehen trotz ihres Einkommens zusätzlich Hartz IV. Ganze Wirtschaftszweige – hierzu gehören auch die Lebensmittelkonzerne, die Tafeln beliefern – profitieren vom Konzept des Niedriglohns, das auf Lohndumping setzt, um (auch international) wettbewerbsfähig zu bleiben. So gibt es unzählige Rechtsstreitigkeiten darüber, ab welcher Höhe ein Lohn so niedrig ist, dass er als sittenwidrig oder sogar als Straftat einzustufen ist. Im Jahr 2010 wurde in Deutschland zum ersten Mal ein Unternehmer, der keinen vorgeschriebenen Mindestlohn zahlte, wegen einer Straftat und nicht nur wegen einer Ordnungswidrigkeit verurteilt. Er hatte Reinigungskräften, die auf Autobahnraststätten Toiletten putzten, einen maximalen Stundenlohn von 1,79 Euro gezahlt.[34]

Hausaufgaben für Deutschland
Bei strittigen Themen ist es hilfreich, sich auf externe Schiedsrichter zu verlassen. Die Bundesrepublik Deutschland ist seit 1973 Mitglied der Vereinten Nationen. Damit verpflichtete sich Deutschland zur Wahrung des internationalen Rechts auf Basis der Menschenrechte. Einen weiter reichenden Wertekanon gibt es nicht. Auf dem Weg in eine »Weltbürgergesellschaft« ist dies der einzig verlässliche Kompass zur Navigation durch das Dickicht konkurrierender Einzelinteressen. Umso schlimmer, dass ausgerechnet Deutschland mit seinem Irrweg bei der Armutsbekämpfung unangenehm auffiel.
Die UN ist eine transnationale Organisation, die als über-

greifende Instanz und Völkerrechtssubjekt uneingeschränkt anerkannt ist. Ein UN-Vertragsorgan ist der Ausschuss über Wirtschaftliche, Soziale und Kulturelle Rechte (kurz: UN-Sozialausschuss). Dieser Ausschuss setzt sich aus 18 Experten aus unterschiedlichen Herkunftsländern zusammen und nimmt Berichte der Mitgliedsstaaten entgegen, die ungefähr alle fünf Jahre eingereicht werden und über die Fortschritte in der Bekämpfung von Armut und sozialer Ungleichheit berichten sollen.

Diese Berichte werden mit sogenannten Parallel- oder Schattenberichten von Nichtregierungsorganisationen, beispielsweise Social Watch, abgeglichen. Social Watch ist ein internationales Netzwerk aus zivilgesellschaftlichen Organisationen, die Armut bekämpfen und Armutsursachen beheben wollen. Armutsbekämpfung ist, so Social Watch, die vornehmliche Aufgabe nationaler Regierungen. Die Berichte, die von Social Watch über Deutschland herausgegeben wurden, lesen sich nicht gerade wie eine Hymne auf die bundesdeutsche Regierung: »Anti-Armutsrhetorik – Mehr Programm als Handeln« (2002), »Kein sozialer Fortschritt in Deutschland« (2006), »Menschen- und Bürgerrechte nicht immer realisiert« (2008) oder »Armuts- und Umweltprobleme werden negiert« (2010).[35] Das Problem ist also schon länger bekannt.

Und es wurde auch vom UN-Sozialausschuss erkannt. Stellt dieser bei einem der Mitgliedsstaaten Defizite fest, so werden Empfehlungen zur Verbesserung der Menschenrechtslage formuliert und veröffentlicht. Genau das passierte im Mai 2011. Die Bundesrepublik wurde vom Sozialausschuss getadelt. Und ihr wurden Hausaufgaben auferlegt, wie einem schlechten Schüler. Was war passiert?

Der UN-Sozialausschuss befasste sich mit zahlreichen Aspekten der bundesdeutschen Sozial- und Wirtschaftspolitik. Der Abschlussbericht enthält 39 Kritikpunkte, zwei davon sind hier von besonderem Interesse. Zunächst kritisiert der UN-Ausschuss die Höhe der Hartz-IV-Regelsätze und zeigt

Die neue soziale Frage 33

sich »nach wie vor besorgt darüber, dass dieses Verfahren den Leistungsempfängern keinen angemessenen Lebensstandard gewährleistet«.[36] Letztlich erinnerte der Ausschuss die Bundesrepublik an das »Recht auf soziale Sicherheit«. Als wäre dies nicht peinlich genug, kritisiert der UN-Ausschuss ganz konkrete Versäumnisse in der Armutsbekämpfung. Wer diesen Absatz liest, glaubt zunächst, dass damit irgendeine Bananenrepublik gemeint sein muss: »Der Ausschuss fordert den Vertragsstaat auf, ein umfassendes Armutsbekämpfungsprogramm aufzunehmen und durchzuführen sowie die Menschenrechte in die Durchführung des Armutsbekämpfungsprogramms einzubeziehen.« Die Bundesrepublik Deutschland (die sich sonst gerne als ein Hüter der Menschenrechte in Szene setzt) musste sich nun einmal selbst die Leviten lesen lassen.

Aber Deutschland ist nicht nur ein schlechter, sondern auch ein bockiger Schüler. Die Bundesregierung wies die Kritik der UN in einer Stellungnahme in weiten Teilen beleidigt von sich. Stattdessen wurden Erfolgsmeldungen abgesetzt: »Deutschland hat in den vergangenen Jahren auch im Sozialbereich eine positive Entwicklung gemacht, die weltweit hoch anerkannt ist. Das Rentensystem ist demographiefest. Kinderbetreuung und Ganztagsschulen werden ausgebaut. Die Jugendarbeitslosigkeit ist eine der niedrigsten weltweit. Auch die Beschäftigungszahlen erreichen hierzulande immer neue Rekordwerte.«[37] Zudem wurde betont, dass auch die Bürger in der Verantwortung seien und der Staat nicht alles richten könne. Das Totschlagargument war aber der Vorwurf, dass die dem UN-Bericht zugrunde liegenden Daten keine wissenschaftliche Grundlage hätten. Das Bundessozialministerium hielt die Kritik für »in weiten Teilen nicht nachvollziehbar«.[38] Auch die Medien taten sich in Teilen schwer damit, sie positiv aufzugreifen.[39]

Trotzdem gab und gibt es viele, die der UN zustimmen. Zum Beispiel die Nichtregierungsorganisation FIAN (Food

First Informations- und Aktionsnetzwerk) in einem Grundlagenpapier über Ernährungsarmut in Deutschland. Die Autoren kommen darin zum Schluss, dass der Staat die Grundversorgung immer weiter an die Zivilgesellschaft delegiert. Das Menschenrecht auf Nahrung, so FIAN weiter, wird in Deutschland nicht ausreichend umgesetzt, sondern ist zunehmend gefährdet, weil »der Staat seinen Verpflichtungen nicht angemessen nachkommt«.[40]

Am ehesten werden wohl die Betroffenen selbst zustimmen. Sie erleben täglich, wie die eigene Menschenwürde verletzt wird. Nur zwei Beispiele. Eine 50-jährige Frau, die trotz zahlreicher Bewerbungen keine feste Anstellung mehr findet, meint: »Da sind Schamgefühle und Schuldgefühle. Das macht es nicht gerade einfacher, durchs Leben zu gehen.« Und ein gleichaltriger Mann, ebenso aktiv wie erfolglos, berichtet: »Immer wieder müssen wir uns diskriminieren lassen. Als Faulenzer oder anderes. Da wird die Psyche beschädigt.« Das sind exemplarische Aussagen von Menschen, die noch nicht resigniert haben und weitermachen. Für die politisch Verantwortlichen haben meine Gesprächspartner wenig übrig. »Die Politik ist arrogant. Die denken an sich, der Rest interessiert sie nicht«, so ein Rentner. Und eine junge alleinerziehende Frau spricht stellvertretend die Kerndiagnose aus, die sich inzwischen auch in Teilen der kritischen Armutsforschung durchgesetzt hat: »Unser soziales System schafft mehr Armut, als dass es sie verhindert.«

Damit stehen meine Gesprächspartner nicht alleine da. Die Zweifel am großen Ganzen (am System, am Gesellschaftsvertrag) werden immer größer, auch wenn immer mehr Durchhalteparolen oder Beschwichtigungsformeln ausgegeben werden. Immer mehr Deutsche zweifeln grundsätzlich an unserem Politik- und Wirtschaftssystem. Nach einer TNS-Emnid-Umfrage stimmten über 80 Prozent der Bundesbürger folgender Aussage zu: »Wir brauchen eine neue Wirtschaftsordnung, die auch den Schutz der Umwelt und den sozialen

Die neue soziale Frage

Ausgleich in der Gesellschaft stärker berücksichtigt.« Für weit über 90 Prozent der Befragten ist es »sehr wichtig« oder »wichtig«, das eigene Leben weitgehend selbst bestimmen zu können.[41] Aber genau das funktioniert nicht, wenn Selbstbestimmung mit dem Zwang zur Selbstverantwortung verwechselt wird. Im *Land der Ideen* befinden sich immer mehr Menschen im ungebremsten freien Fall, weil die Instrumente des Sozialstaats versagen und sich niemand daran macht, neue zu entwickeln. Der eigentliche Skandal besteht jedoch darin, dass die Ursachen des Problems Armut weitgehend bekannt sind, sich aber trotz aller schönen Worte nur eine weitgehende Verhaltensstarre feststellen lässt. Wir haben in Deutschland kein Wissens-, sondern ein Handlungsdefizit.

Was wir aber tatsächlich schon seit einiger Zeit bemerken, ist, dass eine neue Wirtschaftsordnung den Sozialstaat vor sich hertreibt. Beides verschmilzt gegenwärtig zu einer Ideologie, die auf Verlierer immer weniger Rücksicht nimmt. Die französischen Soziologen Luc Boltanski und Ève Chiapello diagnostizierten vor einiger Zeit einen »neuen Geist des Kapitalismus«, in dem alles in immer kurzfristigeren Zyklen abläuft: Wirtschaften, Arbeiten und letztlich auch das eigene Leben und das eigene Scheitern. Der Einsatz, der in dieser beschleunigten und unsicheren Lebenswelt aufgebracht werden muss, überfordert zunehmend mehr Menschen. Die Folgen sind: »Soziale Desintegrationsprozesse auf der kollektiven Ebene und erhöhter psychischer Druck auf der Ebene des einzelnen Individuums«.[42] Diesen Druck auf den Einzelnen konnte ich während meiner Recherchen bei fast allen meinen Gesprächspartnern deutlich spüren. Sie standen unter Strom. Sie waren auf der Lauer. Blickten mich mit ruhelosen Augen an. Es war nicht leicht, diese Blicke auszuhalten, weil sie auch eine Anklage beinhalteten. Einig war ich mit den meisten meiner Gesprächspartner darüber, dass das Land ein neues Gesicht bekommen hatte. Eine der Errungenschaft der Moderne, der Sozialstaat, hatte sich erkennbar gewandelt. Aus dem sorgenden Staat war – je nach Lesart – ein »Wettbewerbsstaat«, ein »aktivierender Staat« oder ein »Suppenküchenstaat« geworden.[43] Der Soziologe Stephan Lessenich spricht sogar davon, dass gerade ein ganzes Zeitalter »beerdigt« wird. Wir wenden uns ab vom »Versorgungsstaat« und leben zunehmend in einer »Aktivgesellschaft«, die Sozialpolitik unter den Prämissen des flexiblen Kapitalismus betreibt.[44] In dieser aktivierenden Wende passt sich die Sozialpolitik den Notwendigkeiten der neuen Wirtschaftsordnung immer perfekter an. Der Sozialstaat reicht seine Verantwortung zunehmend an den Einzelnen weiter. Zwar zieht er sich nicht ganz zurück, doch er ändert die Logik seines Handelns. Er ist nicht weniger aktiv, erstellt aber neue Spielregeln zur Aktivierung seiner Bürger. Soziale Gerechtigkeit erhält ein neues Gesicht. Diese Neujustierung führt dazu, dass Bürger*rechte* in Bürger*pflichten* umdefiniert werden, denn es geht immer weniger um das Wohlergehen einzelner Bürger als vielmehr um die Wohlfahrt der Gemeinschaft – auf Kosten der Armen im Reichtum. Aus der Ökonomisierung des Sozialen entspringt dann auch die neue Logik: Hilfe auf kleiner Flamme. »Der Wohlfahrtsstaat wird bis auf ein Minimum abgebaut«, so der Politikwissenschaftler Colin Crouch. »Es geht nur noch um Hilfe für die Armen und nicht länger darum, staatsbürgerliche Teilhaberechte für alle sicherzustellen.« Die Folgen sind, wie auch viele meiner Gespräche zeigen, die von Crouch prognostizierten: »Die Armen verlieren zunehmend jegliches Interesse an allem, was um sie herum geschieht und gehen nicht einmal mehr zur Wahl, wodurch sie freiwillig wieder jene Position einnehmen, die sie in prädemokratischen Zeiten gezwungenermaßen innehatten.«[45]

Aus dieser Mischung – Ökonomisierung, Aktivierung, Ideologisierung und Resignation – entsteht eine neue Gesellschaftsordnung, die Crouch »Postdemokratie« nennt. In dieser Ordnung sieht alles noch demokratisch aus, tatsächlich aber ist politische Mitbestimmung zu einem Wahlzirkus ver-

Die neue soziale Frage 37

kommen, der von Public-Relations-Experten in Gang gebracht und am Laufen gehalten wird. Die Folgen sind fatal, da sich hauptsächlich diejenigen durchsetzen, die über die Mittel verfügen, die öffentliche Meinung zu beeinflussen: »In einer Postdemokratie, in der immer mehr Macht an die Lobbyisten der Wirtschaft übergeht, stehen die Chancen schlecht für egalitäre politische Projekte zur Umverteilung von Wohlstand und Macht.«[46] Ein »egalitäres Projekt« – das hört sich fast schon anachronistisch an, obwohl damit nur etwas gemeint ist, das für uns lange Zeit vollkommen selbstverständlich war: Wohlstand, Teilhabe und Gerechtigkeit für alle (oder zumindest fast alle) Mitglieder einer Gesellschaft, ohne Ansehen der Person. Nun steht dieses Projekt auf der Kippe, weil sich unsere Gesellschaft grundlegend verändert. Immer mehr staatliche Aufgaben werden an geförderte Arbeitgeber, subventionierte Agenturen und private Akteure übergeben. Damit verliert der Staat nach und nach die Fähigkeit, das Projekt einer gerechten Gesellschaft zu verwirklichen. Schlimmer noch, so Crouch: Er vergisst sogar, dass es seine Aufgabe ist.

Armut ist auch eine Folge der Neuordnung der Transferleistungen im gerade geschilderten Geist des flexiblen Kapitalismus. Die Nationale Armutskonferenz behauptet hierzu kernig: »Das unterste soziale Netz ist nicht armutsfest und bedarfsdeckend. Grundsicherung ist staatlich verordnete Unterversorgung ... Die bestehenden Grundsicherungsleistungen gewährleisten allenfalls das nackte Überleben unterhalb des soziokulturellen Existenzminimums ... Das Sozialstaatsgebot des Grundgesetzes wird verletzt.«[47] Kritiker nennen diesen Zustand treffend »Leben mit der Bedarfslücke«, eine Lebensform, die sich in vielen Einzelbefunden dieses Buches widerspiegelt. »Das staatliche Existenzminimum fixiert ... Armut, statt sie zu überwinden ... Mit einer unzureichenden Existenzsicherung bleibt der Staat seinen Bürgerinnen und Bürgern die Erfüllung einer seiner verantwortungsvollsten Aufgaben schuldig.«[48] Wenn der Mindestbedarf eines menschenwürdigen Lebens nicht abgedeckt wird, ist die soziale und kulturelle Teilhabe nicht mehr möglich.

Zur Deckung des Grundbedarfs treten daher immer häufiger Hilfsagenturen (Tafeln, Kleiderkammern, Suppenküchen) auf den Plan. Gerade das prominente Prinzip Tafel ist Ausdruck eines postdemokratischen Sozialstaats und neosozialer Sparpolitik, weil sich darin in Idealform die doppelte Umverteilung von Verantwortlichkeiten ausdrückt. Erstens müssen Betroffene zusehen, wie sie mit der staatlichen Minimalhilfe zurechtkommen. Für sie entsteht ein Druck, Angebote wie Tafeln anzunehmen. Zweitens treten freiwillige Helfer verantwortungsvoll an die Stelle des Staates und machen Angebote, die Bürgerrechte ersetzen. Das Prinzip Tafeln fügt sich somit reibungslos in die »neoliberale Regierung des Sozialen« ein, die das Soziale vor allem als Kostenfaktor ansieht. Armutsökonomien verwalten das Soziale nach ökonomischen Kriterien, nicht nach sozialen.[49]

Im Augenblick sind wir gerade dabei, eine grundlegende zivilisatorische Errungenschaft aufzugeben, nämlich den sorgenden Sozialstaat und mit ihm die Idee der sozialen Gerechtigkeit – soweit sich diese jenseits von Utopien praktisch verwirklichen lässt. Der Grund dafür ist der Glaube daran, dass private Akteure besser und effizienter als der Staat Steuerungs- und Versorgungsaufgaben übernehmen können.

Ich will nicht allein der Politik Versagen vorwerfen. Wir alle sind an diesem Wandel beteiligt, weil wir unsere Lebensentwürfe mehr oder weniger kritiklos in diese neuen Schablonen einpassen. Es liegt deshalb an uns allen, das Schlimmste zu verhindern. Und das Schlimmste besteht nicht darin, dass es Konflikte gibt, sondern darin, dass ein destruktiver gesellschaftlicher Zustand überhaupt nicht mehr als Konflikt wahrgenommen wird, weil sich alle an diesen Zustand gewöhnt haben. Wer immer die Errungenschaften der Moderne so leichtfertig auf dem Altar des Zeitgeists opfert, lässt zu, dass unser Land zu einem *Schamland* wird.

Politik der Beschämung

Scham ist das Grundgefühl der Armut. Immer wieder stieß ich auf Aussagen, die deutlich machen, dass wir alle in einem Land leben, in dem Beschämung zur neuen Grundordnung gehört. Wenn etwa ein Rentner sagt: »Man fühlt sich wie Dreck. Wie in der untersten Schublade. So als müsste man betteln.« Oder wenn eine Mutter über ihren Gang zur Tafel klagt: »Das war wie ein Kloß im Bauch. Ich konnte lange mit niemandem offen darüber reden. Weil ich mich so geschämt habe.«

Trotz der zentralen Bedeutung für die Betroffenen bleibt Scham bei Armutsbeobachtern bislang seltsam unerwähnt. Armuts- und Reichtumsberichte zeigen Zahlen, Gefühle werden darin nicht thematisiert. Die Armutsdebatte wird meist verkürzt anhand der Frage geführt, was sich ein Hartz-IV-Empfänger von seinem Regelsatz leisten ›darf‹ und ›soll‹. Als wäre diese Stellvertreterdiskussion nicht schon schlimm genug, tauchen Begriffe wie Scham und Beschämung bislang nur selten im Zusammenhang mit Untersuchungen zu Armut oder subjektiven Armutserfahrungen auf. Insgesamt gibt es nur wenige Untersuchungen, die überhaupt die Gefühlswelt von Armen thematisieren und die entsprechenden Zonen der Verwundbarkeit ausloten. Die Soziologen Jens Becker und Jennifer Gulyas haben eine der wenigen Studien zu Scham und Beschämungsfaktoren aus der Sicht von Betroffenen erstellt. Das Ergebnis: Die objektiven Dimensionen von Armut sind schon lange Gegenstand öffentlicher Debatten, die subjektive Dimension der Betroffenen ist jedoch verhältnismäßig wenig erforscht. »Auch den politischen Akteuren sind diese offenbar wenig geläufig«, so die Forscher.[50] Sehr oft habe ich bei öffentlichen Diskussionsrunden mit Tafelvertretern folgenden Satz gehört: »Aber bei uns braucht sich doch niemand zu schämen!« Dahinter verbirgt sich ein undifferenziertes Verständnis von Scham. Scham ist nichts, was sich kontrollieren oder an- und abschalten ließe wie das Kellerlicht. Deswegen ist der Tipp, sich einfach nicht zu schämen, zwar nett gemeint, aber unpassend. (Ein Kind hat schließlich auch nicht weniger Angst, in den Keller zu gehen, nur weil ihm jemand sagt, dass es dort unten keine Monster gibt.) Nur ein genaueres Verständnis von Scham als einem belastenden psychischen Zustand kann helfen, Armut besser zu verstehen. Nur dann können Schamfaktoren und beschämende Strukturen erkannt und minimiert werden und soziale Wertschätzung an deren Stelle treten.[51]

Scham – die Angst vor der Geringschätzung durch andere – ist eine sehr grundlegende und starke Emotion. Emotionen verbinden persönliches Handeln sehr dynamisch mit der gesellschaftlichen Umwelt. Unstimmige gesellschaftliche Situationen werden durch (mehr oder weniger deutlich nachweisbare) negative Emotionen wie Scham oder Aggression begleitet. Diese negativen Gefühle resultieren eben gerade nicht nur aus persönlichen Schicksalen oder Stimmungen. Vielmehr verweisen sie auf äußere Zwänge und belastende Konflikte.[52]

›Anpassungsscham‹ ist einer von sechs Schamtypen, die in der Sozialpsychologie unterschieden werden. Diese Form der Scham wird dadurch ausgelöst, dass eine Person glaubt, den herrschenden gesellschaftlichen Erwartungen nicht zu entsprechen.[53] Scham tritt immer dann auf, wenn Menschen realisieren, dass sie eine allgemeingültige Regel missachtet haben. Es ist das Gespür für den ›Riss‹ zwischen ihrem Leben und der gesellschaftlichen Norm.⁵⁴ Dieser Riss kann dort erfolgen, wo eine Person von sittlichen Regeln abweicht. Oder eben auch da, wo es nicht mehr möglich ist, eine statusgerechte Lebensführung mit den üblichen Konsumgewohnheiten an den Tag zu legen. Die Folgen dieses Risses beschreibt ein junger Mann perfekt in seinen eigenen Worten: »Viele Menschen ziehen sich selbst zurück, weil sie aufgrund ihrer finanziellen Lage mit Bekannten und Freunden nicht mithalten können.«

Dieses Grundgefühl, »nicht mehr mithalten zu können«, löst Scham aus. Verstärkt wird es durch den allgegenwärtigen Erfolgs- und Leistungsdruck. Scham mündet daher schnell in Schuldzuweisungen und Selbstabwertung, paradoxerweise aber auch in die »Legitimation und Anerkennung derjenigen Herrschafts- und Machtstrukturen, die die Grundlage für die eigene Abwertung bilden«⁵⁵ Menschen, die trotz zahlreicher Bemühungen keine Arbeit mehr finden, fragen sich beinahe zwangsläufig: Wie konnte es so weit kommen? Wer ist dafür verantwortlich? Die Antwort, die immer öfter auch von außen suggeriert wird, lautet: Jeder ist selbst schuld an seiner Situation. Jeder, der Hilfeleistungen benötigt und in Anspruch nimmt, ›bezahlt‹ dies mit seiner persönlichen Scham und einer an sich selbst gerichteten Schuldzuweisung. Gesellschaftliche Krisen werden immer häufiger mit persönlichem Versagen gleichgesetzt, und niedriger sozialer Status wird immer häufiger als persönlicher Misserfolg gedeutet.⁵⁶

Wenn Scham eine Reaktion darauf ist, den Statusansprüchen der eigenen Bezugsgruppe nicht zu genügen, dann sind Beschämungen das Signal der anderen, dass jemand nicht mehr wirklich dazugehört. Scham und Beschämung trennen die Erfolgreichen von den Erfolglosen, die Mächtigen von den Ohnmächtigen. Soziologen sprechen von einem sozialen Schließungsprozess.⁵⁷ Es ist diese Wahrnehmung, die den Menschen die Kraft raubt, nicht allein die geringere Geldmenge im Portemonnaie. »Scham belastet und verunsichert«, so die Sozialwissenschaftlerin Marlis Winkler. »Scham isoliert und macht einsam. Scham ruiniert das Selbstbewusstsein, und die anderen können es sehen.«[58] Und Scham verstärkt sich selbst: Man schämt sich dafür, dass man sich schämt.

Scham und Schuld verbinden sich zu einer unheilvollen Mischung – dem Gefühl der eigenen Unterlegenheit, der eigenen Minderwertigkeit, die sich in negativen und resignativen Selbstbewertungen, Denk- und Handlungsblockaden sowie dem Verlust der Selbstachtung ausdrückt. Meine Gesprächspartner berichteten mir in vielen Varianten, dass sie sich »runterziehen lassen«, es schwierig finden, »sich aufzuraffen«, sich »minderwertig fühlen« oder dass sie sich Vorwürfe machen, »so tief gesunken zu sein«. Eine Gesprächspartnerin versicherte mir: »Seit den neuen Gesetzen, seit Hartz IV, fühle ich mich nicht mehr als vollwertige Bürgerin.« Und eine andere Gesprächspartnerin sagte: »Ich bin mit Tränen in den Augen und Kloß im Hals zum Sozialamt. Ich war in der Rolle des Bittstellers.« Bei meinen Recherchen stellte ich fest, dass es zudem noch Ausgrenzungen innerhalb der Gruppe der Leistungsempfänger selbst gibt. Exemplarisch bringt dies eine Rentnerin aus Ostdeutschland auf den Punkt: »Ich dachte, Mensch, von der Rente kann ich gut leben. Aber dann bleibt mir nur ein bisschen zum Leben übrig. Was mich aber am meisten trifft, ist, dass ich mit allen auf eine Stufe gestellt werde, die nie in ihrem Leben gearbeitet haben und jetzt Hartz IV bekommen. Mit denen stehe ich dann auf einer Stufe.«

Scham führt zu Selbstausgrenzung. Beschämung grenzt aus. Besonders deutlich wird dies auf dem Land, wo Armut anstrengender und beschämender sein kann als in der Stadt. Dies geht so weit, dass die Hälfte aller Anspruchsberechtigten auf Sozialleistungen ihre Bürgerrechte aufgrund von Scham nicht geltend machen. Die versteckte und verschämte Armut ist im ländlichen Raum verstörender als in der Stadt, die Dunkelziffer größer. Das liegt vor allem am meist hohen Bekannt-

Politik der Beschämung 43

heitsgrad untereinander und der darauf beruhenden intensiven Stigmatisierung. »Sie alle haben den Eindruck, dass schlecht über die geredet wird«, so Marlis Winkler, die eine Studie zur Armut im ländlichen Raum durchgeführt hat und dabei auch auf die schambesetzte Nutzung der Tafeln eingeht. Armutsbetroffene auf dem Land fühlen sich »ausgegrenzt« und »abgestempelt«. Wie »Aussätzige«. Die Studie zeigt, wie belastend sich Scham in Armutslagen auswirkt. Die Menschen »wollen sich am liebsten verstecken und tragen damit zu ihrer eigenen Ausgrenzung erheblich bei. Ihre Devise ist, nicht aufzufallen.«[59]

Viel deutlicher als in der Stadt zeigt sich, welche Hebelwirkung Scham und selbst zugeschriebene Schuld für die betroffenen Menschen haben. Die eigene Not wird als persönliche Unzulänglichkeit wahrgenommen. Im sozialen Nahraum zeigt sich viel offensichtlicher, wer (noch) mithalten kann und wer nicht. Das ›Gerede‹ wird als Beschämung empfunden und verstärkt die eigene Scham. »Am deutlichsten zeigt sich das, wenn die Befragten über ihre Erfahrungen beim Tafelbesuch berichten«, so Winkler. »Manche hungern lieber, als dass sie dieses Angebot nutzen.«

Beschämung kann situativ zwischen zwei Menschen (etwa von Nachbar zu Nachbar) stattfinden oder durch gesellschaftliche Institutionen betrieben werden. Im Kontext aktivierender Sozialstaatlichkeit kann Scham aber auch noch ganz anders interpretiert werden. So kommen kritische Armutsforscher zum Ergebnis, dass Scham und Beschämung bewusst eingesetzte Werkzeuge sind, die eine zielgerichtete Funktion haben. Mit Scham lassen sich Menschen disziplinieren und ruhigstellen.[60]

Im Kontext der neuen Sozialpolitik – »Fördern und Fordern« – erfüllen Scham und Beschämung eine zentrale Funktion. Seit der Agenda 2010 und den damit verbundenen Arbeitsmarktreformen (Zunahme der Leiharbeit sowie atypischer und befristeter Beschäftigungsverhältnisse, Vergrößerung des Niedriglohnsektors) sowie den Hartz-IV-Gesetzen konnten systematische Beschämungsverhältnisse etabliert werden, die sich in routinemäßiger und verlässlicher Form erzeugen und abrufen lassen. Dieser Zusammenhang drückt sich schon in Gesetzestexten aus, in denen Begriffe wie »Bedürftigkeitsprüfung«, »Zumutbarkeitskriterien« oder »Mitwirkungspflicht« deutlich zeigen, wie die Machtverhältnisse beschaffen sind.[61] Die Machtausübung – etwa durch Kürzungen der Leistung, Sperrzeiten oder anderen Sanktionen – geht mit der Beschämung Hand in Hand, die ebenfalls darauf abzielt, den Leistungsempfänger zu disziplinieren. Die neue Armut zeigt sich daran, dass nicht nur bestimmte Bevölkerungsgruppen betroffen sind, sondern potentiell alle: »Niemand scheint vor negativen Klassifikationen gefeit, wenn er in eine schwierige ökonomische Lage – sei es durch Arbeitslosigkeit, Arbeitslosengeld II oder eine schlecht bezahlte Arbeit – gerät.«[62]

Durch systematische Beschämung entsteht individuelle Scham, die Menschen gefügig macht. Bei den Betroffenen werden negative Gefühle wie Resignation, Selbstabwertung und Hoffnungslosigkeit erzeugt, die (bewusst oder unbewusst) als Steuerungselemente eingesetzt werden. Die Orte oder Instanzen der Beschämung sind dabei vielfältig: Konkurrenz um noch verfügbare Arbeitsplätze, Hierarchien zwischen Stammbelegschaften und Zeitarbeitern, bürokratischer Umgang mit ›Klienten‹ auf Ämtern oder eben auch das bevormundende Almosensystem der Tafeln. Beschämung zielt auf Erniedrigung und Ausgrenzung ab. Damit sich die Scham in Grenzen hält, versuchen Betroffene sich häufig so angepasst wie möglich zu verhalten, um ja nicht negativ aufzufallen. Sie sind passiv und zeigen weniger eigenverantwortliches Verhalten als Menschen, die nicht beschämt werden. Der Wille zum Protest wird durch das konforme Verhalten mehr und mehr unterdrückt. Wer sich schämt, verliert den Mut.

Vertreter des aktivierenden Sozialstaats haben ein Interesse daran, Schamgefühle in dieser Weise nutzbar zu machen, um damit einer (aus ihrer Perspektive) grassierenden Anspruchsmentalität entgegenzuwirken, die davon ausgeht, dass sich Leistungsempfänger »fürsorglich belagern« lassen.[63] Das denkt auch mehr als die Hälfte aller Deutschen, die nach einer Allensbach-Umfrage Hartz-IV-Empfänger für zu faul, zu schlecht ausgebildet, zu wählerisch oder zu bequem hält.[64]

Beschämung und Scham erfüllen somit eine statusreproduzierende Funktion. Durch Beschämungsmechanismen sichern sich die Mächtigen ihren angestammten Platz innerhalb der Gesellschaft. Durch Scham grenzen sich die Ohnmächtigen selbst immer weiter aus. Soziale Klüfte verfestigen sich im Sinne derer, die (noch) etwas zu verlieren haben: »Über die Gefühle der Menschen, insbesondere über das Gefühl der Scham, kann eine Gesellschaftsstruktur auch jenseits von Gesetzen und Zwang gefestigt werden.«[65]

Scham kann also als ein Mittel sozialer Kontrolle eingesetzt werden. Beschämung und Scham sind dabei gleichermaßen funktional wie menschenverachtend. Durch sogenanntes *shame punishment* setzen Strafbehörden (Neuseeland, USA) seit vielen Jahren Beschämung sehr effektiv ein. Bestrafung durch Beschämung zielt nicht auf eine Resozialisierung von Tätern – dazu müsste deren gleichwertiger gesellschaftlicher Status zunächst anerkannt werden. Vielmehr soll der Täter durch das öffentliche ›an den Pranger stellen‹ psychisch gebrochen werden. Dadurch, dass verurteilte Straftäter in einigen Bundesstaaten der USA öffentlich Schilder an ihren Autos oder Wohnhäusern befestigen müssen, die ihr Vergehen benennen, verlieren sie ihr Gesicht. Auf diesem Gesichtsverlust basiert die Wirkung von *shame punishment*. Von Befürwortern wird dies als gleichermaßen kostengünstige wie effektive Maßnahme angesehen.[66]

Aber arme Menschen sind keine ›Täter‹, sondern in den allermeisten Fällen unverschuldet ›Opfer‹ von System- oder Modernisieurngskrisen, die sich als persönliche Krise in das eigene Leben einschreiben. Wenn Armutsbetroffene sich in der Armutsökonomie der Tafeln als ›Abholer‹ von Sachspenden wiederfinden, kommt die damit verbundene Ausstellung der eigenen Armut einer doppelten Strafe gleich: einem äußeren Gesichtsverlust durch öffentliches Schlangestehen und einer inneren Migration in eine schambesetzte und selbstausgrenzende Gefühlswelt. Damit sind Scham und Beschämung der deutlichste Ausdruck einer Kultur, die Menschen nicht länger als selbstbestimmte Subjekte anerkennt, sondern als manipulierbare Objekte benutzt. Wenn die ökonomische Krise bei den Betroffenen derartige psychische und physische Folgen (Stress, Selbstabwertung, Gesundheitsschäden) zeitigt, wird es Zeit, über angemessene Alternativen nachzudenken. Dies ist zugleich die Kernthese dieses Buches: Die Kosten von Scham und Beschämung sind zu hoch. Vielleicht tauchen sie deshalb in keiner Bilanz und in keinem Armuts- und Reichtumsbericht auf.

Reise zu den Unbekannten

Die Menschen, die ich in den folgenden Kapiteln des Buches in den Mittelpunkt rücke, bleiben sonst auf sonderbare Weise unsichtbar. Es handelt sich um Menschen, die Sie nicht persönlich kennen und deren Lebenswelt Ihnen – höchstwahrscheinlich – nicht vertraut ist. Für die meisten von Ihnen stellt es also eine Reise zu »unbekannten Wesen« dar. Es soll aber auch eine Einladung sein, Armutsbetroffene als Mitbürgerinnen und Mitbürger anzuerkennen und verstehen zu lernen. Deshalb steht im Folgenden konsequent die Perspektive von Armutsbetroffenen im Vordergrund – schon damit nicht einmal mehr nur die Politiker, Wohltäter und Journalisten das letzte Wort haben.

Neu ist die Klage über die Unsichtbarkeit der Betroffenen natürlich nicht. Die Historikerin Elisabeth Herrmann-Otto weist schon für die Antike eine gravierende Einseitigkeit des Quellenmaterials nach. Die Ärmsten und Bedürftigsten hinterließen keine Zeugnisse, nur die Wohltäter. Um Armut zu verstehen, bleibt dann nur ein Zerrbild, das allein die Geberperspektive zeigt.[67] Genau das ist aber nicht zielführend. Wenn diejenigen, die die Mittel verwalten, auch die Definitionshoheit beanspruchen, bleibt die Armut im Wesentlichen unverstanden.

Ich wollte diese Definitionshoheit brechen. Dafür war es unerlässlich, dass ich mich direkt mit den betroffenen Menschen traf – abstraktes Wissen und »Verandasoziologie«[68] helfen an dieser Stelle nicht weiter. Mein Weg führte mich dabei über die Tafeln: 2009 beschloss ich, eine Studie in mehreren Etappen zu unternehmen. Der Auslöser war ein Aha-Erlebnis. Irgendwann wurde ich von einer Tafel eingeladen, die ihr 5-jähriges Bestehen »feiern« wollte. Die Veranstalter hatten sich eigentlich eine Podiumsdiskussion gewünscht, an der auch einige der eigenen ›Kunden‹ teilnehmen sollten. Ich hatte stattdessen vorgeschlagen, zwei Nutzer dieser Tafel zu interviewen und dann im Rahmen meiner Rede stellvertretend für sie als eine Art Botschafter zu sprechen. Ich sprach daher ausführlich mit zwei Frauen und verband ihre Aussagen mit meinen Beobachtungen. Mit einigen O-Tönen (natürlich in anonymisierter Form) unterfüttert, breitete ich die Erfahrungen der Tafelnutzerinnen vor anwesenden ehrenamtlichen Helfern, örtlichen Spendern und lokalen Politikern aus. Nach meiner Rede herrschte betretenes Schweigen im vollen Saal. Die Stimmung war im Eimer. Einmal mehr zeigte sich, was passiert, wenn Informationen nicht mit der eigenen Weltsicht übereinstimmen. Ich lieferte keine Beschreibungen aus der heilen Welt, so wie sie sich die Zuhörer wohl gerne gewünscht hätten. Vielmehr schilderte ich den gestörten Alltag von Menschen, die sich in Randgebieten der Gesellschaft panisch damit abquälten, ein Stückchen Normalität zu erhalten. Mir wurde plötzlich klar, dass viele der Anwesenden fast gar nichts über die Menschen wussten, denen sie zu helfen versuchten. Und vieles auch nicht wissen wollten. Und ich selbst wusste auch noch zu wenig.

Als ich nach Hause fuhr, gab ich mir selbst zwei Versprechen: Ich wollte nie wieder einen Vortrag halten, bei dem ich nicht auch auf die Perspektive der Betroffenen hinwies. Und ich wollte zu einer Reise aufbrechen, an deren Ende ich selbst hoffentlich ein genaueres Bild von jenem »unbekannten Wesen« haben sollte. Als Soziologe und Feldforscher sah ich mich dazu aufgerufen, die Scheinwerfer in die Welt zu richten, in der wir leben, um diese in einem anderen Licht zu zeigen.

Zwischen 2009 und 2012 reiste ich daher von Castrop-Rauxel im Westen bis nach Thüringen im Osten, von München bis nach Ostfriesland, um immer wieder Gespräche mit Armutsbetroffenen zu führen. Winter wie Sommer reihten sich die Gespräche aneinander, immer wieder war ich in meiner vorlesungsfreien Zeit für zwei oder drei Wochen unterwegs. Meine Reise führte mich durch ein vordergründig heiles Land. Der eigentliche Schauplatz dieser Reise aber war ein Land im Land, das ich erst mühsam entdecken musste – das *Schamland*.

Einen Teil der dabei gemachten Beobachtungen habe ich zu kleinen soziologischen Szenen verdichtet. Diese Ansichten aus dem Schamland erheben keinen Anspruch auf Vollständigkeit oder Repräsentativität. Sie sind vielmehr Teil einer fortlaufenden Erzählung, die sich aus der Tiefe der eigenen Beobachtungen und der Unvergesslichkeit der zwischenmenschlichen Begegnungen speist.

Ich habe für meine Leser die Szenen ausgewählt, die mir am deutlichsten in Erinnerung geblieben sind. Diese bilden das zweite Kapitel *Trostbrot*, in dem ich von Begegnungen bei Tafeln, Tiertafeln, Suppenküchen, Wärmestuben, Sozialkaufhäusern und in einem Sammellager für Asylbewerber erzähle. Im dritten Kapitel *Der Chor der Tafelnutzer* konzentriere ich mich ganz auf die Welt der Tafeln. Ich verbinde darin zahlreiche Gesprächspassagen zu einer kollektiven Schilderung eines Gangs zur Tafel und der dort gemachten Erfahrungen aus der Perspektive von ›Tafelkunden‹. Die beiden letzten Kapitel enthalten ergänzende Analysen zum Phänomen der Armut und zu den neuen Grenzen der Zivilgesellschaft. Im Kapitel *Zurückbleiben, bitte!* beschäftige ich mich mit den Folgen von Armut, der Sprache über Armut, dem Phänomen der Altersarmut, den neuen Armutsökonomien sowie den immer beliebter werdenden Armutsspektakeln. Anlässlich des 20-jährigen Bestehens der Tafeln in Deutschland fasse ich im Kapitel *Nach dem Lob* den Werdegang der Tafelbewegung zusammen und erläutere noch einmal kurz die Kernthese vom schleichenden sozialen Wandel und der Gewöhnung an Missstände als dem eigentlichen Skandal.

In dieses Buch gingen also sowohl eigene Beobachtungen als auch Fakten und Analysen anderer ein. Ich weiß, dass ich mich mit den darin enthaltenden Schilderungen und Schlussfolgerungen in ein Minenfeld begebe. Aber so ganz an der Realität vorbei können meine Schlussfolgerungen nicht sein. Eines Tages erhielt ich eine Mail von einem Tafelnutzer mit folgendem Inhalt: »Sie sind einer der wenigen, der Armut in seiner Tiefe versteht. Ich bin selbst Betroffener und bin auf der Hartz-IV-Galeere angekettet, von daher weiß ich, wie es sich anfühlt, ein Galeerensträfling zu sein. Ich möchte Ihnen einfach nur danke sagen.«

Das ist der Stoff, der mich antreibt.

II
TROSTBROT

Das Konto hat gesprochen

Wo sonst ist die Welt noch in Ordnung? Arbeitslosigkeit ist hier ein Fremdwort. Gerhard Schröder sprach einmal im Bundestag vom »Geist fleißigen Tüftelns« und einer »Mentalität der Standfestigkeit«, die in diesem »engen Tal im Schwarzwald« zu finden seien. Er meinte damit Furtwangen, die Kleinstadt, in der ich lebe und arbeite. Eine Stadt, die nur deshalb so selbstbewusst mit ihrer charmefreien Funktionalität umgehen kann, weil sie von einer atemberaubend schönen Landschaft umgeben ist. Ausgerechnet hier, einem der letzten Orte in Deutschland, an dem es noch keine Tafel gibt, beginnt meine Reise ins Schamland.

Der erste Besuch bei Tafelnutzern hat sich mir schon deshalb tief ins Gedächtnis eingegraben, weil er mich zu zwei meiner Studierenden führte. Für mich ist das ein Skandal. Wer als Studierender in einer Wissensgesellschaft zu einer Tafel gehen muss, fühlt sich gleich doppelt ausgegrenzt. Zum einen, weil die eigenen Mittel nicht reichen, das Nötigste im nächsten Supermarkt zu kaufen. Zum anderen, weil es mit den eigenen Teilhabechancen – dem Versprechen auf Arbeit, Anerkennung und Aufstieg – offenbar nicht so weit her ist wie gedacht. Nur ein paar Gehminuten entfernt von meiner Wohnung komme ich bei einem vor kurzem frisch renovierten mehrstöckigen Wohnblock an. Ein Spruch auf dem Zigarettenautomaten neben der Eingangstür zieht mich in den Bann: »Der sicherste Weg zum Ziel.« An dieser Stelle, der größtmöglichen Wunde, beginne ich meinen Bericht über die Armut mitten unter uns.

Im fünften Stock öffnet mir eine schwangere junge Frau die Türe. Ich kannte sie bislang als Studentin aus einem meiner Seminare. Hinter ihr steht der Ehemann, ein wenig zögerlich und misstrauisch. Auch er ist Student, steht kurz vor dem Abschluss. Ich treffe zwei vorbildliche junge Menschen, die wissbegierig sind und sich gerade auf ihr zweites Kind freuen. Und trotzdem, oder vielleicht gerade deswegen, stehen sie am Rand der eigenen Gesellschaft. Eine Erfahrung, die schon erste Spuren hinterlassen hat. Sie laden mich freundlich in die perfekt aufgeräumte Wohnung ein. Ich bitte um ein Glas Wasser. Mit dem Satz »Das haben wir gerade noch«, geht der Student in die Küche. Wie viel Verbitterung, Verletzung und Zorn stecken wohl in dieser Aussage?

Ich frage zuerst danach, wie die Tafel in ihr Leben gekommen ist. Später merke ich, dass jede Geschichte, die mir auf dieser Reise erzählt wird, immer mit einer Begründung beginnt, selbst wenn ich es nicht darauf anlege. So als müssten sich alle dafür rechtfertigen, arm zu sein. So als müssten alle zeigen, dass sie die Hilfe verdient haben, ihrer ›würdig‹ sind. So als müssten sich alle, die zur Tafel gehen, bei der Allgemeinheit entschuldigen. Dieses Bedürfnis, sich zu rechtfertigen, ist die unsichtbare Klammer um alle individuellen Erfahrungen, so unterschiedlich diese auch sein mögen. Auch wenn sie es selbst nie so ausdrücken würden, es ist in den Worten, den Gesten und den Blicken.

Was also war passiert? »Das Konto hat gesprochen«, lautet die lapidare Antwort des Mannes. Als verheiratete Studierende erhielten sie eine Zeitlang kein BAföG – so die gesetzliche Regelung. Sie machten alles richtig (Kinder, Heiraten, Studium), nur nicht in der erwünschten Reihenfolge (Studium, Heiraten, Kinder). Die Zufälle des Lebens hielten sich in diesem Fall offenbar nicht an die Regeln der Bürokratie. In Deutschland reicht allein das aus, um ein existenzielles Problem entstehen

Das Konto hat gesprochen

zu lassen und ein junges Paar nach einiger Zeit zu regelmäßigen Tafelnutzern zu machen. »Im Nachbarort eröffnete eine Tafel, Flyer lagen aus. Man hörte immer mal was. Vor allem, dass man da *nicht* hingeht«, betont der Student. Warum? »Weil da nur die Armen hingehen! Und wer will schon arm sein? Niemand!«, legt seine Frau nach. »Aber das Konto sprach eine deutliche Sprache. Man konnte nicht anders«, antwortet nun wieder der Mann auf die Frage nach dem Grund für die Tafelnutzung. Und versteckt sich dabei hinter dem »man«, so als spräche er über andere und nicht über sich und seine Frau. Dieser sonderbaren Distanz zum eigenen Leben werde ich später immer wieder begegnen. Sie funktioniert wie ein Schutzmechanismus, um den krisenhaften Bruch mit der Normalität überhaupt aushalten zu können.

Alle Vorurteile des Paares wurden dann auch beim ersten, nie für möglich gehaltenen Kontakt mit der ›zuständigen‹ Tafel bestätigt, als die ehrenamtliche Tafelhelferin ihre gesamte Existenz mit nur einem einzigen achtlos dahingeworfenen Satz in Frage stellte: »Ja, ja, man sollte sich das Kinderkriegen eben gut überlegen …« Auch noch ein Jahr nach dieser übergriffigen Dreistigkeit sehe ich Wut und Fassungslosigkeit in ihren Gesichtern eingeschrieben.

Doch in einem Jahr kann, auch bei diesem Paar, viel passieren. Inzwischen ist der regelmäßige Gang zur Tafel fester Bestandteil ihres Lebensplanspiels geworden. »Jede Woche Einkäufe für ein paar Euro bei der Tafel«, berichten sie. Die Tafeln verlangen einen kleinen Betrag von den Besuchern, entweder eine ›symbolische Münze‹ (1 bis 2 Euro pauschal) oder einen Anteil des ehemaligen Ladenpreises (ca. 10 bis 15 Prozent). Das Pärchen rechnet mir vor: »Bei Aldi wären das zwischen 40 und 80 Euro im Monat für die gleiche Menge an Lebensmitteln. Die sparen wir dann eben.« Diese Hunger-Arithmetik wird gegenwärtig hunderttausendfach angewandt, so oder so ähnlich. Einfach nur, um das Konto zum Schweigen zu bringen.

Die Welt der Tafel erleben die beiden als eine durch und durch anormale Welt. Eine Welt, in der man eine Nummer bekommt. In der eine Person mit der Nummer 55 (oder 65, 75, 85 ...) keine Chance mehr auf das hat, was für die »niedrigen Nummern« im Angebot war. »Das Angebot wird dann dünn. Manche streiten sich um die letzte Schale Erdbeeren«, so berichten beide übereinstimmend. Die Tafel ist eine Welt, in der von ihnen verlangt wird, sich über eine halbgefüllte Shampoo-Flasche zu freuen. Sie haben, wie viele andere Tafelnutzer, unzählige weitere Beispiele – Anzeichen für eine schleichende Verschiebung innerhalb unserer Gesellschaft, Signale einer Abwärtsspirale der Menschlichkeit. Es beginnt damit, sich Vorhaltungen darüber anhören zu müssen, was man in seinem Leben alles falsch gemacht hat.

Noch problematischer als diese Spirale ist die Tatsache, dass sich alle, wirklich alle, die am Bau dieser Welt beteiligt sind, daran gewöhnen. Eine Demaskierung des Selbstverständlichen ist nach 20 Jahren Tafeln in Deutschland gar nicht mehr vorgesehen. Auch meine beiden Gesprächspartner sind erstaunt darüber, »wie normal das alles inzwischen geworden ist«. Auch wenn der Stachel, den die erste Begegnung hinterlassen hat, tief sitzt, übertüncht die Macht der Gewohnheit fast alles: »Irgendwann fällt es einem gar nicht mehr auf. Das ist völlig normal, da gewöhnt man sich dran.«

Die Tafel ist für die beiden zum Glück nur eine Durchgangsstation. An ihren Zukunftsplänen bin ich in winzigen Details beteiligt. Was dieses Paar angeht, kann ich aufatmen. Es wird gutgehen. So gesehen erfüllen hier die Tafeln ihre Funktion als Notanker in einer zeitlich begrenzten Lebenssituation – für viele andere aber wird es keinen solchen Ausweg geben. Das bestätigt mir auch mein Gesprächspartner: »Viele werden dort hängenbleiben. Die Leute werden versorgt. Man bekommt, was man braucht. Das ist eher so, dass die Tafeln die Armut fördern!« Bei der Tafel sehen sie andere Menschen, denen es »richtig schlecht« geht – eine unendliche

Das Konto hat gesprochen

Serie persönlicher Niederlagen, dort, wo Menschen auf Erfolge hofften und vom Leben enttäuscht wurden. Sie sehen auch, dass viele Menschen sich innerlich gebrochen in einer Parallelwelt eingerichtet haben: »Die wollen da gar nicht mehr raus. Die haben sich da gut eingerichtet, da fehlt der eigene Antrieb«, fasst die Studentin zusammen. Kein Zweifel, dass dies für sie selbst anders ist. Und ihr Mann fügt noch einen Satz hinzu, der das Ausmaß der Gewöhnung an ein Almosensystem innerhalb der neuen Armutsökonomie drastisch auf den Punkt bringt: »Die lassen sich dort einfach abfüttern.«

Ein kleiner Hitler müsste kommen

Wochenlang bin ich immer wieder unterwegs in allen Teilen des Landes. Während dieser Reisen kämpfe ich gegen die Versuchung an, mich nur vom ersten Blick leiten und täuschen zu lassen. In der vorlesungsfreien Zeit im Winter und im Sommer nehme ich mir Zeit für Begegnungen und Gespräche, die sich nicht in klassische Lehrbuchkategorien einordnen lassen. Zu Beginn dieser Reise mache ich mir über die daraus resultierenden Konsequenzen (zum Glück) noch keine Gedanken. Noch steht die Neugierde im Vordergrund, das ungebrochene Interesse daran, mehr über die Armut mitten unter uns zu erfahren. Einige der Begegnungen werde ich nie vergessen. Eine wie die folgende.

Meine Zieladresse befindet sich am Rand der Stadt. Vom nahegelegenen Flughafen starten im Minutentakt dröhnend Maschinen in einen wolkenverhangenen Himmel. Shakespeare kommt mir in den Sinn: »Ein bewölkter Himmel klärt sich ohne Sturm nicht auf.« Ein Sturm der Entrüstung angesichts der Armutsökonomie in Deutschland blieb allerdings bislang aus. Die Entrüstung hat sich gut versteckt: unter dem Mantel der Anpassung, dem Gewand des Profits, dem Kleid der Gewöhnung. Jede Lebensgeschichte, die sich vor mir ausbreitet, ist wie ein Blick in diese neue Kleiderordnung. Unter dem Mäntelchen der neuen Ideologie vom zivilgesellschaftlichen Engagement verbergen sich Trostlosigkeit und Apathie einer hilflosen oder zynischen Politik.

Die Ortsdurchfahrt ist gesäumt von Nagelstudios, dazu gefühlte Massen von Friseursalons. Ein Geschenkladen mit dem Namen »Traumland« auf der einen Straßenseite, ein schäbiger »Döner King« auf der anderen. Doch nichts wirkt paradiesisch oder königlich. Weder die nach Forschern und Nobelpreisträgern benannten Straßen noch die grell angemalten Hausfassaden oder die in grelle Farben getunkten Autos tragen dazu bei, Schein und Sein in Deckung zu bringen.

Im zehnten Stock eines Wohnblocks, der im Webauftritt des Ortes nicht vorkommt, treffe ich mich pünktlich zur verabredeten Zeit mit einem älteren Ehepaar. Der Mann öffnet mir die Tür. Zwischen zwei Krücken bewegt er sich mühsam und wortlos ins Innere der kleinen Wohnung. Weißer Jogginganzug, dickes Goldkettchen, viel Gel im schütteren Haar. Zufrieden wie jemand, der gerade eine sportliche Glanzleistung vollbracht hat, fällt er neben seiner Frau auf das Sofa. Nach über 30 Jahren Ehe äußern die beiden Meinungen nur noch im Duett. Zigarettenduft hängt in der Wohnung. Die Dekoration besteht im Wesentlichen aus dem Stilelement Stoffpüppchen. Deren friedfertige Ausstrahlung kontrastiert auf irrwitzige Weise mit der ebenfalls gemeinsam geteilten Nervosität des Paares. Trotz oder gerade wegen ihrer Gereiztheit wirken die beiden müde. Wir beginnen, wie immer, mit dem Leben vor der Tafel, der Ouvertüre.

Er war Handwerker. Es war eine gute Zeit.

So ähnlich beginnen fast alle Geschichten, die ich nach und nach aufspüre und aufzeichne. Bis zu dem Tag, an dem er auf einer Baustelle stürzte und viele Meter in die Tiefe fiel. Ein Sturz aus dieser Höhe bedeutet ohne Schutzengel ein sicheres Todesurteil. Sein Schutzengel sorgte dafür, dass er durch ein Glasdach fiel, das seinen Sturz abbremste, ihm aber unendliche Schmerzen bereitete. Als er im Krankenhaus wieder zu sich kam, war das im Wirtschaftswunderrausch verbrachte Leben vorbei. »Heute sitze ich hier, mit 14 Implantaten und Schrauben so dick wie ein kleiner Finger in den Wirbeln drin.«

Mit diesen Worten beschreibt er im sachlichen Ton den Grund für seine Arbeitsunfähigkeit – es klingt, als würde er seinen Rücken mit der Aufbauanleitung für ein Regal vergleichen. Noch nach all den Jahren scheint vor allem eines durch: Glück gehabt. Nie wurde mir deutlicher, wie dehnbar die Idee von Glück ist, der wir fast alle hinterherjagen. Mein Gesprächspartner ist schon mit wenig zufrieden: »Wenn ich morgens aufwache und kann die Augen noch aufmachen und mich einigermaßen bewegen, dann ist das wie Weihnachten.«

Es folgt ein Schnelldurchlauf durch die Biographie bis zum Rentenalter. Jede Menge entwürdigende Bürokratie, an deren Ende die sogenannte Grundsicherung stand. Ein nett daherkommendes Wort, das verbirgt, was es für die betroffenen Menschen oftmals bedeutet: Armut. Das Drama seines Lebens lässt sich in wenigen Minuten erzählen. Seine Frau sitzt stumm daneben und raucht unentwegt. Sie hat einen Herzfehler und ist ebenfalls gehbehindert. »Ach, ich habe alles Mögliche«, sagt sie leise, fast zu sich selbst.

In dieses Leben trat die Tafel, weil die Grundsicherung für beide zum Leben nicht reichte. Weil beide Abzüge in Kauf nehmen müssen, da sie als Paar zusammenwohnen. Die Tafel kam per Post in ihr gemeinsames Leben, in einem Schreiben der Stadt, als nett gemeinter Hinweis. Zur Sicherheit gleich mit Berechtigungsschein, damit dem netten Tipp bald auch Taten folgen. Das war vor etlichen Jahren ... Die Tafel ist seitdem ein fester und nicht mehr wegzudenkender Bestandteil ihres Alltags geworden. »Die Bescheinigung hatte einen Stempel mit allem Drum und Dran. Darauf stand, dass wir berechtigt sind, zur Tafel zu gehen.« Sie betont das Wort *berechtigt*, als wäre dies ein offizieller Segen von oben. »Seitdem sind wir jeden Dienstag dort.«

Einfach war dieser Gang nicht. Aber in einer Welt, in der die üblichen Wege sich zwischen Küche und Bad erschöpfen und in der die im Übermaß vorhandene Zeit mit dem Lösen von Kreuzworträtseln gebändigt wird, ist dieser Gang, egal wie mühevoll er sich gestaltet, vor allem ein Fluchtpunkt aus der Tristesse. Am »Tafeltag« kommen sie beide raus. Es ist wie das Aufblitzen eines jugendlichen Akts der Eroberung. Am »Tafeltag« trauen sie sich auf die Straße, die sie sonst aufgrund ihrer Gehbehinderungen möglichst meiden. Mit Krücken und Rollator steuern sie gemeinsam ihrem Ziel entgegen. »Rumsitzen ist tödlich«, sagt er. »Es geht darum, dass man unter Leute kommt, dass man sich unterhalten kann«, ergänzt sie. »Und die Krönung ist ja, dass man für zwei oder drei Tage etwas mitbekommt.« Sie fühlen sich wohl bei der Tafel, für sie scheint alles zu passen. »Da sind wir Mensch.«

Um sich als Mensch unter Menschen zu fühlen, treffen sich meine Gesprächspartner zudem einmal pro Woche mit drei befreundeten Paaren auf *eine* Tasse Kaffee und *ein* Stück Kuchen in einem nahe gelegenen Bistro. Das fühlt sich an wie tafeln ohne Tafel. Die Tischgenossen im Bistro ahnen jedoch nichts davon, dass ihre Bekannten zur Tafel gehen. Niemand ahnt etwas davon. »Das behalten wir für uns. Hier im Haus weiß das keiner. Sonst weiß es keiner. Man wird schief angeguckt, selbst wenn es den Leuten in einem halben Jahr auch so gehen kann. Also behalten wir das im Endeffekt für uns. Das ist unsere Sache, das geht keinen was an. Die Leute kennen uns. Und wenn wir jetzt plötzlich sagen: Wir gehen zur Tafel, dann lachen die uns aus. Da werden wir schief angeguckt. Da sind viele Leute dabei, die würden uns fallen lassen wie eine heiße Kartoffel. Also halten wir den Mund. Das geht keinen was an.« Die Tafeln sind das Glasdach, durch das die beiden gemeinsam fallen. Es bremst ihren gesellschaftlichen Sturz, es verletzt sie aber zugleich an empfindlicher Stelle.

Wer einen derart markanten Grundbaustein seiner Existenz so konsequent verschweigt (oder meint, ihn verschweigen zu müssen), der liegt im Dauerkonflikt mit der eigenen Gesellschaft und dem eigenen Selbstbild. Die beiden haben diesen Kampf inzwischen aufgegeben. »Wir waren ein Teil der Gesellschaft, aber Vater Staat hat uns dermaßen verlassen, er hat uns richtiggehend nach unten gearbeitet. Wir sind regelrecht ausgestoßen. Wenn das so weitergeht, sinken wir noch tiefer«, fasst der Mann zusammen. »Ja, wir sind Ausgestoßene!«, fügt seine Frau genervt hinzu, »wer hilft uns denn?« – »Keiner«, antwortet er nun wieder, »die Reichen werden immer reicher, die Armen immer ärmer, so ist das, auf den Punkt genau. Die hohen Herren stecken sich die Taschen voll. Wir, die Kleinen, müssen die Zeche bezahlen. Wir müssen mit den Resten zufrieden sein.«

Ihr fassungsloser Protest verhallt in der häuslichen Plüschwelt. Die Frage, wie der (noch) existierende Sozialstaat so eine Existenz zulassen kann, führt zu einer bedrückenden Forderung: »Es müsste noch mal einen kleinen Hitler geben. Ja, so ein kleiner Adolf. Dann gäbe es heute nicht so viele Arbeitslose, dann würde wieder was getan. Dann würden sich viele nicht mehr so überflüssig vorkommen.« In diesem Moment verliere ich den Kontakt zu meinem Gesprächspartner, der sich in seinen immer größer werdenden Hass hineinsteigert. Immer wieder klagt er den überall sichtbaren Egoismus an, klopft sich wie zur Bestätigung mit den Fäusten auf den Brustkorb, ruft: »ICH!! ICH!! ICH!!« und setzt große Ausrufezeichen in die Luft. Er wird immer lauter, bis ihn seine Frau am Arm fasst und erfolglos versucht, ihn zu beruhigen.

Noch im Aufzug klingen die Anklagen gegen schwule Politiker, faule Ausländer und gierige Banker nach. Zusammen bilden sie in meinem Kopf das Echo der totalen Resignation: »Der Hass wird immer größer.«

Seltenes Glück

Ich übernachte in einem äußerst skurrilen Hotel. Sofort habe ich das Gefühl, nicht willkommen zu sein. Der Portier überwacht seine Gäste mit aufdringlicher Höflichkeit, die fast schon wie ein einstudierter Racheakt wirkt. Mit seinem massigen Körper sitzt er in einer Art Glaskasten, den Frühstücksraum im Blick wie ein Fluglotse seinen Radarschirm. Von seinem Drehstuhl aus mischt er sich in das Geschehen ein und gibt Anweisungen: »Müssen Sie probieren, die Wurst, die ist echt gut!« Und in eigener Sache: »Ist doch fünf Euro wert, das Frühstück, oder?« Nach dem etwas verkrampften Frühstück mache ich mich auf den Weg zu einem Treffen am anderen Ende der Stadt. Diese Begegnung sticht auch nach langer Zeit noch klar aus der Menge aller Gespräche heraus.

Meine Gesprächspartnerin ist 40, sieht allerdings sehr viel älter aus. Ich würde das allein aus Höflichkeit nie berichten, aber sie erwähnt es selbst in einem ihrer ersten Sätze. Sie ist chronisch krank. »Ich bekomme eine neue Niere«, erklärt sie, »dreimal pro Woche muss ich für vier Stunden zur Dialyse. Weil ich sonst sterbe. Ich bin aus gesundheitlichen Gründen da reingerutscht. Ich habe immer gearbeitet, bis ich nicht mehr konnte. Und jetzt bin ich eigentlich immer krank. Ich habe alles mitgemacht, was man mitmachen kann.« Inzwischen erhält sie Grundsicherung. »Ich stehe dem Arbeitsmarkt nicht mehr zur Verfügung« – das ist ihre Art, das eigene Leben zu bilanzieren. Ein sonderbar bitterer Stolz schwingt in dieser Aussage mit. Es fällt ihr leichter, dieses abschließende Urteil zu akzeptieren als die Vorhaltungen ihrer Mitmenschen. »Man sagt, ich bin faul und mache immer nur auf Krankheit.«

Ich aber sitze einer Frau gegenüber, die inmitten einer mehr als dramatischen Lebenssituation so etwas wie einen Neuanfang zelebriert. Ihre neue Wohnung befindet sich in einem gepflegten Haus. Ihr ganzer Stolz ist der winzige Balkon. Für sie bedeuten diese zwei Quadratmeter puren Luxus. »Ich bin umgezogen, weil kein Schwein mehr was mit mir zu tun haben wollte«, erzählt sie. Verglichen mit dem Leben, das hinter ihr liegt, erlebt sie nun die große Freiheit. Mit ihren flippigen Tapeten wirkt die Wohnung freundlich. Eine schwarze Katze schleicht zwischen meinen Beinen herum und lässt sich erfolglos ›Mausi‹ rufen. Der Beginn eines besseren Lebens?

»Die schöne Fassade täuscht!« Mit dieser Aussage holt mich meine Gesprächspartnerin in die Realität zurück. Sie meint damit nicht allein die aufgeräumte Wohnung. Sie spricht, ohne dass ich danach gefragt hätte, vom Chaos in ihr selbst, von ihren Ängsten, die sie sich nicht ansehen lässt. Irgendwie fasst sie Vertrauen zu mir, das Treffen dauert deshalb auch sehr lange. Sie erzählt vom »übriggebliebenen Leben«, von Krankheit und Sehnsüchten. Hinter einer steinharten Fassade blitzt eine schwache Seele auf.

Sie erinnert sich daran, wie an einem Tiefpunkt vor fünf oder sechs Jahren ihre Hassliebe zur Tafel begann: »Ich war praktisch gezwungen. Ich habe manchmal drei Tage lang nichts zu essen gehabt. Anfangs war das nicht so schön. Ich habe mich so was von geschämt, da hinzugehen. Weil man so abgestempelt wird.« Bei der Tafel war es nicht einfach, das macht sie im Gespräch nach und nach deutlich. Zunächst das Übliche: Bedürftigkeitsprüfung, Berechtigungskarte, Zuweisung eines Ausgabetags. »Mittwochs kriege ich dann meine Ausgabe«, sagt sie. Das klingt ein wenig wie Abfütterung, wende ich ein. »Ist ja auch so«, antwortet sie. Donnerstags findet ein gemeinsames Frühstück statt. Auch da geht sie hin,

Seltenes Glück

um unter Leute zu kommen. »Sonst werde ich bekloppt, sonst fällt mir die Decke auf den Kopf. Ich habe ja nur Krankheit, Krankheit ...«

Die Tafel ist mittlerweile Teil ihres Alltags geworden. Ein Teil, den sie in ihrem persönlichen Umfeld so lange wie möglich verschwiegen hat. Nicht einmal ihrer Großmutter (der sie sonst alles anvertraut) erzählte sie davon, aus Scham. »Weil so schlecht darüber geredet wird. Weil sogar meine eigene Mutter fragte: Wie, Tafeln? Muss das sein? Ich konnte mit keinem darüber reden.« Auch nach so vielen Jahren erlebt sie in ihrem Umfeld immer wieder Vorwürfe und Abwertungen. Die eigene Mutter ist nach wie vor fassungslos. »Die will das einfach nicht wahrhaben. Die schämt sich für mich. Vor ihren Bekannten und Arbeitskollegen. Aber dafür kann ich mir nichts kaufen«, fasst sie trocken zusammen. »Meine Mutter unterstützt mich mit 50 Euro monatlich. Damit die Katze wenigstens was zu fressen hat.«

Mittlerweile erlebt sie ein wenig mehr Normalität im Umgang mit der Tafel. »Das ist wie eine Familie, man kennt sich.« Sparen ist für sie eher ein Nebeneffekt. »Ich rauche nicht, ich trinke nicht, ich gehe nirgends hin. Viel brauche ich eigentlich nicht.« Ihr Wunsch nach Begegnungen steht jedoch in merkwürdigem Kontrast mit der gefühlten unsichtbaren Wand zwischen ihr und den anderen Tafelnutzern. »Groß reden kann ich mit denen nicht. Das ist mir aber wurscht. Ich gehe anders durchs Leben.«

Diese Frau geht tatsächlich ihren eigenen Weg. Nicht weil sie es möchte, sondern weil sie es muss. Und dabei weiß sie selbst am wenigsten, woher sie die Kraft nimmt, sich immer wieder einen kleinen Anteil am Glück zu erkämpfen. Trotz schwieriger Kindheit, einem Herzinfarkt, einem Schlaganfall, Magersucht, Nierenleiden. »Ich fühle mich eigentlich hundeelend. Aber ich zeige das nicht so. Ich will mich nicht hängen lassen.« Sie berichtet von der schmerzhaften Prozedur der Dialyse, immer wieder Nadeln. »Mein Arzt hat mir noch eine

Lebenserwartung von zehn Jahren zugesagt. So auf den Kopf zu. Das fand ich nicht so schön, dass er mir das so vor den Kopf knallt. Deswegen kämpfe ich. Ich kämpfe darum, dass er nicht recht behält.« Sie zeigt mir ein Erinnerungsfoto von einem Ausflug in einen Freizeitpark. Eine Filmkulisse. Sie steht in einem Boxring, es sieht aus wie in einem Rocky-Film mit Sylvester Stallone. Der linke Arm in Siegerpose nach oben gestreckt, die Faust geballt. Ihren rechten Arm kann sie heute kaum noch heben. Zu viele Kanülen von zu vielen Dialysen in zu vielen Wochen.

Ein Foto wie eine Metapher für die gesamte Welt der Tafeln. Menschen, die sich durchschlagen müssen und (beinahe) zu schwach dafür sind. Die Gesellschaft ist ihnen oft Kulisse, an der sie eingeschränkt teilnehmen können – und die Warenwelt besteht nur noch aus Konsumresten. Die Lebensmittel, die nicht wöchentlich aus den Spendersupermärkten abgeholt werden, sondern direkt über Spenden gekauft werden, nennt sie »echte Lebensmittel«. So als wären die Waren der Tafeln nur Requisiten.

»Mir wäre es eigentlich lieber, mehr Geld zu haben«, fasst sie, wie viele andere auch, ihre Position zusammen. »Um mir dann meine Sachen selber zu kaufen.« Sie will nicht abhängig sein von den Almosen anderer. Sie zeigt mir zum Abschied einen Zeitungsartikel aus der lokalen Presse, den sie sich aufgehoben hat. Er ist überschrieben mit dem Titel »Abgespeist«. Ein Foto zeigt lange Tischreihen, an denen Menschen sitzen, die an einer öffentlichen Speisung für Bedürftige teilnehmen. Im Vordergrund ein lachender Vertreter der lokalen Promigemeinde. »Seltenes Glück« steht da unter dem Bild. Uns beiden bleibt das Lachen im Hals stecken.

Grundsicherung statt Après-Ski

Nach zwei Tagen voll mit Begegnungen ist es Zeit zu fahren. Vom Ruhrgebiet, wo die vierspurigen Schnellstraßen fast bis an den Wohnzimmertisch reichen, ist es ein weiter Weg bis zu den bayerischen Wiesen am Rande eines Kleinstadtidylls. Wieder eines dieser Häuser, die nicht vermuten lassen, dass hier Menschen wohnen, die zur Tafel gehen. Aber die Adresse stimmt.

Ich treffe ein freundliches kinderloses Ehepaar im Rentenalter, das inmitten einer Büchersammlung lebt, die drei von vier Wänden des Wohnzimmers einnimmt. Als ich mir einige der Buchtitel ansehe, kommt unser zunächst träge dahinplätscherndes Gespräch in Schwung. »Die hätten wir in so einer Sozialwohnung gar nicht untergebracht. Wir haben schon alles aufgegeben und verloren. Nicht auch noch die Bücher!«, klagt mein Gesprächspartner. Bei Kaffee und selbstgebackenem Kuchen beginnen die beiden, mir ihre Geschichte zu erzählen.

Sie beginnt, wie fast immer, mit besseren Zeiten. »Früher« gab es ein Architekturbüro mit gut einem Dutzend Angestellten. Rund dreißig Jahre lang ging das gut. Große Aufträge, große Spesenrechnungen, große Reisen, immer dabei beim Après-Ski, oft in der Schweiz. Bis sie von einem Geschäftspartner betrogen wurden. Es war, als würde ihnen der Boden unter den Füßen weggezogen. Ich höre das nicht zum ersten Mal. »Wir haben so richtig in die Scheiße gegriffen. Und am

Schluss alles verloren. Wir waren einfach zu blauäugig. Wie fies Menschen sein können, kann man sich gar nicht vorstellen, wenn man es nicht selbst erlebt. Plötzlich standen wir vor dem Nichts. Wir hatten keine Rente eingezahlt, wir waren selbständig. Kurzfristig standen wir dann ohne Dach über dem Kopf da. Und heute leben wir von der Grundsicherung im Alter. Es war grauenhaft!«, erinnern sich beide. Sie reden sich in einen Rausch der Entrüstung. Ich blicke beiden abwechselnd in die Augen. Ich spüre, dass sie möchten, dass ich ihnen glaube und dass ich ihr Schicksal nicht auch als ihre Schuld ansehe. Ihnen diese Version ihres Lebens abnehme, auf die sie sich geeinigt haben, eine Version, die sie aushalten können. An diesem Punkt meiner Reise erkenne ich, dass ich den Anspruch auf Objektivität über Bord werfen muss, wenn ich meinen Gesprächspartnern gerecht werden will. Es geht nicht um Realismus, sondern um eine erzählerische Wahrheit, die ich zu respektieren habe. Ich erkenne, dass die wesentlichen Fragen und Antworten in dieser Welt nicht an Fakten, sondern an Geschichten hängen.

Also lehne ich mich zurück und lasse die beiden weiter im Strom ihrer Erinnerungen treiben – Komplizen im Geiste. So gelangen wir schließlich an den Erinnerungsort, an dem die Tafeln ins Spiel kommen. Was gerade noch selbstsichere Entrüstung war, wird nun zerbrechliche Kleinmütigkeit. Die Stimmen werden leiser und brechen immer wieder. Tränen fließen. Beschämt geben sie zu Protokoll: »Von dem Geld, das wir bekommen, bleiben uns für Essen und Trinken und für den persönlichen Verbrauch knapp 100 Euro.«

Diese wenigen Worte reichen aus, um das Koordinatensystem eines Lebens im schlanken Sozialstaat abzustecken. Ein System, in dem immer mehr Lücken entstehen, weil die ›Grundsicherung‹ einfach nicht für ein menschenwürdiges Leben ausreicht. Und weil meist jegliches Erfahrungswissen darüber fehlt, wie mit dem Mangel umgegangen werden soll. »Die Situation war plötzlich völlig neu für uns. Wir hatten kein

Geld und gar nichts mehr. Und dann hatte ich auch nichts mehr zu essen daheim. Da sagte jemand von der Caritas zu mir: Ja, wieso haben Sie denn gar nichts mehr? Gehen Sie doch zur Tafel! Und sagen Sie einen schönen Gruß von mir. Und dann bin ich dahin gegangen. Mir blieb ja nichts anderes übrig«, erinnert sich die Ehefrau. Der mitgegebene Gruß war die Eintrittskarte in die Welt der Armutsökonomie.

Diese Welt gleicht einer Geisterbahn, die von vielen nur sehr widerwillig betreten wird. »Mein Mann ist das erste Jahr gar nicht hingegangen. Ich wollte auch nicht, dass er das tut. Das war ja alles so schwer für ihn. Sein ganzes Lebenswerk ist ja den Bach runter.« An dieser Stelle offenbart sich die tiefsitzende und meist völlig unverstandene Symbolik der Tafeln. Allein beim *Gedanken* an eine Tafel wird ein innerer Schalter umgelegt. Das eigene Leben rattert durch die imaginäre Rechenmaschine des sozialen Vergleichs. Am Ende wird das Ergebnis, wie auf einer altmodischen Lochkarte, ausgespuckt: versagt! Die Tafeln mögen ein logistisches Erfolgsmodell sein, weil sie es schaffen, Lebensmittel von A nach B zu transportieren. Aber trotz (oder wegen?) all dieser Bemühungen wird konsequent übersehen, dass Tafeln selbst zu einem Symbol des sozialen Abstiegs geworden sind, das den gesellschaftlichen Misserfolg derjenigen schonungslos offenlegt, die euphemistisch ›Kunden‹ genannt werden. Und wie sehen es meine Gesprächspartner? »Im Alltag kann man das ganz gut verdrängen. Aber wenn man vor der Tafel steht und sieht, dass man auf Almosen angewiesen ist, dann ist das schlimm, dann ist es ganz offensichtlich, dann kann man nichts mehr verdrängen. Das ist dann erbarmungslose, schonungslose Offenheit.«

Trotz jahrelanger Tafelnutzung, trotz abnehmender Widerstände, bleiben die beiden auf sicherer Distanz. Noch immer fällt es ihnen sichtlich schwer, das Ergebnis zu akzeptieren, das die soziale Rechenmaschine für sie ausgegeben hat. Immer wieder versuchen sie durch Verdrängung, zu einer befriedigenden Bilanz zu gelangen. Verdrängung bedeutet in ihrem Fall auch, sich nur minimal auf andere Menschen einzulassen, die ihnen bei der Tafel begegnen. Sie sind Teil einer Welt, mit der sie eigentlich nichts zu tun haben wollen. »Wir haben da jetzt nicht die Kontakte gesucht. Wir suchen keinen Anschluss. Wir wollen uns nicht groß unterhalten. Es fehlt der richtige Draht zu den Leuten. Da fühlt man sich überhaupt nicht wohl. Wir sagen: Grüß dich! Servus! Mehr Kontakt suchen wir nicht.«

Der Grundton ihrer Geschichte ist, allen Widrigkeiten zum Trotz, optimistisch. Mit bewundernswerter Hartnäckigkeit glauben sie an sich und daran, mit Ende 60 noch etwas Neues aufbauen zu können, auch wenn dabei der Mut immer wieder verlorengehen kann, etwa, wenn aus Kleinigkeiten echte Hemmnisse werden. »Ich muss zum Beispiel überlegen, wie ich zehn Briefe verschicken kann. Das ist schon ein schwieriges Unterfangen. Zehn Briefe bedeuten immerhin zehn Briefmarken, also 5,50 Euro. Das fällt einem dann ein. Früher war das eine Nebensächlichkeit. Heute muss ich überlegen, wie ich das hinbekomme.« Was meinen Gesprächspartner aber wirklich wütend macht und ihm die Zornesröte ins Gesicht treibt, sind die Entmutigungen, die von außen kommen. »Ich versuche, etwas aufzubauen. Aber die vom Sozialamt wollen das gar nicht. Die sagen: Ach, lassen Sie das doch sein. Sie haben ein Sofa und einen Fernseher, damit können Sie doch zufrieden sein. Wir sind zu alt, ist die Botschaft. Wir müssen ja nicht arbeiten. Wir sollen uns mit dem abfinden, was wir haben. Und froh sein über das, was wir bei der Tafel kriegen.« Wer gegen solche Widerstände arbeiten muss, kann schnell den letzten Mut verlieren.

Zur Tafel zu gehen bedeutet, nichts mehr verdrängen zu können. Und wer nichts mehr verdrängen kann, fühlt sich in seinem Selbstbild bedroht. Mit diesem Mechanismus kommt nur klar, wer es unbedingt muss. So erklärt sich, dass zunächst nur die Ehefrau zur Tafel ging. Für sie stand weniger auf dem Spiel, sie fühlte sich robuster: »Wenn es schlimm wird, dann funktioniere ich wie ein Roboter! Auch wenn ich die Welt nicht mehr verstehe. Als wir dann zur Tafel gehen mussten, habe ich wieder funktioniert. Tagsüber habe ich alles gemacht. Am Abend habe ich dann eine Flasche Cognac getrunken.« Erst als seine Frau für längere Zeit krank wurde, ging schließlich, »gezwungenermaßen«, auch der Mann. Zuvor baute er sich einen dicken Schutzpanzer auf: »Ich hatte große Angst davor, in ein dunkles Loch zu fallen. Ich dachte, dann kann ich aufhören, dann kann ich mich auch beerdigen lassen. Aber ich habe mir gesagt: An meiner Würde knabbert keiner. Ich bin Mensch und ich habe mein Leben lang gearbeitet. Ich habe eine entsprechende Bildung. Ich weiß, was ich kann. So habe ich es dann geschafft, mich zu retten.« Was ihm hilft, ist die radikale Versachlichung der eigenen Lebenssituation. Zur Versachlichung gehört auch die Annahme, dass die Tafelnutzung nur ein Provisorium darstellt. Was auch hilft, ist Gewöhnung. »Die Widerstände nehmen ab«, resümiert er. »Aber es kostet unendlich viel Kraft«, entgegnet sie.

Die Welt da draußen

Hinter den fein herausgeputzten Einfamilienhäusern – kleinbürgerliche Anstandsbauten mit schicken Autos in der Einfahrt – verbirgt sich, völlig unerwartet, die Armut mitten unter uns. Ich besuche Herrn T. und seine Lebensgefährtin. Die beiden haben die Rollen getauscht, denn Herr T. ist längst nicht mehr der Ernährer der Familie. Obwohl er schon lange Zeit arbeitslos ist, sieht er seine Chancen durch eine rosa Brille. Für den Realismus ist die Partnerin zuständig. Sie weiß, wie lange er schon keinen Job mehr hat. Sie spricht das harte Urteil mit weicher Stimme, fast liebevoll, aus. Es ist nicht als Vorwurf gemeint, sondern als Feststellung über ihre gemeinsam geteilte Welt: »Er kriegt jetzt gar nichts mehr«, wirft sie ein, »noch nicht einmal Hartz IV.« Herr T. verlor seinen Führerschein wegen Trunkenheit am Steuer. Seitdem ist es vorbei. »Es ist schwer, ohne Führerschein einen Job zu finden. Aber ich habe selbst Schuld. Ich habe ihn versoffen.« Schuld ist einfacher als Scham. Ein Schuldeingeständnis beinhaltet noch einen letzten Rest von Aktivität. Scham hingegen ist passives und stummes Leiden. Der einstige Ernährer leidet sehr darunter, dass er seine Familie nicht mehr versorgen kann und auf seine Frau angewiesen ist. Dabei verdient sie als ungelernte Helferin in Teilzeit in einem Altenpflegeheim nur das Nötigste: 800 Euro netto im Monat. Dazu kommt das Kindergeld für zwei Kinder. Weit kommt die Familie damit nicht, meint Herr T., der das Rauchen aufgehört hat, weil er seine Frau nicht um Tabak »anbetteln« will.

Das Haus, geerbt von den Eltern der Frau, ist marode, Dach und Heizung sind kaputt. Das Geld für Reparaturen fehlt seit Jahren. Von außen sieht alles fast normal aus, doch die Fassade täuscht: »So ein Haus, das ist schweineteuer. Das sehen die meisten Leute nicht. Klar, wir zahlen keine Miete. Aber wir brauchen eine neue Heizung, wir brauchen Möbel. Ich schaue jetzt immer in die Zeitungen, wo etwas verschenkt wird. Zu den Sozialkaufhäusern gehe ich nicht, das kostet ja auch wieder Geld. Den Wohnzimmerschrank habe ich geschenkt bekommen. Die Garnitur habe ich geschenkt bekommen. Ein Kinderzimmer war noch nicht dabei. Man will immer, aber man schafft es nicht! Und die Kinder selbst, die wachsen auch. Tagtäglich gehen die in die Höhe. Da kann man zugucken.«

In dieses Leben passte die Tafel nicht ohne innere Widerstände. »Niemals. Da gehen wir nicht hin!«, erinnern sie sich gemeinsam an den ersten Eindruck, als sie über Freunde von der Tafel in ihrem Ort erfuhren. Aber der Druck wurde immer größer: »Als das Geld immer knapper wurde und wir überhaupt nicht mehr klarkamen, haben wir anders darüber gedacht. Und als am Ende des Monats nichts mehr da war, waren wir bereit. Der Kühlschrank war leer, die Vorratskammer war leer. Und dann haben wir gesagt, ach komm, probieren wir es einfach mal.«

Mittlerweile sind die beiden bei der Tafel »gut integrierte Nutzer«. Die Tafel ist für sie sogar zu einem neuen Lebensmittelpunkt geworden, zu einem Umschlagplatz für kleine und größere Akte der Solidarität. Seit sich dort Selbsthilfezirkel gebildet haben, ist in der Familie so etwas wie Optimismus zu spüren: »Mittlerweile hat man da schon seine Freunde gefunden. Man hilft sich untereinander. Hast du einen Schrank? Ich habe eine Couch! Ich habe das, ich brauche jenes. Das sind auch so Kriterien, wo man sagen kann: gut, dass ich da hingehe.« Die Tafel ist für sie eine Art der eingeschränkten Selbstversorgung auf niedrigem Niveau: »Man legt schon mal einen Blick auf die Regale und sagt sich: Mein Gott! Du hast die Nummer 25. Wenn man die Nummer 1 hat, dann kann man sich glücklich schätzen. Da hat man den vollen Zugriff. Dann kann man richtig schön ›einkaufen‹. Und sich auch wirklich gute Sachen aussuchen.« Viel Auswahl gibt es nicht, deshalb bleibt nur Hoffnung. Immer wieder drängen sich diese Fragen in den Vordergrund: Was gibt es hier? Was gibt es woanders? »Die haben uns versprochen, dass es bald Fleisch und Wurstwaren gibt. Wenn die einen Kühlwagen haben. So abgelaufenes Fleisch.«

Aber Hoffnungen allein nähren niemanden. Solange es dieses Angebot noch nicht gibt, geht die Familie geschlossen in eine Suppenküche. »Hier in der Nähe gibt es auch einen Mittagstisch. Der ist von Montag bis Samstag geöffnet. Das kostet für jeden von uns 1,25 Euro. Also wenn man mit vier Personen dort hingeht, sind das 6 Euro. Dafür bekommt man beim REAL schon gute Dosen. Die kann man aufreißen, das ist dann billiger. Oder Fischstäbchen mit Kartoffelpüree. Das ist halt ein Rechenexempel. Was schaffe ich zu Hause für 1,25 Euro? Beim Mittagstisch gab es schon mal Gulasch mit Nudeln. Das ist eine schwerwiegende Sache. Das kostet schon! So ein halbes Pfund Gulasch, das kostet. Und dann muss man noch die Nudeln dazurechnen. Und die Soße kann man ja nicht mit Wasser einrühren!« Armut bedeutet, das eigene Leben als Rechenexempel zu erfahren, die eigenen Bedürfnisse in Zahlenkolonnen zu zerlegen. »Da freut man sich eben schon auf den Dienstag oder den Freitag. So rein tafelmäßig.«

Beide wünschen sich, dass ihr Leben besser läuft, vor allem wünschen sie sich, dass es sich besser anfühlt, denn: »Zur Tafel zu gehen fühlt sich an, als ob wir die Letzten wären, ein komisches Gefühl.« Als ob man nicht mehr Teil der Gesellschaft ist. »Im Moment fühle ich mich, als ob ich eine Nummer wäre. Ich bin nur eine Nummer. Insgesamt. Statistisch gesehen bin ich eine Nummer. Ich habe keine Krankenversicherung, ich habe keinen Job. Ich bin eine Null, aber ich bin eine Nummer.«

Hinter der demonstrativen Wohlanständigkeit verbirgt sich immer häufiger abgrundtiefe Verzweiflung. Das Modell der kleinbürgerlichen Familie, des Häuschens im Grünen, der auf Fleiß und Anständigkeit beruhenden gesellschaftlichen Existenz ist brüchig geworden, so wie auch die damit zusammenhängenden Selbstbilder. Herr T. ist erschüttert. Aber er gibt nicht auf. »Ich hoffe, dass ich demnächst einen festen Job bekomme. Und dann brauchen wir nicht mehr zur Tafel zu gehen. Tafel ade! Das wär's dann. Wir bräuchten dann dort nicht mehr ›einzukaufen‹, weil man dann selbst genug zur Verfügung hat. Mit einem festen Job wird es anders sein. Richtig gut würde ich mich fühlen, wenn ich einen festen Job hätte. Einen, wo ich sagen kann: Ich bin was! Ich verdiene mein Geld! Dann könnte ich nach zwei oder drei Jahren einen Kredit aufnehmen. Und damit das Dach reparieren, eine neue Heizung und Möbel für die Kinderzimmer kaufen.« Er träumt von einer Firma, die ihm einen neuen Führerschein bezahlt. Irgendwann würde er gerne mit einem Mercedes vor der Tafel vorfahren. Nur um zu sagen: »Seht her, ich habe es geschafft!« Nicht um anzugeben oder andere zu verletzen, sondern nur, um zu beweisen, dass es möglich ist »rauszukommen«.

Als ich ihm zum Abschied von meiner Reise erzähle, werden seine Augen feucht. Eine lange Zeit unterdrückte Sehnsucht quillt über. Üblicherweise begraben unter Pragmatismus, sucht sie sich nun ihren Weg. Rauskommen aus dieser Welt ist für viele, die ich unterwegs treffe, ein großes Thema. Einer meiner Gesprächspartner besitzt ein Rentner-Ticket. Er berichtete mir von seiner besonderen Reise. Er wollte sich selbst davon vergewissern, dass es noch eine Welt ›da draußen‹ gibt. Also hat er einen Ausflug gemacht – in die nächste größere Stadt, 50 Kilometer entfernt. »Ich habe mich morgens in den Zug gesetzt, bin in die Stadt gefahren, habe geguckt. Und tatsächlich: Das gibt es ja! Und dann bin ich wieder zurückgefahren.«

Container und Croissants

An einem sommerwarmen Sonntag in Berlin scheint sich die Welt in Wohlgefallen aufzulösen. Leere, breite Straßen strahlen Ruhe und Behäbigkeit aus, modisch gekleidete Mütter schieben Designerkinderwagen vor sich her. Tatsächlich aber erholt sich die Welt nur für eine weitere Runde Chaos. In der Nähe riesiger Wohnblocks bin ich mit einer Tafelnutzerin zum Kaffee verabredet, die ihre Tochter gleich mitbringt und mir davon erzählt, wie sie erfolglos versuchte, mit der Zucht von Perserkatzen das große Geld zu verdienen. Mein zweiter Gesprächspartner öffnet mir die Wohnungstür im Kaftan und erzählt mir von seinem neuen Glauben. Und schließlich treffe ich mich mit Frau C., einer jungen Italienerin, mit der ich über das Containern spreche.

Sie öffnet mir verdutzt die Tür, da sie unseren Termin völlig vergessen hat, reagiert aber gelassen und macht uns erst mal einen doppelten Espresso. Dann berichtet sie, wie sie zum Containern kam. In Berlin möchte sie ein Aufbaustudium machen. Weil sie kaum Geld hat, praktiziert sie Couch-Surfing – im Moment lebt sie fast umsonst in einer Wohngemeinschaft. Gäste kommen und gehen, gekocht wird gemeinsam, eine Art praktizierte Philosophie. »Einfach zusammen leben, nette Leute einladen, zusammen Abendessen. Das ist wie Volksküche«, erklärt sie. In dieser Gemeinschaft besteht ein starkes »Wir-Gefühl« trotz unterschiedlicher Lebensziele. »Wir sind jung, wir haben kein Geld. Aber wir sind keine Hartz-IV'ler und sehen auch nicht so aus. Manche wollen studieren, manche wollen reisen, manche einfach nur Geld sparen.«

Für das Containern gab es keinen konkreten Anlass, »das hat einfach so angefangen«. Eines Tages gingen einige Mitglieder der Wohngemeinschaft zu dritt zu einer Bäckerei. Auf dem Hinterhof stand ein großer Container: »Richtig voll mit Brot. Das war so voll, da konnte man drauf laufen. Das ist ein bisschen lustig«, sagt sie und kichert leicht verlegen. Dann erklärt sie die Grundregeln: »Wenn du containerst, musst du nachts hingehen. Das ist privates Eigentum. Deshalb war ich immer ein wenig besorgt.« Meist gehen sie spät nach Mitternacht los. Die Vorsichtsmaßnahme scheint sich auszuzahlen. Bislang ging alles gut. Nur einmal ertappte sie der Chef einer Bäckerei. »Ich war als Einzige im Container und wollte gerade rausgehen. Ich hatte ein paar Tüten für meine Mitbewohner in der Hand. Da stand plötzlich der Typ vor mir. Aber der hat nicht geschimpft. Der hat nur mit dem Finger gedroht. Das war meine einzige peinliche Erfahrung.« Was sie viel mehr beschäftigt als die Angst, erwischt zu werden, ist die Frage, warum so viel Brot weggeworfen wird. Eines Tages wird sie von Bäckereiangestellten der Spätschicht aufgeklärt: Das Brot kann nicht verkauft werden. Damit es die Mitarbeiter nicht mitnehmen, wird es verfüttert. An Schweine. Die essen alles. »Was für ein Unsinn!« empört sich Frau C., »so viel Schweine kann es doch nirgends geben.«

Die vollen Container gibt es jedoch schon länger. So erinnert sich ein Gesprächspartner in einer anderen Stadt daran, wie er damals, bevor es die Tafeln gab, die Container hinter dem Supermarkt geplündert hat. »Wir haben abends gewartet, bis das rausgetan wurde, und dann haben wir's uns geholt.« Containern ist also nichts wirklich Neues. Nur hat bislang niemand darüber geredet. Die Grundprinzipien sind schon recht alt. Ich erfahre sie von einem echten Container-Veteranen: »Wir haben uns abends getroffen. Wir wussten ja, wie das abläuft. Einer hat gescoutet und uns gesagt, wann was drin war.

Dann mussten wir warten, bis der Geschäftsführer weg war. Vorher konnten wir nicht ran. Der Container wurde abgeschlossen. Aber das hat uns nicht aufgehalten. Ruck zuck haben wir das wieder aufgemacht. Immer wieder kam die Polizei. War ja nicht gestattet, Diebstahl eben. Aber einem nackten Mann kann man nicht in die Tasche greifen. Die Anzeigen wurden fallen gelassen. Das haben wir so lange gemacht, bis die Tafeln kamen. Die Tafeln sind letztlich die bequemere Version des Containerns. Zur Tafel zu gehen – das bedeutet etwas zwischen Shoppen und sich Dinge aus der Mülltonne holen.«

Vor der Tafelära hatte man keine Wahl. Heute bedeutet aktives Containern manchmal auch Protest. Wieder eine andere Gesprächspartnerin, die mit ihrem Mann containert, begründet das so: »Wir lehnen die Tafeln ab. Das Sortiment beim Containern ist wahrscheinlich ähnlich wie das bei der Tafel. Nur haben wir den Vorteil, dass wir es selbstbestimmt machen. Ich kann mir da so viel rausholen, wie ich will und was ich will! Ich bekomme das nicht zugeteilt! Da wird nicht darüber entschieden, was für mich gut wäre oder nicht!«

Zurück nach Berlin. Dort sind die meisten Container nicht so einfach zu leeren wie der Brotcontainer hinter der Bäckerei, erzählt die Italienerin. »Die Container in Berlin sind immer abgeschlossen und weggesperrt. Man muss immer über einen Zaun springen und ein Schloss öffnen.« Dieses Risiko gehen sie und ihre Freunde kalkuliert ein. Das Wissen darüber, wo es sich lohnt, behalten sie meist für sich. Die Konkurrenz schläft nicht. »Die Infos will man einfach schützen«, fasst sie zusammen, »ich mache das ja nicht zum Spaß. Ich mache das für mich und meine Freunde, um zu sparen.« Containern bedeutet für sie und ihre Freunde nicht Protest gegen Tafeln, sondern Konsumverzicht und Verweigerung.

Aus Containern holen sich die »Dumpster-Diver« (wie sie sich in einschlägigen Internetforen nennen) alles Mögliche. Und doch kommt Frau C. immer wieder auf die Brotcontainer zu sprechen. Brotberge, die weggeworfen werden. Ein Bild, das

Container und Croissants

man so schnell nicht mehr vergisst. Die Container sind so groß, dass immer zwei oder drei Personen gleichzeitig hineinsteigen können. Mindestens eine Person bleibt draußen und hält Wache. Fasziniert berichtet sie, wie frisch die Brote und Backwaren sind – auch die Baguettes und Croissants, »das glaubt einem keiner«. Auch Bioprodukte werden weggeworfen. Die Stellplätze von Bio-Containern sind echte Geheimtipps in Berlin. »Das ist zwar am Arsch der Welt, aber alles bio. Das würde ich mir sonst nie kaufen, so teuer ist das!«

Kurz bevor ich Berlin verlasse, beobachte ich an einer Hauptstraße folgende Szene, die ich nur aus Entwicklungsländern kenne: Jugendliche versuchen, sich ein paar Euro zu verdienen, indem sie Frontscheiben von Autos waschen, die an einer roten Ampel anhalten müssen. Ich nenne sie Cent Hunter, weil alles an ihnen Jagd ist. Während der Rotphase springen sie blitzschnell auf die Straße und besprühen die Scheiben der wartenden Autos mit Wasser und Spülmittel. Die Insassen der Autos sind überrumpelt und völlig machtlos. Die Cent Hunter seifen die Scheiben ein, hin- und her. Wie in einer Waschanlage wird die Sicht nach vorne und zur Seite unmöglich. Mit einem Abzieher reinigen sie dann die Scheiben und streifen sich die Lauge an der Hose ab. Es sind vier Jugendliche, die sich je ein Auto in der Reihe vornehmen. Sie tragen Hosen im Military-Look. Nachdem die Scheiben gesäubert sind, beugt sich ein Cent Hunter zur Fahrerin. Die blickt völlig entgeistert durch die Seitenscheibe und winkt ihr »Nein« nach draußen. Die Scheibe bleibt geschlossen. Offenbar fühlt sie sich durch die unerwünschte Dienstleistung ihres Gegenübers moralisch erpresst. Der Cent Hunter versucht, mit der Fahrerin durch die geschlossene Scheibe zu kommunizieren. Es sind eindringliche Gesten, die da auf offener Straße ausgetauscht werden. Ein leicht motziges »Bitte« von draußen nach drinnen wird mit einem »Dafür gebe ich nichts« beantwortet. Dann schaltet die Ampel auf Grün und erlöst die überforderte Fahrerin.

Im Lager der Unerwünschten

Essen ist ein Ritual, Nahrungsmittel sind auch Symbole und beides zusammen Politik. Der vorhandene oder nicht vorhandene Zugang zum Lebensnotwendigsten ist Ausdruck gesellschaftlicher Teilhabe oder der Verhinderung dieser Teilhabe. An keinem anderen Ort wird Teilhabe so systematisch verhindert wie in Sammelstellen für Asylbewerber.

Inmitten der wunderschönen bayerischen Frühjahrsidylle besichtige ich eine solche Sammelstelle, von den dort lebenden Menschen nur »das Lager« genannt. Das Lager befindet sich in einer ehemaligen Kaserne. Vom Schloss der Stadt aus ist man in ein paar Minuten zu Fuß dort. Wenn man möchte. Aber wahrscheinlich verirren sich nur sehr wenige Touristen in diesen Teil der Stadt, ins Lager, dorthin, wo die Lebensreisen von rund 500 Menschen vorläufig enden. Es ist ein Un-Ort, den man besser verdrängt, vergisst oder einfach meidet.

Am Rande des halb verfallenen Spiel- und Bolzplatzes, der an den Stirnseiten von Fußballtoren ohne Netze begrenzt wird, stehen große Müllcontainer und zwei sonderbare Bäume. Mächtige Bäume irgendwann einmal, Pappeln vielleicht, aber ohne Äste oder Blätter. Alles, was wachsen kann, wurde abgesägt. Die Bäume bestehen allein aus ihrem Stumpf. Man kann nur hoffen, dass sie in diesem Zustand überhaupt lebensfähig sind. Sie sehen nicht aus wie Bäume, eher wie Skulpturen – eine Metapher für das Leben im Lager. Nichts soll blühen, nichts darf wachsen. Überleben ja, leben nein. Im Lager der Unerwünschten werden nach den Regeln einer kaum nachvollziehbaren geopolitischen Logik die Biographien der dort befindlichen Menschen verstümmelt.

Über Betonplatten nähere ich mich kleinen, zweistöckigen Baracken, blau-weiß angemalt, aber so gar nicht heimatlich bayerisch. Keine alpenkulissenschwangere Bierwerbung – stattdessen Müll vor den Eingängen, kaputte Treppengeländer, lange kahle Flure, in denen das Gegenlicht aus dem einzigen Fenster am Ende des Ganges die schmierigen Fußböden beleuchtet. Gerümpel in den Ecken, vor den Zimmern, von denen jedes eine Nummer trägt. Und hinter jeder Tür ein gestutztes, durchnummeriertes Leben, ein Gemisch aus Ängsten, Spannungen, Hoffnungen, Aufbegehren und unterdrückter Wut. Lachen entdecke ich – fast schon klischeehaft – nur bei den Kindern, die mir im Flur begegnen und zum Spielen nach draußen wollen. Es wäre ein herrlicher sonniger Tag, wenn da nicht dieses Lager wäre. Jede Tür ist ein Tor in eine andere Kultur, ein anderes Schicksal, ein vor der Öffentlichkeit verborgenes Leben.

Ich besuche eine afghanische Familie. Der Vater kommt herein. Er trägt einen ausgestopften Vogel und wundert sich über den unerwarteten Gast, stellt aber keine Fragen. Nach und nach kommen die restlichen Familienmitglieder zusammen, seine Frau, sein Neffe, zwei Töchter. Sie wohnen alle zusammen in zwei Zimmern. Jedes Zimmer hat Doppelstockbetten aus Metall und pro Person einen schmalen grauen Spind. Ich erfahre, dass der Vater General war und unter den Sowjets sieben Jahre lang in Leningrad ausgebildet wurde. Der Neffe des Generals ging in Afghanistan gerne zur Jagd und hat sich zur Erinnerung an diese Zeit gerade auf dem Flohmarkt in der Stadt einen ausgestopften Fasan gekauft. Der alte General nimmt ihn in Empfang und stellt ihn wortlos auf die Fensterbank neben ein paar Plastikblumen. Er gibt kaum merkbare Zeichen, eine Tochter holt Teetassen. Dann werde ich mit Erdnüssen und Bonbons bewirtet. Die Frau des Generals kramt diese umständlich aus einer Schublade hervor. Es wirkt, als würde sie eine Schatztruhe öffnen. »Fruits?«, fragt der alte General. »For sure!«, antwortet er selbst. Er lacht und reicht mir die Schüssel. Ich nehme mir einen Apfel, schneide ihn in Stücke. Ich reiche ihm und seiner Frau je ein Stück, dann nehme ich mir selbst eines. Der General sitzt schweigend und ab und zu lächelnd auf dem Sofa und sieht sich das Geschehen in dem kleinen Raum an. Nichts passiert.

Irgendwann beginnen wir zu plaudern. Über Afghanistan. Über früher. Dann, fast am Ende des Treffens, erzählt der alte General die Geschichte der beiden deutschen Krankenschwestern. In den 1970er Jahren gab es in seiner Heimatstadt Kunduz ein Krankenhaus, in dem zwei deutsche Krankenschwestern arbeiteten, die als Touristinnen gekommen waren. Als sie sich schon drei Jahre im Land befanden, wurden sie wegen ihres illegalen Aufenthaltsstatus angezeigt. In ihrer Verzweiflung wandten sie sich an den Neffen des alten Generals. Dieser hatte persönliche Kontakte zum Gouverneur der Provinz und trug den Fall vor. Der Gouverneur bat die beiden Frauen zu sich und ließ sich berichten, warum sie in Afghanistan leben und arbeiten wollten. Die Frauen erläuterten, dass sie sich auf ihre Reise durch den Orient in das Land verliebt und beschlossen hätten, einfach dort zu bleiben. Nachdem er sich diese Geschichte angehört hatte, zerriss er vor den Augen der beiden Frauen die Anzeige und sagte: »Sie können so lange in diesem Land bleiben und arbeiten, wie Sie wollen.«

Die Geschichte verstand ich erst sehr viel später, als ich längst wieder zu Hause war. Noch immer dachte ich an die toten Bäume und den ausgestopften Fasan auf der Fensterbank. Erst als ich Webseiten zum Thema Asyl recherchierte, kam mir die Geschichte wieder in den Sinn. Ich las die Forderung einer Menschenrechtsorganisation: »Der Einzelfall zählt.« Ich weiß nicht, ob mir der alte General diese Geschichte absichtlich erzählt hatte oder ob sie ihm einfach zufällig eingefallen war. Ich weiß nicht einmal, ob diese Geschichte überhaupt

Im Lager der Unerwünschten

wahr ist. Aber es ist mir egal, denn sie zeigt, was an der zeitgenössischen Asylpolitik so menschenverachtend ist. Es sind bürokratische Regeln und kaltherzige politische Kalküle, die den Umgang mit asylsuchenden Menschen in Deutschland bestimmen. Nicht offene Herzlichkeit und ein Sinn fürs Menschliche. Die Geschichte des alten Generals zeigt, wie enttäuscht Menschen sein müssen, die in einem Land leben wollen, das ihnen nicht gestattet zu bleiben. Auch wenn sie es lieben. Ein Land, das Menschen in Lagern versteckt. Statt Menschlichkeit kommt Recht zur Anwendung. Die edelste Form von Menschlichkeit – dies macht die Geschichte des alten Generals deutlich – besteht aber im Verzicht darauf, recht zu haben.

Nur schweren Herzens verabschiede ich mich von der gastfreundlichen afghanischen Familie. Im Zimmer nebenan wohnt ein junger Mann aus Uganda, der seit sieben Jahren im Lager ist. Im Alter von 20 Jahren kam er nach Deutschland, ohne Papiere. Wer keine Papiere hat, erhält kein Taschengeld. So gibt es selbst im Lager der Unerwünschten noch Parias. Mein Gesprächspartner gehört zur Kategorie derer, die noch weniger als nichts haben. In der Ecke des Zimmers, das er sich seit Jahren mit wechselnden fremden Menschen teilen muss, stehen zwei Spinde mit Vorhängeschloss. An der Wand klebt ein Riesenposter von Bob Marley. Der Fernseher läuft lärmend und zeigt die Prunkwelt einer gerade stattfindenden Prinzenhochzeit. Ich frage, ob er den Fernseher ausmachen würde, damit wir uns unterhalten können. Er dreht den Ton ab, das Bild flackert weiter. So als ob der Bildschirm eine Nabelschnur zu einer Welt da draußen wäre, die auf keinen Fall abreißen darf.

Im Lager kann er sich nur langweilen. »Nichts, ich kann nichts machen, ich darf nichts machen«, antwortet er auf meine Frage nach seinen Aktivitäten. Residenzpflicht. Keine Arbeitsmöglichkeit. Kaum Kontakte mit Einheimischen. Keiner meiner Gesprächspartner hat es je gewagt, einen Bürger der hübschen Stadt in das Lager einzuladen. Sie schämen sich für die Wohnsituation. Sie schämen sich für den aufwendig verwalteten Mangel. Sie verschweigen, wo sie wohnen, und dieses Schweigen führt zu noch mehr Schweigen. Der junge Mann aus Uganda zeigt mir seinen fast leeren Kühlschrank. Das gelblich flackernde Licht fällt auf eine Packung Eier und zwei Dosen mit Bohnen. Aus dem Kühlfach entnimmt er einen eingepackten Fisch, auf dem noch das Preisschild klebt. Er zeigt mir den Fisch, den sein Zimmergenosse für ihn gekauft hat. »Das ist alles, was ich habe. Ich kann mir nichts kaufen. Ich habe nichts mehr.« Den Kühlschrank lässt er offen, geht aus dem Zimmer und holt mir einen gelben Zettel, der zur Vorausplanung der Lebensmittelversorgung eingesetzt wird. Er klopft an, bevor er das Zimmer wieder betritt, in dem ich auf ihn warte. Wie verängstigt müssen Menschen sein, die an ihre eigene Zimmertür klopfen? Er zeigt mit den ›Speisezettel‹. Aus jeder der aufgeführten Kategorien – »Fleisch / Fisch / Fertiggerichte«, »Milchprodukte«, »Obst«, »Gemüse / Salat« und so weiter – dürfen sich die Asylbewerber je zwei Produkte oder kleine abgepackte Mengen pro Woche auswählen. Die Kategorien sind immer die gleichen, die Produkte sind immer die gleichen. Von Woche zu Woche. Der Hausmeister des Lagers gibt einmal pro Woche Essenspakete aus. Mit den gelben Zetteln müssen diese zwei Wochen vorher zusammengestellt und bei einer Firma bestellt werden.

Ein paar Blocks weiter sitzt ein junger Mann, ein christlicher Armenier aus Syrien, im Zimmer einer Frau, die aus der Mongolei stammt und seit über einem Jahrzehnt im Lager lebt. Sie sind wohl ein Paar. Zumindest hängt sein Bild an dem Spiegel über dem Waschbecken in der Ecke. Ich frage nicht weiter danach. Er war Apotheker, bevor er fliehen musste. »In einem Lastwagen, wie Vieh, durch die Türkei«, fasst er diese Reise bündig zusammen. Und lacht dabei, als würde er von einem komischen Film berichten, den er sich gestern im Kino angesehen hat. Im Hintergrund läuft ein arabischer Sender – Bilder aus seinem Heimatland, verwackelte Amateurvideos von Menschen, die niedergeschossen wurden, blutverschmierte

Hemden. Der junge Syrer schaut wie gebannt auf diese Bilder, an mir vorbei, auch während er mit mir spricht. Es ist »sein Land«, wie er immer wieder sagt, die Bilder gehen ihn an, aber sie schaffen keine echte Verbindung. Er befindet sich in einer Zwischenwelt. Er lacht immer wieder. Lacht, als er mir aufzählt, wie viele Menschen in den letzten Tagen in Syrien ermordet wurden. Lacht, als er behauptet, dass jeder, der sich mehr als sechs Monate im Lager aufhält, psychisch krank wird. Er lebt seit gut zwei Jahren dort.

Auch er hat keine Papiere. Er holt einen Stapel Kopien aus einer leeren Laptoptasche. Sie sind sein wichtigster Besitz. Zeugnisse, Atteste, Schreiben mit irgendwelchen exotischen Logos aus exotischen Ländern, Handgeschriebenes, Maschinengeschriebenes, Kopiertes, Gefaxtes. Wie so oft fehlt das einzig bedeutende Papier, der Pass. Der junge Mann wühlt in dem Stapel, so als wolle er mit aller Gewalt dieses fehlende Dokument zum Vorschein bringen. Einzig sein Ablehnungsbescheid taucht auf. Seitenweise unverständliches Beamtendeutsch, fast mehr Paragraphenzeichen als Buchstaben. Kein normaler Mensch kann dies verstehen, schon gar nicht ein Mensch, der gerade Deutsch lernt, egal wie sehr er sich bemüht. Aber zwei Worte sind unterstrichen, »Gefahr von Folter« und »Androhung der Todesstrafe«. Fast stolz weist der Mann darauf hin. Als wäre noch eine weitere Bestätigung notwendig, laufen gleichzeitig die bunten Bilder im Hintergrund weiter. Die Fernsehsendung ist das beste Dokument, das er heute vorweisen kann.

Ich will noch eine weitere Familie besuchen und gehe zur Familienbaracke über den Hof. Ein abgrundtiefes Gefühl der Trauer und erstickter Hoffnung macht sich bei mir breit. Ein Mann holt mich ein und reißt mich aus meinen Gedanken. Er will unbedingt mit mir sprechen, mir seine Geschichte erzählen. In unglaublich kurzer Zeit hat sich meine Anwesenheit herumgesprochen. Der Mangel an Privatheit im Lager beschleunigt den Informationsaustausch.

Der Mann, der mir folgte, ist schwarz. Sehr schwarz. Seine Augen blicken gleichzeitig zornig und ängstlich aus tiefen Augenhöhlen. Zunächst ist da ein Angstreflex. Aber ich kann spüren, dass sich sein Zorn nicht auf mich richtet. Wir gehen nebeneinander her, ein Stück weit. Nur dieses winzige Stück Normalität kann ich ihm bieten. In der Hand hält er eine Packung Hartweizengrieß. »Who wants to talk to me?«, will er von mir wissen. Auf eine Vorstellung verzichtet er. Die Menschen hier haben wohl gelernt, dass sie direkt zur Sache kommen müssen. »Ich habe Hunger. Es reicht nicht«, sagt er. Und dass er von den Mitarbeitern eines Wohlfahrtsverbands, die im Lager arbeiten, Schuhe bekommt, die nicht passen, Kleider, die kratzen und bei ihm Ausschlag am Hals verursachen. Dass das Essen nicht reicht, weil er stark sei und Hunger habe. Dass er von niemandem Geld bekomme und nicht verstehe, warum die einen so und die anderen so behandelt würden. Dann sagt er einen Satz, den ich schon in der Welt der Tafeln immer wieder gehört habe: »Ich will mir selbst etwas kaufen.« Niemand will abgespeist werden mit Almosen oder Lebensmittelpaketen. »Do you understand?«, so endet jeder Satz. Meist fragt er es gleich zweimal hintereinander. Immer wieder zeigt er mir die Packung mit Grieß. »Ich habe mir diese Packung von einem anderen Lagerbewohner geliehen, ich habe nichts mehr. Ich koche mir nachher diese Packung und dann habe ich wieder nichts mehr.« Er hält die Packung hoch, pocht mir den Fingern der anderen Hand darauf. »Grieß, Grieß! Sonst nichts, that's all. Das reicht nicht. It's not enough! Do you understand? Do you understand?« Er regt sich auf, das ist nicht gut für ihn, sagt er. Er hat Diabetes. Aufregung ist nicht gut für ihn, aber er kann nichts dagegen unternehmen. Er will sich gesund und angemessen ernähren, aber wie? Es reicht nicht, und niemand nimmt Rücksicht auf seine Krankheit. Dann fragt er: »When do you come back?« Ich weiß es nicht. Aber ich weiß, dass ich mich gerade auf einer Skala von Gleichgültigkeit in Richtung Widerstand bewegt habe.

Alles reduziert

Im hintersten Winkel von Bayern. Am Bahnhof zweisprachige Schilder (deutsch-tschechisch). In der Stadt stoße ich auf einen sonderbaren Reste-Baumarkt. Er befindet sich in einer orange getünchten Halle. Bevor ich ihn betrete, erschrecke ich mich fast zu Tode. Ein Zwerg aus Kunststoff liegt in einer Art Sarg vor dem Eingang. Der Gartenzwerg ist ungefähr 1 Meter 50 groß, ein echter Ego-Booster für das Wettrüsten mit dem Nachbarn. Der Baumarkt für preissensible Heimwerker und Gartenfreunde ist nur die Spitze des Eisbergs. Immer mehr Produkte lassen sich an speziellen Orten kaufen, für die es noch keinen passenden Überbegriff gibt, eine Art Resterampe der Gesellschaft, ein Teil der Armutsökonomie. Second Hand oder Second Class für den unteren Teil der Gesellschaft. Auf meinen Recherchen zu Tafeln stoße ich immer wieder (absichtlich und unabsichtlich) auf Sozialkaufhäuser und Restemärkte. Einige dieser Orte schaue ich mir genauer an.

So lande ich mitten im Winter bei eisigen Temperaturen vor der noch verschlossenen Tür eines Sozialkaufhauses. Zusammen mit mir wartet eine türkische Familie frierend darauf, dass sich die Pforten pünktlich um 10 Uhr öffnen. Menschen treffe ich drinnen nur wenige. Dafür begegnet mir richtig viel Schund. Und alles davon ist im Angebot: »20 % auf Porzellan, 50 % auf Biergläser«. Es gibt dort, aufgereiht und ordentlich aufgestellt: graue Plüschsofas, schwere Kristallvasen,

Diddl-Maus-Puzzles, Filme im VHS-Format (*Titanic, Terminator, Over the Top*), Osterschmuck (Kerzen in Eierform), bunte Dekobänder (am laufenden Meter), schwarze Deckenfluter (die in den 1980er Jahren modern waren), Esstische (mit zwei, vier und sechs Stühlen), meist aus erdbebensicherer Eiche. Für jede Familienform das Richtige: Single, deutsche Rama-Familie oder türkische Großfamilie. Der Stil der Möbel ist durchweg rustikal, Kitsch. Immer wieder schießt mir eine Frage in den Kopf: Wer kauft das? Als ich später bei Gesprächen mit Tafelnutzern auch über Sozialkaufhäuser spreche, erfahre ich, dass den meisten das Angebot zu teuer ist. Oder zu unbrauchbar.

Nachdem es mir bei den Möbeln zu langweilig wird, mache ich mich auf in die Bücherecke. Die gebrauchten Bücher sind nach Themen sortiert und mit handgeschriebenen Aufklebern beschriftet: Reise (*Der Chiemgau*), Wissenschaft (*Die Reichsidee*), Familie (*Die Hausfrau – die erste repräsentative Umfrage*), Jugend (*Reise zum Mond*), Biographie (*Jeanne d'Arc*) und Romane (*Träume haben ihren Preis*). Auch hier geht es nicht darum, dass etwas Brauchbares gekauft wird, sondern um die Suggestion einer Normalität, die gar nicht mehr existiert.

Nach der Erkundung der Bücherecke bin ich wieder gestärkt für weitere Exkursionen. Ich entdecke alles Mögliche: ein halbmeterhohes Jazzmusiker-Ensemble für 50 Euro, altmodische Zinnlöffel mit Wappenaufdruck in einer Holzhalterung für 4,50 Euro, muffelige Sofagarnituren für 90 oder 150 Euro. Überteuerter Ramsch. Aber dafür gibt es fast alles. Gläser, Geschirr, Tische, Lattenroste, Fitnesszubehör, Zinnkrüge, Klamotten, Servietten, Knöpfe. Alles wirkt zusammenhangslos hingestellt. Dazwischen liegt ein Teddy einsam in einem halb aufgebauten Kinderbett. Zumindest diesen könnte vielleicht noch jemand brauchen.

Neben Baumarkt-Resterampe und Sozialkaufhaus entdecke ich, in einer anderen Stadt, noch eine neue Facette der Armutsökonomie, einen Lemmi-Markt.[1] Eine Frau erklärt mir das Lemmi-Prinzip: »Hier können alle einkaufen, nur Montag und Dienstag nicht. Die Waren sind übrig gebliebene Lebensmittel.« Genau genommen stammen die Waren aus Havarieschäden, Überproduktionen oder Falschetikettierungen. Oder es sind Waren, die nahe am Mindesthaltbarkeitsdatum sind. So ähnlich also wie bei den Tafeln, die dieses Prinzip schließlich nicht für sich gepachtet haben. Wenn zur Tafel zu gehen etwas zwischen Shoppen und Containern bedeutet, was sind dann Lemmi-Märkte? Die Renaissance des Ur-Aldis, die Demokratisierung der Resteverwertung als Schnäppchenstrategie?

Anders als bei Tafeln gibt es in einem Lemmi-Markt keine Bedürftigkeitsprüfung oder Zugangskontrollen. Dies lässt sich auch recht offensichtlich an den parkenden Autos vor dem Markt erkennen, die bis zum Mittelklassesegment reichen. Lemmi-Märkte scheinen also eine Art Vor-Tafel für diejenigen zu sein, die sparen müssen oder wollen, die aber (noch) über einen Sozialstatus verfügen, der das Tafeln ausschließt.

Um 10:30 Uhr herrscht bereits Hochbetrieb. Der Markt selbst befindet sich in einer äußerst schlichten Lagerhalle und hat vergitterte Oberlichter. Er wirkt wie eine Mischung aus Jugendknast und Legebatterie. Über der Tür klebt eine große Maus im Cartoon-Stil, die sich über ein Käsestück freut, bei dem eine Ecke fehlt. Die fressgierige Maus soll wohl das Motto des Marktes symbolisieren: Nimm, was du kriegen kannst – schnell, heimlich, billig. Drinnen entdecke ich immer wieder Schilder mit Drohbotschaften, die von der Decke herabhängen: »Jeder Ladendiebstahl wird sofort zur Anzeige gebracht«. In diesem etwas anderen Supermarkt könnten Diebe zwischen türkischen Geflügelwürstchen und Bier in Plastikflaschen wählen. Oder ein Auge auf das ausrangierte Sortiment aus Knorr- und Maggi-Tütenzeug sowie Produkte aus der »Du darfst«-Linie werfen. Irgendwie findet sich auch hier alles und nichts. Eine fast heilige Stimmung der Ernsthaftigkeit liegt über allem. Sie rührt von der Anstrengung des Preisvergleichs.

Hier fehlen die von den Verbraucherschützern angemahnten Preisangaben, die sich auf 100 Gramm, 1 Liter oder 1 Kilo beziehen, hier wird es richtig kompliziert. Die Preise müssen von den Einkaufenden selbst mit Volumen-, Gewichts- oder Mengenangaben in Relation gesetzt werden.

Dennoch drängen sich bald die Menschen um die Paletten und Kartonstapel. Sie nehmen Produkte aus Kisten und Kartons, schauen auf Haltbarkeitsdaten und vergleichen Preise. Tatsächlich wirkt der Markt auf mich vor allem wie ein Discounter aus längst vergangenen Zeiten, als die Mittelschichtsmütter noch Mut brauchten, um beim nächsten Aldi einkaufen zu gehen.

Aufessen gehört zum Programm

Alles hier ist flach und ordentlich. Schilder mit seniorenfreundlicher Großschrift am Straßenrand weisen Gärtnereien in der Nähe aus. Die Häuschen und kleinen Höfe sind aus Backstein gebaut, hinter Zäunen dösen hin und wieder Ponys in der Sonne. Die ersten Frühlingswolken zeigen sich am Himmel, der Wind kommt scharf aus Westen. Ich quere einen Fluss, der Hochwasser hat. Vereinzelte Windräder stehen in der Landschaft und erzeugen Öko-Strom. In der nächsten Stadt möchte ich mich mit einer Frau treffen, die regelmäßig zu einer Suppenküche geht. Da ich mich nicht auskenne, halte ich an einer Straßenecke, kurbele die Scheibe herunter und frage jemanden nach dem Weg.

Der Treffpunkt entpuppt sich als Rockerkneipe. Eigentlich wollte ich zur örtlichen Suppenküche. Ich will schon das Handy zücken, als mir aufgeht, dass die Rockerkneipe an zwei Tagen in der Woche die Räumlichkeiten tagsüber für eine Suppenküche zur Verfügung stellt. Heute ist einer dieser Tage. Es ist nicht das erste Mal, dass ich in einer Suppenküche esse, aber es ist mit Sicherheit der bislang außergewöhnlichste Ort.

Die Suppenküche wird von einer Handvoll Frauen organisiert, die schon seit zehn Jahren ehrenamtlich Mittagessen anbieten. Als ich zusammen mit meiner Gesprächspartnerin die Kneipe betrete, warten schon 20 Personen auf die Essensausgabe. Die Holztische sind mit Wachstüchern überdeckt, auf denen Blumenmotive abgebildet sind. Rocker würden sich hier nicht wirklich wohlfühlen. Der Raum füllt sich. Immer mehr meist ältere Frauen und Männer kommen herein. Wir werden, soweit wir noch unschlüssig herumstehen, zu Tisch gerufen. Zusammen mit meiner Gesprächspartnerin setzte ich mich an einen Tisch, an dem schon sechs oder sieben Personen Platz genommen haben.

Zunächst wird von einer der Helferinnen das Gebet gesprochen: »Der Tisch ist unsere Mitte ... der Glaube ist unser Weg ... sei mit uns alle Zeit.« Es wird mit einem braven und vielstimmigen »Amen« beendet. Dann erhebt sich ein eher kneipentypisches Wirrwarr aus Stimmen. »Rotwein oder Weißwein?«, fragt eine der Helferinnen. Der Weißwein entpuppt sich als Wasser, der Rotwein als verdünnter Früchtesaft. Die Suppe wird serviert. Sogleich beginnt am Tisch eine ungewöhnliche Diskussion.

»Ist das Erbsensuppe?«
»Nein, Gulaschsuppe!«
»Keine Erbsensuppe?«
»Nein, Linsensuppe!«
»Wir haben doch sonst immer Erbsensuppe gehabt!«
»Nein, einmal Linsensuppe und dann Erbsensuppe, abwechselnd«
»Das ist Gulaschsuppe!«
»Da sind aber Linsen drin!«
»Gulaschsuppe ist das!«
»Ja, nur Gulasch.«

Als sich die Gäste am Tisch auf die Bezeichnung der Suppe einigen können, wird gegessen und das Essen gelobt. Und zwar so, dass die Helferinnen es auch hören können: »Schmeckt lecker, sehr lecker«, »Ja, superlecker!«, »Einwandfrei!«, »Wunderbar!« Und dann leiser, nur für den eigenen Tisch bestimmt: »Besser kann ich das auch nicht.« Oder: »Die Gulaschsuppe von Aldi in der Büchse ist auch lecker, esse ich auch gerne.« Der Diskussion über Aldi folgen weitere Themen, die nichts mehr mit dem Thema Essen zu tun haben. »Was gibt's Neues?«, fragt ein Mann. »Nichts Neues«, antwortet eine Frau. Nach und nach entsteht dann doch noch ein Gespräch. Über einen Mitbewohner, der Kakerlaken mit ins Haus schleppte. Über eine Wohnung, die gerade frei wurde, eine Frau, die Zwillinge bekommen hat. Am intensivsten sprechen die Anwesenden über die Abwesenden, denn Abwesenheit bedeutet immer den Einbruch der Krise in den fragilen Alltag (»ist im Krankenhaus, wer weiß, ob die wieder auf die Beine kommt ...«).

Meine Gesprächspartnerin ist deutlich jünger als alle anderen am Tisch, die schon längst im Rentenalter sind. »Wir sitzen immer hier«, erzählt sie, »das ist unser lustiger Tisch. Bei uns gibt es immer was zu lachen. Wie so ein Stammtisch. Das fühlt sich so an wie eine Familie. Ist doch schön, oder?« Und der Mann am Tisch fügt hinzu: »Jetzt wollen wir mal ehrlich sein. Ich komme hier nur her wegen der Geselligkeit«, mischt er sich ein. Und dann wird er noch deutlicher. »Ich könnte ja auch alleine kochen, aber alleine schmeckt es nicht. Zweimal die Woche, da hat man ein bisschen Unterhaltung. Und man wird bedient.«

Eine Helferin schaut vorbei und fragt, ob jemand noch einen Nachschlag möchte. »Ich möchte, meine Liebe, ich möchte«, antwortet der alte Mann flirtend. Die Gulaschsuppe ist in der Tat sehr lecker, satt werde ich davon aber nicht. Ich dachte, die Suppe sei die Vorspeise, deshalb habe ich das Angebot für den Nachschlag abgelehnt. Ein Irrtum. Immerhin gibt es danach noch Pudding mit Schokoladenstückchen und einem Tupfer Sahne.

Meine Gesprächspartnerin erzählt immer wieder von ihrer Tochter, die es einmal besser haben soll als sie. Vieles ärgert sie im Leben, am meisten die Bürokratie. Sie erzählt davon, wie sie versucht, sich nützlich zu machen. Sie hilft Älteren und sie hilft bei der Tafel. Die besseren Jobs dürfen dort die Ehrenamtlichen machen. »Wenn da Schluss ist, komme ich und putze«, erzählt sie, freiwillig. »Die haben mich gefragt, ob ich Lust hätte. Da habe ich gesagt, kein Problem.« Sie putzt, »damit die Frauen früher nach Hause gehen können. Die haben es ja schon schwer genug.« Auch in der Suppenküche räumt sie jetzt auf und muss dafür unser Gespräch beenden. Für ihre Tochter, die noch zur Schule geht, lässt sie sich das Mittagessen in mitgebrachte Plastikbehälter einpacken.

Einen ganz anderen Typ Suppenküche besuche ich in einer mitteldeutschen Großstadt. Zusammen mit einigen Männern, mit denen ich vorher in einer Selbsthilfeeinrichtung für Arbeitslose gesprochen hatte, gehe ich dort zum Mittagessen. Die Suppenküche befindet sich in einem Eckgebäude, einer ehemaligen Gastwirtschaft. Wir sind schon relativ spät, es ist fast ein Uhr. Üblicherweise beginnt das Essen dort früher. Ich treffe auch einen Gesprächspartner wieder, einen geschiedenen Mann, der oft mit seinem Fahrrad zum Essen in die Suppenküche kommt: »Zur Tafel gehe ich eigentlich nicht, das ist mir zu viel Stress. Zum Essen komme ich schon. Das Essen ist schon fertig. Das ist praktisch. Für 50 Cent. Da lohnt sich der Aufwand nicht, selbst zu kochen.« Er würde zwar lieber in einem normalen Restaurant essen gehen, doch dafür reicht sein Hartz-IV-Regelsatz nicht. »Es gibt hier genug Gaststätten, deutsche Wirtschaft, Stammessen 5,60 Euro! Das wäre mir lieber. Publikum besser! Gespräche besser! Für Gespräche ist die Suppenküche nicht der richtige Ort«, klagt er. Über die Tische hinweg komme ich mit einem Rentner ins Gespräch. Er erzählt mir, dass er sechzig ist. Sagt, dass er zu wenig Geld hat und deswegen noch nebenbei Zeitungen austrägt. Er schließt mit der Aussage, dass er sich eigentlich nur noch darauf freut, in der Kiste zu liegen.

Die meisten hier sitzen in Gruppen zusammen. »Die Leute, die sich einigermaßen verstehen, versuchen an einem Tisch zu sitzen«, erklären mir die Männer. Auch so eine Art Stammtisch, denke ich, doch der erste Eindruck täuscht. Obwohl sich die Besucher der Suppenküche fast täglich sehen, bleiben die

Aufessen gehört zum Programm

Kontakte oberflächlich. »Das sind keine Leute, mit denen ich privat verkehre«, behauptet der Fahrradfahrer. »Ich sehe die halt eine halbe Stunde bei der Suppenküche. Und das ist es dann. Das ist rein praktisch zum Essen. Billig essen, Arbeit gespart, Geld gespart, schnell. Das habe ich so in meinen Tagesablauf eingebaut. Mit dem Fahrrad hin, essen und ab.«

Ich kann das nachvollziehen. Unübersichtlich und eng ist es hier. »Das ist halt die Armutsseite der Gesellschaft«, kommentiert mein Gesprächspartner, »es ist anstrengend. Jeder versucht, was zu ergattern.« Statt der eher reizenden Stimmung in der Rockerkneipe ist die Stimmung gereizt. Wir sind vier oder fünf Personen und werden sogleich zur Eile gedrängt. Alle anderen essen bereits, wir finden nur mit Mühe einen Platz in einem Nebenzimmer. Das Essen müssen wir uns selbst an einer Theke abholen. Unter den Mitarbeitern der Suppenküche sind viele Arbeitslose. »Die sind halt stolz, wenn sie da antanzen dürfen«, kommentiert der Fahrradfahrer. »Gib dem Deutschen ein Amt, und er verlangt Respekt! Die haben dann halt ein wenig Macht bei der Essensausgabe und was zu sagen. Wer lange arbeitslos war, der holt sich bei dieser Arbeit ein bisschen Selbstaufwertung.«

Ich möchte keinen Salat und werde sofort barsch angepflaumt: »Sagen Sie das doch gleich ...!« In dieser Suppenküche gibt es reichlich Essen. Ich erhalte eine Suppe, eine Hauptspeise, eine Nachspeise und einen Kuchen – alles auf einmal. Das Kuchenstück ist mir zu groß, ich bitte darum, dass man mir nur die Hälfte gibt. »Alles oder gar nichts«, erwidert der Mann, der austeilt. Ich nehme alles. Und lasse dann die Hälfte stehen. Nicht weil es mir nicht schmeckt, sondern weil ich es einfach nicht schaffe. Ein Fehler. »Es gibt sehr schnell Hausverbot. Für zwei bis drei Wochen. Wenn man falsch antwortet oder sich falsch benimmt. Das geht sehr schnell. Manche Leute packen das Essen nicht. Das kann schon einen Anschiss bedeuten. Gut, wenn es niemand gesehen hat. Aber wehe, wenn die Chefin und ihr Mann da sind.

Die sind dann pikiert. Dann gibt es ganz großen Ärger. Mit der ist nicht gut Kirschen essen. Das kann dann Hausverbot bedeuten. Wenn man Essen an jemanden weitergibt, das gibt Ärger.« Ich kann damit gut umgehen. Aber wie machen es diejenigen, die regelmäßig hierherkommen? »Die achten darauf, dass es niemand sieht, wenn sie dem Nachbarn das Essen zustecken. Die müssen total auf der Hut sein, das ist anstrengend! Das ist nicht so wie in einer Kneipe, wo man auch mal einen Teller zurückgehen lassen kann. Aufessen gehört zum Programm!«

Abgespeist

Während ich morgendlich verträumt aus dem Zugfenster schaue, verschwindet der Thüringer Wald langsam im Westen. Hohe Wolken werden von der aufgehenden Sonne angestrahlt. Kurze Zeit später komme ich in einer kleinen Stadt an, die ich wahrscheinlich niemals kennengelernt hätte, gäbe es dort keine Tafel.

Als ich im Zug telefoniere und dabei den Namen der Tafel erwähne, die ich besuchen möchte, spricht mich spontan ein hinter mir sitzender Mann an. Wie sich herausstellt, war er dort einmal Koch. »Ist das Armenspeisung?«, frage ich ihn. »Nein«, antwortet er. »Obwohl«, er überlegt eine Weile und blickt dabei aus dem Zugfenster. Er grübelt, schon denke ich, dass er die Frage vergessen hat. Plötzlich blickt er mich direkt an. »Es ist nicht gut so«, bricht es aus ihm hervor. »Hier geht eine Welt unter, und keiner merkt es! Die vielen Menschen dort, wohin gehören die eigentlich noch? Doch nicht mehr zur normalen Gesellschaft, oder?« Die Frage verhallt, als der Zug abbremst. Wir sind da.

Auf dem Marktplatz stehen ein paar verlassene Buden, die versuchen, einen Weihnachtsmarkt darzustellen. An der Glastüre des unvermeidlichen Eiscafés »Venezia« steht auf einem Pappschild »Ab Oktober Winterpause«. Ich laufe noch ein wenig herum, bevor ich mich zur Tafel aufmache. Das Stadttheater wirbt, verzweifelt wie mir scheint, mit einem großen Transparent »Werden Sie Flatrater – Die Flatrate zur Finanzkrise. 88,88 Euro für ca. 200 Vorstellungen im Jahr = 44 Cent pro Vorstellung. Lassen Sie sich keine Vorstellung entgehen!« Überall in der Stadt werden Büroräume, Praxen und Wohnungen zum Kauf oder zur Miete angepriesen. Viele Erdgeschosse sind mit vollgeschmierten Holzplatten vernagelt. In Fenstern lese ich immer wieder die Worte »ab sofort«, »von privat« und »provisionsfrei«.

Die Tafel mit Mittagstisch befindet sich im ersten Stockwerk eines alten Fabrikgebäudes. Ich trete in einen Aufenthaltsraum. Darin steht ein großer Weihnachtsbaum, an den Wänden hängen Lichterketten. Verteilt im Raum stehen dunkle Tische mit je vier oder sechs dunklen Stühlen. An den Wänden Kommoden, ein paar Bilder, Dekoration. Der Raum wirkt wie ein zu groß geratenes Wohnzimmer. An Tischen sitzen, einzeln oder in kleinen Gruppen, Menschen und warten. Ein Pärchen spielt Bauernskat.

Es ist 10 Uhr vormittags.

Ich bin zu früh. Also beginne ich, mich ein wenig umzuschauen. Links von mir sitzt eine Frau alleine an einem Tisch. Sie wartet regungslos. Daneben sitzt ein Mann, auch er alleine. Nur in einer Ecke des Raums wird gelacht. Obwohl man sich erkennbare Mühe gegeben hat, den Raum weihnachtlich zu schmücken, kann von Weihnachtsstimmung keine Rede sein. Irgendwie werde ich das Gefühl nicht los, von Einsamkeit und Sorgen umgeben zu sein. Ab und zu klingelt ein Mobiltelefon. Dann setzt sich das stumme Warten fort.

Es ist 10:30 Uhr.

Nach einiger Zeit kommt ein Mann aus der Küche. Er trägt ein weißes T-Shirt mit einem Porträt von Elvis. In der einen Hand hält er eine Tasse, darauf wieder Elvis. Er schreibt mit Kreide ein paar Worte, blass und kaum lesbar, auf eine Tafel in der Ecke des Raumes und geht dann wieder. Der Menüplan. Einer nach dem anderen stehen die Anwesenden auf, gehen zur Tafel, lesen sich das Angebot durch und tauschen kurz Kommentare aus. »Geschnetzeltes, Kartoffeln, Beilage.«

Abgespeist

Es ist 10:45 Uhr.

Ich habe noch keinen Hunger. Zu früh. Aber ich werde den Eindruck nicht los, dass dieses Mittagessen ein Fixpunkt im Tagesablauf der anwesenden Menschen ist, ein Anker. Um 11 Uhr wird es Essen geben. So steht es auf dem Menüplan. Die allein sitzende Frau, der allein sitzende Mann, alle warten sie weiter. Das Pärchen spielt weiter Skat. Drei Männer kommen auf mich zu. So, wie sie mich ansehen, wird auch ohne Worte sehr schnell klar, dass ich an »ihrem« Tisch sitze. Ich frage höflich, ob ich bleiben darf. Kein Problem, da heute der vierte Mann der Gruppe fehlt. Sie holen sich je eine Tasse Früchtetee. Zuerst denke ich, es sei Kaffee. Die Männer rühren lustlos im Tee, nippen an den Tassen und lassen diese dann fast unberührt stehen. Das Rollo zur Ausgabetheke der Küche öffnet sich. Elvis ruft zum Mittagstisch.

Es ist Punkt 11 Uhr.

Ein Mann, der mir gegenübersaß, springt auf und presst dabei »Dann mal los!« heraus. Er ist der Erste an der Theke. Die anderen folgen eher verhalten. Ich beschließe, zusammen mit ihnen zu essen, und mache mich mit ihnen auf den Weg zur Essensausgabe. Alles auf meinem Teller schwimmt in Soße, das Fleisch, ein paar kleine Kartoffeln und selbst der Salat am Rand. »Es schmeckt lecker«, betonen die Männer. So oft, dass ich mich frage, ob sie nicht vielleicht das Gegenteil meinen. An der Theke erhalte ich vom Elvis-Fan noch ein Stück Kuchen. Einer der Männer am Tisch geht herum und fragt die anderen Gäste, ob er deren Kuchenstück bekommen könnte. Er kommt mit einer vollen Tüte zurück und freut sich. »Acht Stück«, sagt er. »Jetzt sind es neun«, zähle ich weiter und gebe ihm mein Stück dazu. Es ist Freitag. Viele freuen sich auf das Wochenende, vor dem er Angst hat. Er erzählt mir, dass man ja nie weiß, was es am Montag gibt. »Und das Wochenende ist lang«, fügt er hinzu.

Nach dem Mittagessen treffe ich die nette und engagierte Leiterin der Tafel. Wir gehen gemeinsam in ein zweckmäßig eingerichtetes Büro und sind schon bald in eine Diskussion verstrickt. Nach gut einer Stunde und ohne abschließendes Ergebnis schrecken wir auf, als es an der Bürotür klopft. »Wir polieren hier die Leute auf«, erklärt sie. »Wir kämpfen um jeden unserer Gäste. Viele Menschen trauen sich nicht, kommen aus Scham nicht von alleine.«

Später sitze ich dann noch am »Männertisch«. Anfangs sind es drei, dann sechs Männer, die sich alle beim Mittagstisch kennengelernt haben. Während sie das Geschnetzelte essen, unterhalten wir uns. Alle Männer behaupten, dass sie Singles sind. Sie lachen, als sie dieses moderne Wort aussprechen, Single. In ihrem Fall bedeutet es wohl eher ganz altmodisch: Alleinsein. Am Nebentisch sitzen sechs Frauen. Es sind Sekretärinnen, deren Büros sich ein Stockwerk höher im gleichen Gebäude befinden. Für das Mittagessen zahlen sie einen Euro mehr als die Gäste der Tafel. Trotz der räumlichen Nähe zwischen den beiden Tischen ist die soziale Distanz kaum überbrückbar. Die Frauen haben einen Job. Sie sind aufgedreht und nutzen die Pause zum Büro-Smalltalk. Die Männer, mit denen ich zusammen am Tisch sitze, sind hingegen schweigsam. Es sind ehemalige Ingenieure eines Industriekombinats, das nach der Wende »abgewickelt« wurde. Nun sind sie Hartz-IV-Empfänger. In ihrem Leben passiert nicht sehr viel, und das wenige ist schnell berichtet. Alle diese Männer vereint der Wunsch nach Arbeit und ein wenig Anerkennung. Um sich nicht vor den Frauen am Nebentisch schämen zu müssen.

100 Kilometer weiter östlich findet am nächsten Tag eine Vorstellung in einem Festspielhaus statt. Im Halbdunkel verfolge ich eine Performance, bei der eine Tänzerin an einem virtuellen Klangteppich webt und dabei Töne und Geräusche mit ihrem Körper, ihren Händen und Füßen aktiviert. Im Saal sitzen ein paar Kunststudenten, Nerds und Technikfreaks. Menschen, die experimentelles Tanztheater lieben. Die Frau, die ich dort treffe, führt zwei Leben. In dem einen pflegt sie

Kontakte zu avantgardistischen Medienkünstlern und träumt versonnen den Tänzern und Tänzerinnen nach, die sie voller Inbrunst »moderne Schamanen« nennt. Das andere Leben, das sie hasst, verbringt sie in Armut und der Welt der Tafeln.

Mit ihren vier Kindern und der Katze »Sloterdijk« wohnt sie in einer heruntergekommenen Villa in einem noblen Stadtteil. Der Zustand sowie die Einrichtung der Wohnung lassen an zwei Dingen keinen Zweifel. Sie versteht sich selbst als Künstlerin, und sie hat die Tafel nötig. Jede Woche fährt sie mit dem Auto zur Tafel. Es ist uralt und ein Geschenk ihrer Schwester – aber immer noch billiger, als für sich und die Kinder ständig Tickets für den öffentlichen Nahverkehr zu kaufen. Im Kofferraum stapeln sich Pfandflaschen aus Plastik. »Das ist meine Bank«, kommentiert sie, »wenn ich schnell mal Geld brauche, bringe ich ein paar Flaschen weg«.

Die Tafel ist ihr Lebensmittellieferant wider Willen. »Sie ermöglicht mir das physische Überleben, aber sie ändert nichts an dem Dschungel der rechtlichen Regelungen, in dem ich mich befinde«, erläutert sie. Freude macht ihr diese Überlebensstrategie überhaupt nicht. Sie geht genau so oft zur Tafel, wie es sein muss. Anderen Tafelnutzern geht sie eher aus dem Weg. Für sie ist die Tafel eine Überlebensstrategie und kein Soziotop. »Ich lebe von Tag zu Tag«, sagt sie, »heute Abend weiß ich nicht, wie es morgen weitergeht.« Vom Leben erwartet sie nicht mehr viel. Ihr Leben, eine Kette von verpassten Chancen, so empfindet sie das. Ein aufgegebenes Leben. »Der Zug ist abgefahren. Ich wüsste nicht, was jetzt noch kommen soll.«

Die Tafeln versucht sie so gut wie möglich aus ihrer Wahrnehmung auszublenden – auch wenn sie diese braucht. Aber es geht um mehr. Um eine Strategie für eine würdevolle Existenz als Mensch inmitten einer reichen Gesellschaft. »Darum, nicht permanent über den Tisch gezogen zu werden, von Ämtern und Amtspersonen.« Und damit sind die Tafeln nur ein Mosaikstein in einem viel größeren Bild der Gesellschaft, aus dem nach und nach immer mehr Menschen verschwinden. So als würde die Farbe, mit der sie gemalt wurden, nach und nach ausbleichen. »Teilhabe an der Gesellschaft ist ein ständiger Kampf«, beklagt sie sich, »wer arm ist, wird in dieser Gesellschaft nicht mehr wahrgenommen. Wir vegetieren auf der untersten Stufe. Und verpassen den Rest.«

Man spürt die mühsam unterdrückte Wut in diesen Sätzen. Und wie sehr sie die Welt der Armut, die Welt aus Notwendigkeiten, Trivialitäten und Zwängen satthat. Es ist das genaue Gegenteil der Welt, die sie so sehr liebt, der Welt der Tänzer, der Leichtigkeit, des Schwebenden, des Genusses. Der Welt der in buntes Licht getauchten ausdrucksstarken Körper. In der einen Welt ist der Körper ein kunstvoll eingesetztes Instrument, ein Medium und Ideal. In der anderen Welt, der Welt der Tafeln, ist der Körper nur lästige Hülle, ein zu füllender Bauch.

Hartz IV, Personalausweis und Hund

Bei so viel Einfallsreichtum innerhalb der Armutsökonomie verwundert es nicht, dass nun auch ein weiteres Betätigungsfeld privater Fürsorge entdeckt worden ist: Haustiere. Claudia Hollm, eine umtriebige Managerin, gründete die »Tiertafel Deutschland e. V.«, die Futterspenden über ein Zentrallager an bedürftige Tierhalter verteilt. So soll die Versorgung von über 10 000 ›Kunden‹ sichergestellt werden. Im Vergleich zu den Lebensmitteltafeln fallen die wenigen Nutzer kaum ins Gewicht. Aber das Angebot der Tiertafel weitet sich aus, die Popularität steigt. Prompt bekam die kleine Tiertafel Ärger mit dem großen Bundesverband Deutsche Tafel e. V., der seinen Markennamen »Tafel« mit juristischen Mitteln verteidigen zu müssen meint. Allerdings gewann die Tiertafel den Rechtsstreit.[2] Der Kläger musste die Kosten des Verfahrens tragen. Eine Art, Spendengelder auszugeben, die nicht bei allen Unterstützern des Tafelwesens Freude auslösen dürfte.

Die Tiertafel lehnt sich trotz dieses Urteils in ihrem eigenen Markenauftritt bewusst an die Ästhetik der viel bekannteren Lebensmitteltafeln an. Statt Messer und Gabel wie bei den Lebensmitteltafeln zeigt das Logo der Tiertafel Haarbürste und Hundeleine. Statt eines Tellers einen Futternapf. Offensichtlich möchte die Tiertafel vom Bekanntheitsgrad des Tafelsystems profitieren.[3] Aus der Kombination von Tierliebe und Armut leiten die Tiertafeln ihren selbsterteilten Auftrag ab. »Wir sorgen dafür, dass man sich einen Freund immer leisten kann.« Um diese Freundschaft zwischen Mensch und Haustier rankt sich bei den Tiertafeln alles. Tiertafeln wollen ein »Rettungsanker« sein, der »Bedürftigen hilft, für ihre Haustiere aufzukommen«.[4]

Ich hatte Gelegenheit, verschiedene Ausgabestellen zu besuchen und festzustellen, dass Tiertafeln ein ganz eigenes Soziotop sind. Trotz aller Unterschiede gleichen sie sich in manchen Details. Hinter dem Tresen stapeln sich nicht Brot und Gemüse, sondern Futterdosen ohne Etikett. Trockenfutter und Katzenstreu werden in neutrale Tüten abgepackt. Spezialware wie Tiermedikamente oder Vitamindrops lagern unsichtbar für begehrliche Blicke unter einer Theke. An den Wänden hängen Zeitungsausschnitte und eingerahmte Tierfotos – Dankesbekundungen. Sieht man von dem Tierfuttergeruch ab (den aber alle zu mögen scheinen), ist die ganze Atmosphäre quirlig, spontan und fast familiär. Denn eines haben alle gemeinsam: Tiere sind ihnen wichtig. Frau F., die erwerbsunfähig ist und einen Hund besitzt. Frau K., die zusammen mit ihrer Katze von der Grundsicherung lebt. Oder Herr D., der einen Minijob hat und sich ansonsten um seinen Hund kümmert.

Vor allem die Tiere sind es, die sich an die neue Umgebung bei der Tiertafel gewöhnen müssen. So berichtet Frau F. davon, wie aufgeregt ihr Hund war. »Als wir das erste Mal dort waren, kam diese Tierarztpanik auf.« Das erste Mal kostet Überwindung. Das weiß auch Frau K., eine Katzenbesitzerin: »Wenn man die ersten Schritte gemacht hat und weiß, was auf einen zukommt, dann ist das schon in Ordnung.« Frau F. ist da strenger. Obwohl sie von Anfang an dabei war und regelmäßig jede Woche Tierfutter holt, macht sie das immer noch ein wenig widerwillig: »Das Gebäude ist so ranzig. Besser nichts anfassen, denkt man da!«

Auch bei der Tiertafel prallen Menschen aus unterschiedlichen Welten zusammen, Stress ist vorprogrammiert. Die Katzenbesitzerin Frau K. stört sich am »mächtigen Gekläffe«

Hartz IV, Personalausweis und Hund

der Hunde und fügt hinzu, dass sich »manche Halter auch danebenbenehmen«. Tiertafeln und Lebensmitteltafeln ähneln sich noch in einem weiteren Punkt. Das ihnen zugrunde liegende Menschenbild ist auffallend skeptisch. Sie gehen davon aus, dass der Mensch schlecht ist. Daher muss er kontrolliert werden. Auch bei der Tiertafel erfolgt zunächst eine Bedürftigkeitsprüfung. Die Hundebesitzerin Frau F. kennt das Prozedere gut. »Hartz-IV-Bescheid, Personalausweis und den Hund vorzeigen. Sonst könnte ja einer für 20 Hunde Futter holen und das dann verkaufen. Also alle zwei bis drei Male wollen die auch den Hund sehen, dass man den auch wirklich hat.«

Über jedes Tier wird eine Karteikarte geführt. Darauf sind auch Besonderheiten vermerkt, Krankheiten, Diäten oder die Notwendigkeit für spezielles Futter. Und auch sonst wird vor allem über die Tiere geredet. Tierliebe ist der kleinste gemeinsame Nenner und stellt eine Form von Gemeinschaftsgefühl her, das die Lebensmitteltafeln niemals erreichen können. Gerade die Tiere bieten natürliche Anlässe für Gespräche von Mensch zu Mensch. Bei den Lebensmitteltafeln wird viel über ›Augenhöhe‹ gesprochen, bei den Tiertafeln ist sie spürbar. Es ist nicht notwendig, die eigenen privaten Sorgen und Nöte vor fremden Helfern auszubreiten. Vielmehr bildet die Sorge um das Tier die Basis aller Beziehungen.

Übereinstimmend berichten meine Gesprächspartner, dass es erheblich angenehmer ist, zu einer Tiertafel zu gehen. »Man kommt da viel leichter ins Gespräch als bei einer Menschentafel«, so Frau F. Auch die Katzenbesitzerin Frau K. zieht einen Vergleich. »Die ganze Atmosphäre ist anders. Leute, die Tiere haben, die gehen ganz anders aufeinander zu. Wir grüßen uns und reden über unsere Tiere.« Entscheidend ist: »Man kommt sich nicht so minderwertig vor, als wenn man für Lebensmittel für sich selbst anstehen würde.«

Frau K. lebt von der Grundsicherung. »Meine Kinder haben mir die Katze geschenkt, weil ich so viel allein bin«, erzählt sie,

»manchmal rede ich tagelang mit keinem Menschen.« Ihre Katze ist für sie mehr als nur ein Haustier in ihrer kleinen Zweiraumwohnung. Sie ist Sozialpartner und Seelenspiegel. »Ich habe eine ruhige, gutmütige und anhängliche Freundin. Die sich dreimal am Tag bürsten lässt. Die nur das teuerste Futter frisst. Und die mich täglich an mein eigenes Alter erinnert. Da muss man durch.« Und das bedeutet für sie auch, einen gewissen finanziellen Aufwand zu betreiben. »Ich rechne immer wieder mal: 30 Euro für Futter im Monat. Das sind 720 Euro in zwei Jahren. Ohne Tierarztkosten. Das ist doch eine kleine Schiffsreise. Meine Katze ist mir eine kleine Schiffsreise wert«, bilanziert sie.

Für ihre Tiere tun die meisten alles und üben selbst Verzicht, wo es nur geht. Frau K. hat sich in ihrer Armut ganz unspektakulär eingerichtet. Schlichter kann man kaum leben. »Wenn ich mal Klamotten brauche, dann gehe ich zu Humana oder auf den Trödelmarkt.« Auf die Frage, wie eine typische Woche aussieht, lacht sie nur. Sie lebt eher von Tag zu Tag. »Ich wasche mich und ziehe mich an. Frühstücke und versorge die Katze. Dann gehe ich aus dem Haus, um ein bisschen was einzukaufen. Ja, und dann lese ich Zeitung und bereite mir langsam das Mittagessen zu. Nach dem Essen muss ich mich hinlegen. Und dann gucke ich – leider Gottes – viel Glotze.«

Auch der Hundebesitzer Herr D. hat viel Zeit. »Freitags ist Arbeitstag, da gehe ich fünf Stunden arbeiten. Ansonsten gehe ich mit dem Hund raus, dann sitze ich am Computer und mache so ein paar Spielchen. Da gehen die Stunden schon weg.« Sein Hund scheint einer derjenigen zu sein, über die sich andere aufregen. »Wir gehen nachher eine Bratwurst essen!«, spricht er ihm zu, »aber ohne Soße.« Zum Abschied schwärmt er noch ein wenig: »Ich hole immer zwei Stück, eine für mich, eine für ihn. Die ist dann ruck zuck weg.« Auch wenn er für seinen Hund sicher keine Sympathiepunkte bekommt, nimmt er am jährlichen Dog Walk teil, einem Charity-Event, bei dem Reklame für die Tiertafel gemacht wird. »Wir

Hartz IV, Personalausweis und Hund

laufen einfach so. Überall gibt es doch Sponsoren. Wir füllen Zettel aus mit Namen von Hund und Halter, und die geben wir bei den Sponsoren ab.« Ein wenig Druck ist aber auch dabei, wie ein Eintrag der Tiertafelgründerin Claudia Hollm vom 1. Juni 2011 im Online-Gästebuch der Tiertafel zeigt: »1 x im Jahr ... also wirklich nur 1 x im Jahr erwarten wir von den Kunden, dass sie auch etwas für ihre Tiertafel-Ausgabestelle vor Ort tun ...«[5] Da ist sie wieder, die Geste der Erziehung, die Bevormundung und die Abhängigkeit, die so typisch für vormoderne Almosensysteme sind. Das Stigma des Faulen, des Schmarotzers, werden meine Gesprächspartner so schnell nicht los.

Frau F. kennt dieses Gefühl in all seinen Facetten. Im Bus wurde ihr von Mitfahrern vorgeworfen, dass sie als Hartz-IV-Empfängerin günstiger fahren darf. Der Gipfel aber war die Begegnung in einem Supermarkt, als sie gerade dabei war, Hundefutter zu kaufen. »Da sprach mich jemand an. Er wäre von der Tafel und würde sammeln – für die Aktion ›Eins mehr‹.[6] Ob ich nicht etwas kaufen und dann der Tafel spenden wolle? Ich fragte: Spenden? Ich habe selber nichts! Ich bin auf Hartz IV. Dann schaute der mich an und sagte: *Ach, dann sind Sie auf der anderen Seite.*«

Brötchen in Scheiben

Eine Serie von Gesprächen mit älteren, alleinstehenden Frauen half mir zu verstehen, warum Altersarmut mitten unter uns so unsichtbar ist. Frau P. (64) aus Süddeutschland ist erwerbsunfähig. Als ich sie zum ersten Mal treffe, sehe ich in ihr zunächst nur eine ältere, elegante Dame. Keine Spur von Altersarmut. Ein paar Wochen später betrachte ich von ihrer winzigen Dachwohnung aus Liegefahrradfahrer und Dalmatiner-an-der-Leine-Führer auf der Straße – die Welt des bürgerlichen Wohlstands in einer Beamtenstadt. Sie wohnt zwar hier, ohne jedoch richtig dazuzugehören. Ihr Leben, eine Serie von Pannen, wie sie selbst sagt. Schon während des Studiums erlitt sie einen Autounfall. »Kurz vor meiner Zwischenprüfung bin ich dann schwanger geworden, der zweite Unfall. Und dann habe ich geheiratet. Das war der dritte Unfall«, kommentiert sie ironisch. Erst mit fast 40 fand sie eine Stelle. »Mit null Berufserfahrung«, wie sie zugibt. »Seitdem habe ich viele unterschiedliche Stellen gehabt. Man kann es auch positiv ausdrücken. Ich war sehr flexibel.« Als dann eine chronische Krankheit dazu führte, dass sie erwerbsunfähig wurde, verlor sie ihr Gleichgewicht. »Jeden Tag. Immer wieder neu versuche ich seitdem in die Balance zu kommen.«

Das aber ist mit einer Minimalrente ein schwieriges Unterfangen. »Seit 15 Jahren erhalte ich Frührente«, berichtet sie. »In einem Jahr, mit 65, werde ich vier Euro mehr bekommen, als mir mit Grundsicherung zustehen würde. Ich gehöre dann offiziell nicht zu den Armen.«

Wie es sich als arme Witwe lebt, weiß Frau B. (63) aus Norddeutschland. Sie erhält eine Witwenrente in Höhe von 587 Euro. »Davon muss ich alles bezahlen: Miete, Strom, einen Kredit, Rechnungen«, klagt sie. Frau R. (71) aus Ostdeutschland ist ebenfalls Witwe. Nach einem knallharten Berufsleben als Kellnerin erhält sie 730 Euro Rente. »Davon gehen schon 380 Euro für die Miete ab«, rechnet sie vor. »Die Hartz-IV-Empfänger meckern, aber die haben mehr Geld als ich.« Es ist aber nicht allein die Höhe der Rente, die es den Frauen schwermacht. Vielmehr fühlen sie sich ungerecht behandelt. Ein Beispiel dafür ist Frau M. (68). Sie hat drei Kinder und ist geschieden. Ihre Stimme bricht, als sie erzählt. »Ich finde das irgendwo ungerecht, wenn man alleine ist. Ich habe meine Kinder selbst großgezogen, habe meine Eltern bis zum Schluss gepflegt. Ich war arbeiten, all die Jahre.« Noch deutlicher wird Frau T. (65), ebenfalls aus Ostdeutschland. »Ich habe einen kaputten Rücken. Ich habe Nierensteine. Mein Magen ist nicht in Ordnung. Und meine Medikamente muss ich selbst bezahlen. Ich bin schon zum Arzt gegangen und habe um Tabletten gebettelt!« Auch Frau H. (66) aus Ostdeutschland ist verärgert. »Das muss man sich mal vorstellen«, sagt sie entsetzt, »ich habe mein ganzes Leben lang gearbeitet, und dann so wenig Geld für die Rente. Das finde ich so schrecklich! Ich bin so wütend.«

Im Alter verlieren die Frauen ihre Rolle als Konsumentinnen und damit auch ein Stück weit ihre Rolle als Bürgerinnen. Wer kein vollwertiger Konsument ist, kann sich auch nicht als vollwertiges Mitglied der Gesellschaft fühlen. »Ich kaufe mir gerne schöne Sachen«, erklärt Frau P., »aber das geht ja nicht. Das ist ausgeschlossen.« Mit dieser Beschränkung müssen sie alle leben. Frau M. würde gerne ausgehen und unter Leute kommen. »Alleine durch die Straßen zu gehen ist doof. Und sich irgendwo reinzusetzen, dafür reicht das Geld nicht aus.

Wenn ich sehe, dass ich für eine Tasse Kaffee mehr bezahlen soll als für ein ganzes Pfund im Laden, dann geht das einfach nicht.« Glücklich ist, wer Verwandte hat, wie Frau M. »Vor einigen Jahren, da war mein Fernseher kaputt. Da haben meine Kinder zusammengelegt und mir zum Geburtstag einen neuen geschenkt. Aber mittlerweile traue ich mich gar nicht mehr zu sagen, dass etwas nicht funktioniert. Die haben ja selbst nicht so viel Geld.« Und so wird das Leben immer bescheidener. »Ich leiste mir so gut wie nix. Essen gehen? Seit Jahren nicht mehr. Urlaub? Das letzte Mal vor Jahren.«

Mit eingeschränkten Konsummöglichkeiten können die Frauen noch einigermaßen umgehen. Was sie aber wirklich schmerzt, ist die Tatsache, dass sie kaum Möglichkeiten haben, Kindern und Enkelkindern etwas zu schenken. Frau M. berichtet, dass ihr Sohn bald heiraten möchte. Dann hält sie inne und überlegt. »Dann muss ich noch sehen, wie ich ein Geschenk zusammenbekomme. Die wollen immer nicht, aber man muss ja doch. Das muss ich mir dann eben auch alles absparen.« Frau H. weint, als sie über ihr Enkelkind spricht. »Das ist so beschämend, dass man kein Geld hat. Man kann nichts schenken. Man hat Enkelkinder und man kann nichts kaufen. Und ich gebe so gerne!« Hier zeigt sich ein Generationenphänomen. Wer den Mangel noch selbst erlebt hat und danach die Wirtschaftswunderjahre, der kann nicht aus seiner Haut. Frau H. berichtet über typische Konflikte mit ihrer Tochter. »Ich sage immer zu meiner Tochter, du kannst mit mir schimpfen, aber das eine musst du mir lassen, dass ihr was von mir kriegt. Wenn ich nichts mitbringen darf, dann bleibe ich weg. Das geht nicht, dass ich ohne kommen soll.«

In einer Arbeiterwohnsiedlung treffe ich Frau L. (72), eine Witwe, die in einem winzigen Haus lebt. Draußen regnet es, drinnen ist es dunkel. Ein einfacher Ofen steht in der Ecke, davor Briketts. Aber der Ofen bleibt kalt. Die Möbel stammen noch aus den Wirtschaftswunderjahren. Frau L. erzählt, welchen Zusammenhang es zwischen diesen Möbeln und ihrer

Altersarmut gibt. Das Leben ihrer Eltern war typisch für die Nachkriegszeit. Ein Leben in kleinbürgerlicher Aufbauarbeit. »Meine Eltern wollten gerne ein eigenes Häuschen, obwohl mein Vater ungelernt war. Immer wenn sie ein wenig Geld zusammen hatten, haben sie gebaut. Ein Zimmer nach dem anderen.« Nach ihrer Lehre heiratete Frau L. Und tat, was damals viele taten. »Ich habe mir meine Rente auszahlen lassen. Das war damals so modern. Damals hat man sich dann lieber schöne Möbel gekauft, in den 60er Jahren. Dann habe ich die Kinder großgezogen. Da konnte ich sowieso nicht arbeiten. Mein Mann ist schon mit 53 Jahren gestorben. Dann kam der große Hammer. Ich musste zum Amt gehen. Die Rente war ja weg. Deshalb bekomme ich jetzt nur Grundsicherung.« Und dann erzählt sie, wie die Tafeln in ihr Leben kamen. »Ich bekam ein Schreiben vom Amt. Darin stand, dass ich berechtigt bin, zur Tafel zu gehen. Das war, noch bevor die Tafel in unserem Ort eröffnete.«

Fast alle meine Gesprächspartnerinnen nutzen die Tafeln. Dabei sind Tafeln gerade für diese Generation das Symbol eines sozialen Abstiegs, den man sich im Traum nicht hätte vorstellen können. Frau M. macht deutlich, wie sich das für sie anfühlt. »Man kommt sich vor wie jemand, der unter der Brücke lebt.« Frau B. hat manchmal sogar zu wenig Geld für die Tafel. »Dann muss ich den einen Tafel-Euro anschreiben lassen. Was soll ich machen? Ich habe kein Geld. Ich bin jetzt schon drei Euro im Rückstand«, rechtfertigt sie sich. »Ich habe es immer schon als sehr schlimm empfunden, als entwürdigend. In einer Reihe, das ist schon sehr entwürdigend. Menschenentwürdigend.« Noch drastischer wird es, wenn das Angebot bei den Tafeln knapp ist: »Ich musste schon mal zu den Leuten in meinem Wohnhaus gehen und um Essen betteln, weil ich nichts mehr hatte. Ich nehme ja mehr ab als zu. Mein Arzt sagt, ich soll zunehmen. Früher habe ich 78 Kilo gewogen, heute noch 62. Mein Arzt sagt, das ist zu wenig.«

Nach und nach hinterlässt so ein Leben Spuren im eigenen

Selbstbild, wie Frau L. verdeutlicht. »Man fühlt sich irgendwie zurückhaltender, nicht so offen, wenn man arm ist und sich nicht alles kaufen kann.« Die Tafeln sind aber nur ein kleiner Baustein in der beschämenden Existenz dieser älteren Frauen. Viel zentraler ist das Gefühl eines unsichtbaren Makels. Frau P. beschreibt sehr präzise, wie sich das anfühlt: »Wenn ich im Rollstuhl säße oder einen Arm gebrochen hätte – jeder hätte Mitleid. Das sind Merkmale, die jeder sieht. Dann sind die Menschen verständnisvoll. Das Problem fängt dort an, wo man kein sichtbares Problem hat und sich ständig erklären muss.« Aus dieser Situation entsteht Verzweiflung. »Ich bekomme hin und wieder diese Panik, diese Angst, wirklich ganz unten anzukommen.« Dieses ›ganz unten‹ hat zunächst mit Geld zu tun. »Es fängt an, wenn ich meine Miete nicht mehr zahlen kann. Wenn mein Bankkonto auffliegt, da fängt bei mir die Panik an.« Wenn diese Panik aufkommt, dann kippt alles. Das Kippen von Hoffnung in Frust ist das eigentlich beklemmende Grundgefühl der Altersarmut.

Also suchen alle nach Strategien, Sein und Schein besser zur Passung zu bringen. Frau H. geht nicht mehr zu Tafeln. »Ich gehe in den Discounter und suche die Produkte mit den roten Punkten. Wenn rote Punkte drauf sind, dann muss das schnell weg. Das kann man immer noch essen. Dann rieche ich daran, so wie ich es im Fernsehen gesehen habe.« Auch Frau R., die gerne wandert, muss klare Grenzen ziehen. »Wenn ich mit meiner Wandergruppe unterwegs bin, da gibt es auch mal Tage, da gehen die mittags essen in der Gastwirtschaft. Dann fahre ich nach Hause, weil ich mir das nicht leisten kann. Das sind 15 Euro für so ein Essen und Trinken. Das gibt mein Budget nicht her!« Wie mühsam es sein kann, im Alltag etwas einzusparen, macht Frau M. deutlich. »Ich esse keine ganzen Brötchen. Ich schneide mir die dann hochkant durch und esse zwei Scheiben davon. Dadurch reicht ein Brötchen immer über die Zeit. Es wird eben gestreckt. Und wenn ich mal günstig Bratwürste bei Aldi bekomme, dann teile ich mir die auch ein. Da habe ich mehrere Tage was davon. Und so komme ich durch.«

Die Frauen schaffen es alle, mit ihrer Situation zurechtzukommen. Das liegt jedoch nicht daran, dass diese erträglich ist, sondern nur daran, dass sie gelernt haben, sie zu ertragen. Denn trotz der Scham schweigen sie die eigene Armut einfach weg. Frau M. ist dafür ein gutes Beispiel. »Ich habe immer sehr viel Kummer gehabt in meinem Leben«, sagt sie, »aber ich trage es nicht nach außen.« Und auch Frau R. wahrt das Gesicht. »Also ich bin nicht der Typ, der jemandem ungefragt seine Lebensgeschichte erzählt.« Nur eines erzählt sie noch, einen Wunsch möchte sie loswerden. »Ich würde gerne wieder Auto fahren. Ich musste mein Auto abgeben. So einfach mal von A nach B fahren, das wäre schön. Sich einfach reinsetzen, losfahren. Und dann an der Kreuzung entscheiden, fahre ich geradeaus, links oder rechts.«

Im Paradies

Das Paradies wird renoviert. Glück also, dass ich noch einmal kurz vorbeischauen darf. Nicht weit vom Bahnhof, in einer kleinen Nebenstraße, entdecke ich tatsächlich das ehemalige Wirtshausschild mit der Aufschrift ›Im Paradies‹. Darunter der Zusatz ›Wärmestube‹.

Das Paradies (wie es hier alle kurz nennen) befindet sich in den Räumen einer ehemals gutbürgerlichen Gastwirtschaft. Zuletzt war es eher eine Bierstube, wie mir die Leiterin, eine dynamische Sozialarbeiterin, zwischen allerlei Kisten und Kartons in ihrem Büro erzählt. »Wohlmeinende Spenden«, erklärt sie mit Blick auf die herumstehenden Stapel, »die stellen die Leute einfach vor die Tür.« Wir kommen schnell zum Punkt. »Die Menschen, die zu uns kommen, werden immer älter«, so fasst sie ihre Beobachtungen zusammen, »für die sind wir der letzte Halt, die letzte Station.« Deshalb bin ich hier.

Das Paradies ist ein niedrigschwelliges Begegnungs- und Beratungsangebot. Nicht nur ein Ort, eher ein Konzept. Denn der Gesetzgeber sieht vor, dass Menschen, »bei denen besondere Lebensverhältnisse mit sozialen Schwierigkeiten verbunden sind«, einen Hilfeanspruch haben.[7] Können sie aus eigener Kraft Schwierigkeiten nicht überwinden, so ist ihnen neben der Grundversorgung – Essen, Hygiene – auch Fachberatung anzubieten. Wohnungslose Menschen, Menschen in materiellen und psychosozialen Notlagen fallen in dieses Raster. »In vielen Fällen überschneiden sich die ... Problematiken

Im Paradies

und bedingen sich gegenseitig«, erläutert eine Broschüre der Dachorganisation, die das Paradies finanziert. Und in vielen Fällen ist die Altersarmut quer zu den Notlagen ein zusätzliches Problem, das immer deutlicher spürbar wird. Kaum jemand, der ins Paradies kommt, nimmt noch in angemessener Weise an der Gesellschaft teil. Es ist daher vor allem für ältere Menschen ein Ort, der gegen Vereinsamung schützt. Das Paradies bietet einen preisgünstigen Mittagstisch (1,50 Euro) mit Suppe, Hauptspeise und Nachtisch an. Der Kaffee kostet 30 Cent. »Solidar-Esser«, die es sich leisten können, zahlen das Doppelte und können zusätzlich noch eine Spende in ein großes Sparschwein aus durchsichtigem Kunststoff werfen, das auf der Theke thront.

Das Paradies bietet aber nicht allein Essen. Es ist auch ein Zufluchtsort. Die Besucher »können sich aus dem öffentlichen Leben auf der Straße zurückziehen, sich ausruhen und erholen, sich aufwärmen«, so die Selbstbeschreibung. Anders als bei den Tafeln verzichtet man im Paradies auf Bedürftigkeitsprüfungen, Ausweiskontrollen oder andere Vorleistungen. »Hier gibt es nicht einmal eine Gesichtskontrolle«, fügt einer meiner Gesprächspartner hinzu.

Ein Sozialpädagoge leitet die oft wechselnden Hilfskräfte in der Küche und an der Theke an. Einer von diesen Kräften ist Herr T. (62). Seit einem Schlaganfall und einer Lähmung bezieht er Grundsicherung. »Das hat mich schwer mitgenommen«, berichtet er. »Andere Leute sind da weg. Ich bin froh, dass ich wieder aus dem Rollstuhl raus bin.« Das Thema Armut ist ihm bestens vertraut. Ich merke es daran, wie er mit stolzer Stimme betont, dass er »Gründungsmitglied bei Hartz IV« ist.

Sein Weg zu dieser Mitgliedschaft ist der von vielen gescheiterten Selbständigen im Land, die nie in die Rentenversicherung einzahlen konnten. Nur an den Beiträgen für die Krankenversicherung hat er nie gespart. »Da habe ich Angst gehabt! Und das hat sich ja jetzt als richtig erwiesen«, resümiert er. Ins Paradies kam er zunächst auf der Suche nach einem preiswerten Mittagessen. Irgendwann bewarb er sich als 1-Euro-Jobber, weil »das Amt« ihn zu einer »Maßnahme« verpflichtet hat. Die meisten der Gäste kennen die Wärmestube durch die »Flüsterpropaganda im Ort«. Im Paradies findet sich ein Sammelsurium sesshafter Bürger einer ehemaligen Industriestadt, Obdachlose sowie einige »Paradiesvögel auf der Durchreise« – so Herr T., der in zwei Maßnahmenperioden die Besucher ausgiebig studieren konnte.

Da gibt es den Stammtisch der älteren Frauen »aus dem echten Proletariat. Da ging immer etwas schief«, erklärt er mir. Die Rentnerinnen, alle älter als 65, kommen schon viel früher als die anderen Gäste, trinken Kaffee und essen dann bis Viertel vor zwölf. »Die kommen alle alleine, zu Hause gibt es da niemanden.« Geselligkeit spielt im Paradies eine tragende Rolle. Und deshalb bleiben alle so lange sitzen wie nur möglich. »Die gehen keine Minute vor Sendeschluss!« Eine andere Gruppe sind Bewohner des nahegelegenen Obdachlosenheims – genannt »die Einrichtung«. Sie lassen sich ihr Tagesgeld auszahlen. Einige nennen es selbstironisch »Sterbegeld«. Das Paradies hat einen guten Ruf, auch über die Stadtgrenzen hinaus. »Etliche, die auf der Durchreise sind und sonst wo schlafen, kommen immer wieder, kassieren ihre paar Euro und bleiben dann zum Essen.«

Bei einem weiteren Besuch spreche ich mit einigen Gästen, für die Altersarmut ein Teil ihres Alltags ist. Zunächst treffe ich Frau O. (90), die sehr schlecht sieht. Im Supermarkt kann sie weder Waren noch Geld richtig erkennen. Ihre Sehbehinderung ist auch der Grund dafür, dass sie zum Mittagessen ins Paradies kommt. »Das ist von heute auf morgen gekommen«, erzählt sie und fügt resigniert hinzu, dass man sie in ihrem Alter nicht mehr operieren würde. »Das lohnt sich nicht mehr.«

Später esse ich gemeinsam mit Frau H. (82) und Herrn L. (79). Wir werden, wie alle anderen auch, am Tisch bedient. Frau H. war Arbeiterin und Putzfrau. Sie lebt seit 20 Jahren

Im Paradies

von einer Witwenrente. »So habe ich mir das Leben nicht vorgestellt. Und trotzdem geht es mir gut. Das Leben geht weiter«, schreit sie. Schreien hat sie sich angewöhnt, weil ihr verstorbener Mann schwerhörig war. Ins Paradies kommt sie aus eher pragmatischen Gründen. »Ich war immer gewohnt, beim Essen mit vielen Menschen an einem Tisch zu sitzen. Was soll ich zu Hause alleine sitzen? Da komme ich doch lieber hierher. Was soll ich kochen für einen Menschen? Das ist mir zu blöd! Ich spare Strom, Wasser, Licht.« Erst wollte sie nur »mal gucken«, jetzt ist sie seit fünf Jahren Stammgast. So geht es vielen. Ihre Witwenrente ist verhältnismäßig hoch. Und damit geht es ihr besser als den meisten. Ab und zu lädt sie daher Herrn L. zum Essen ein. Und dann schaut sie zu dem großen Sparschwein auf dem Tresen und brüllt mich an: »Ab und zu tue ich fünf Euro da rein, in die Sau! Andere hauen gar nichts rein! Aber so sollte es sein, nicht bloß nehmen, auch mal geben!«

Herr L., mein zweiter Tischnachbar, war lange angestellt, hat in seinem Beruf aber nie viel verdient. Er lebt alleine, weil er »nie gewagt hat zu heiraten, wegen meines kleinen Gehalts«. Von seiner geringen Rente gehen fast zwei Drittel für eine Wohnung ab. Sein Besuch im Paradies hat daher vor allem finanzielle Gründe. Oft fehlen ihm sogar die 1,50 Euro für das Essen. »Man kann anschreiben«, behauptet er, »aber man macht das nicht.«

Einen der Gäste aus der städtischen Obdachlosenunterkunft treffe ich am nächsten Tag. Die Unterkunft ist vergittert, keine Klingel an der Tür. Im zweiten Stock lehnt eine Frau aus dem Fenster. Ich rufe seinen Namen hinauf, der sogleich nach innen weitergebrüllt wird. Ich warte. Einige Zeit später öffnet sich die vergitterte Tür zur Straße. Wir suchen einen Ort, um ungestört einen Kaffee zu trinken. Schließlich landen wir bei einem Discountbäcker, der auch Kaffee in Bechern verkauft. Über das Paradies erzählt er wenig. Mit den Leuten dort will er nichts zu tun haben. Er sucht gerade eine Wohnung, will raus

aus diesem Leben. Die Chancen stehen gar nicht so schlecht. Gerade hat er einen Aushilfsjob gefunden. Vor allem eines ärgert ihn am Paradies. Er spürt, dass es auch dort zweierlei Arten von Menschen gibt. Die einen gehen ins Paradies, um billig zu essen, die anderen rühren genau dieses Essen nicht an. Zum Abschied schaut er mir tief in die Augen und raunt mir etwas zu. »Es muss doch einen Grund dafür geben, dass ich dort noch nie jemanden aus der Küche oder hinterm Tresen gesehen habe, der das isst, was wir aufgetischt bekommen.«

Nach drei Wochen komme ich wieder. Die Renovierung wurde gerade abgeschlossen. Der Geruch der neuen Wandfarbe hängt noch in der Luft. »Wenn die hässlichen Wände übermalt sind, dann sind wir schon zufrieden«, freut sich ein Gast. Aber irgendwann schließt dann auch das Paradies und entlässt alle Gäste in eine Welt, die noch genug an Hässlichkeit zu bieten hat. Der Damenklub vom Proletariertisch geht dorthin, wo es noch billigen Kuchen gibt. Herr L. träumt davon, zu seinem anstehenden 80. Geburtstag etwas anderes trinken zu können als Leitungswasser. Und die 90-jährige Frau O. läuft, trotz ihrer Sehbehinderung, ein wenig durch die Gegend. »Irgendwas braucht man ja immer.«

III
DER CHOR DER TAFELNUTZER

Vorbemerkung

Da dem ›Chor der Tafelnutzer‹ keine der üblichen sozialwissenschaftlichen Interpretationsmethoden zugrunde liegt, schildere ich einleitend kurz, wie meine Arbeitsweise entstand. Nachdem ich zwischen 2009 und 2012 in fast allen Landesteilen herumgereist war und auf diese Weise mit insgesamt rund 100 Tafelnutzern gesprochen hatte, entstand der Wunsch, denen eine Stimme zu geben, die sonst meist duldsam schweigen. Die Gespräche wollte ich nicht nur als Ornament für fachwissenschaftliche Analysen verwenden, sondern in ihrem Eigenwert darstellen. In anderen Worten: Ich wollte den von mir gehobenen Schatz biographischer Berichte in eine angemessene Form bringen. Ich wusste nur nicht wie.

Zunächst sah ich, gefangen in disziplinärem Denken und methodischen Fesseln, keine Lösung für diese Aufgabe. Ich fühlte mich hin- und hergerissen zwischen der Suche nach einem kraftvollen Stilmittel und dem Wunsch nach akademischer Anschlussfähigkeit. Aber mein übergreifendes Ziel war es, interessierte Lesende aller Schichten und Milieus zu erreichen, nicht nur Eingeweihte und Fachkollegen.

Mir blieb nichts anderes übrig, als immer weiter herumzuprobieren. Ständig las ich meiner Frau die Ergebnisse meiner Experimente vor (bekommt diese eine Gänsehaut, weiß ich, dass ich auf der richtigen Spur bin). In diesem Prozess wurde ich mutiger und hatte irgendwann den entscheidenden Einfall. Ich probierte das Stilmittel des vielstimmigen Chors aus.

III Der Chor der Tafelnutzer

Von den vielen isolierten ›Ichs‹, die ich persönlich getroffen hatte, ging ich ohne Umwege zum verbindenden ›Wir‹ über – zumindest dort, wo ich mir aufgrund meiner Recherchen der Verallgemeinerungsfähigkeit individueller Aussagen sicher war. Die Gänsehaut meiner Frau war beeindruckend. Ohne eine weitere disziplinäre Legitimation entschied ich mich für diese Arbeitsweise.

Der dadurch entstandene Chor ist eine Gemeinschaft von Gleichbetroffenen, auch wenn diese Menschen sich untereinander kaum je kennenlernen werden. Das Stück, das vom Chor der Tafelnutzer aufgeführt wird, nennt sich ›Leben im Schamland‹. Ich vertraue darauf, dass es die Kraft hat, die üblicherweise kaum zu vernehmende Klage in eine hörbare Anklage zu verwandeln.

Dabei ließ ich mich verführen vom hundertfachen Klang der Worte, die ich gehört hatte und die in mir nachschwangen. Meiner Kritik an der Ökonomisierung des Menschlichen wollte ich durch den Chor zu einer Klarheit verhelfen, die auf Vielstimmigkeit beruht. Die Überlagerung und gegenseitige Verstärkung der Stimmen sollten jeden Zweifel daran ausräumen, dass es sich bei den geschilderten Erlebnissen nicht nur um »ein paar bedauernswerte Einzelfälle« handelt, wie mir Politiker oder offizielle Vertreter von Wohltätigkeitsorganisationen oft beschwichtigend entgegenhalten. Ich wollte ein gesellschaftliches Problem verdeutlichen und zugleich einen Skandal sichtbar machen. Und dabei die elementaren Mechanismen des Lebens mit Armut jenseits aller Theorien freilegen.

Ein derartig gewagtes Unterfangen braucht Vorbilder. Ich kann an dieser Stelle nicht auf alle eingehen. Parallel zu meinem eigenen Arbeitsprozess entdeckte ich jedoch das mehrbändige Werk *Echolot* von Walter Kempowski. Der Autor montierte Briefe und andere biographische Dokumente zu einer umfangreichen Zeitzeugen-Collage der Jahre 1941–45. Sein Projekt sah er als den »zweiten Rumpf des Katamarans« an,[1]

Vorbemerkung

eine vielstimmige Erzählung, die parallel zur offiziellen Geschichtsschreibung verläuft und diese ergänzt. Damit konnte ich etwas anfangen: Die Form des Chors stellte ich mir als ein bewusstes Gegengewicht zu meinen eigenen Analysen vor. Wenn meine empirischen Studien über Tafeln den einen Rumpf des Katamarans darstellen, dann ist der Chor nun der andere.

Dieser Chor schildert die sich immer wieder gleichenden Erlebnisse vieler Menschen in der Armut und spezieller: bei und mit den Tafeln. Einzelerfahrungen werden überlagert, verstärkt und kontrastiert. Jede Textstelle, die sich direkt von einem Zitat ableitet, ist mit einem * gekennzeichnet. Insgesamt sind im Chor über 500 direkte Zitate verarbeitet, die (bis auf stilistische Änderungen und Anpassungen des Satzbaus) so unverändert wie möglich im ›O-Ton‹ übernommen wurden. Es galt, das subjektive Erleben der Armutsbetroffenen zu einem großen Ganzen zu montieren. Dafür braucht es keine spezialisierten Tiefenanalysen, sondern vor allem einen Überblick. Oder, um es in einem wunderschönen Bild von Kempowski zu umreißen: »Wind ist nur am Kornfeld darzustellen, nicht am einzelnen Halm.«[2]

Leben im Schamland

Wir leben im Schamland. Dieses Land existiert bereits seit 20 Jahren. In dieser Zeit haben wir Erfahrungen gemacht, die denen, die Tafeln als Erfolgsmodell feiern, fremd sind. Wir werden nun sprechen, alle zusammen. Mit einer Stimme, die wir lange gesucht haben. Wir, das sind alle Menschen, die bei einer der vielen Lebensmittelausgaben, Tafeln oder Suppenküchen anzutreffen sind. Wir sind die, die seit Jahren Almosen in Empfang nehmen. Wir sind die Stimme und das schlechte Gewissen der neuen sozialen Frage in Deutschland. Wir sind viele.

Auch wir leben mitten in diesem Wohlstandsland. Aber vom Wohlstand haben wir nur etwas als Empfänger von Almosen. Deswegen ist Scham der Preis für unsere Existenz. Im Schamland machen wir alle, jeder für sich, ähnliche Erfahrungen. Still und verschwiegen, dankbar und demütig zugleich.

So wie man es von uns erwartet.

Damit ist jetzt Schluss. Hier und jetzt erzählen wir von unseren Erlebnissen. Dieser Chor ist die Klammer um Erfahrenes und Erlittenes – ein mühsam zusammengesetztes Mosaik. Viele werden sich darin wiedererkennen, auch wenn sie nicht offen darüber sprechen. Alle anderen können darin das Bild eines dramatischen Wandels sehen, auch wenn dieses Bild nicht dem politisch erwünschten entspricht. Unser Ziel ist es, dieses schiefe Bild geradezurücken. Gerade wir sind in

der Lage, von der Abwärtsspirale der Menschlichkeit zu berichten, denn wir sind deren Kronzeugen. Um diese Rolle haben wir uns nicht bemüht, aber nun machen wir das Beste daraus. Das Beste ist, darüber zu sprechen, damit wir endlich gehört werden.
Denn wir haben ein Recht auf unsere Sicht der Dinge.*

Magische Grenze

Niemand ist als Tafelnutzer auf die Welt gekommen. Noch nicht. Es gab immer ein Leben vor der Tafel. Eine Vorgeschichte. Eine Leidensgeschichte. Es sind sehr unterschiedliche Dramen und dennoch haben sie alle einiges gemeinsam. Viele von uns leben von der Hand in den Mund.* Wir führen ein Leben in dauernder Unsicherheit. In diesem Leben geht es hin und her.*
Es ist ein stressiges Leben an der magischen Grenze.*
Für fast alle von uns gab es eine Zeit, an die wir uns noch sehr gut erinnern können. Eine Zeit ohne Tafeln. Früher lebten die meisten von uns wie alle anderen auch. Verdienten ganz normal ihr Geld. In allen Branchen, auf allen Ebenen. Wir kannten es nicht anders.* Früher ging es uns besser, vor allem finanziell. Geld war der Kitt unserer Normalität.* Damit konnten wir leben.
Wir waren einen gewissen Lebensstil gewohnt. Den kann man nicht wie einen Lichtschalter ausknipsen.* Aber Geld, das kann einfach ausgehen.* Früher waren auch wir die normalen Kunden im Supermarkt. Einige von uns kauften sogar im Reformhaus ein, bevor sie zur Tafel mussten.*
Diese gute Zeit hörte für uns einfach irgendwann auf. Tausend Gründe gibt es dafür. Tausend Gründe, warum wir eines Tages, jeder für sich, Tafelnutzer wurden. Früher waren wir

gesund und konnten arbeiten. Nun fragen wir uns: Mein Gott, was ist bloß passiert?*
Es ist erschütternd, was alles passieren kann. Niemand von uns hat sich das gewünscht. Aber es passiert.
Ungefragt.
Leben ist nicht das, was man erwartet, sondern das, was passiert. Und das kann alles Mögliche sein (in alphabetischer Reihenfolge):* Allergien, Angstattacken, Arthrose, ausstehende Unterhaltszahlungen, BAföG-Ende, befristete Stellen, Behinderungen, Betrugsdelikte, Brancheneinbruch, chronische Krankheiten, Dauerstress, Depression, Drillinge, Dialyse, Drogen, Energiekostennachzahlungen, Entlassungswelle, Entziehungskur, Epilepsie, Existenzängste, falscher Partner, Frührente, Gefängnisstrafe, geplatzter Traum von Familie, Grundsicherung, Hartz IV, Herzinfarkt, Herzkrankheit, Immunsystemschwäche, Jobsuche (erfolglos), Karriereknick, Kontrollverlust, Krankheit, Langzeitarbeitslosigkeit, Leistungsschwäche, Medikamentenkosten, Mobbing, Mutter (alleinerziehend), Obdachlosigkeit, Panikattacken, prekäre Beschäftigung, Prothesenträger, Qualifikationsdefizit, Rückkehrer aus dem Ausland (mit Heimweh, aber ohne Kontakte), Schulden, Schwerbehinderung, Spielsucht, Trennung, Überlebenskünstler, Überqualifikation, Überziehungszinsen, Umzug, Unterqualifikation, Vertragskündigung, Virusinfektion, Witwe, Working Poor, Zahlungsunfähigkeit, Zahlungsverweigerung von Kunden, Zeitarbeiter, Zufall.
Weil uns etwas aus dieser Liste passierte, lebten wir eine Zeitlang an der magischen Grenze. Aber eines Tages überschritten wir sie und rutschten in ein anderes Leben, auf das kaum jemand von uns vorbereitet war. Wer diese Grenze überschreitet, beginnt sich darüber Sorgen zu machen, wie er durchkommt, wie er die Kinder satt bekommt.* Dazu gibt es tausendundeine Geschichte: Ein Gastwirt kommt nach einer Gehirnblutung ins Krankenhaus. Als er nach einem halben Jahr entlassen wird, steht er vor dem Nichts. Schuldenberg.

Magische Grenze

Privatinsolvenz. Wirtschaft verpachtet: Tafel.* Eine Dame führt ein gutes Leben, bis ihr Mann stirbt, der als Selbständiger nie in die Rentenversicherung eingezahlt hatte. Grundsicherung. Haus, Auto, alles muss verkauft werden: Tafel.* Die Welt eines Unternehmers fängt an zu wackeln, weil die Kunden ihre Rechnungen nicht bezahlen. Zunächst ist da noch Hoffnung. Aber das Geld kommt nicht rein: Tafel.* Nach der Trennung dreht der Ex-Mann ihr den Geldhahn zu. Kein Zeitungsabo mehr, kein Fernseher, kein Computer. Ebbe im Geldbeutel: Tafel.* Eine unheilbare Krankheit wird beim Partner diagnostiziert. Das Leben kann nicht normal weitergehen. Arbeit wird unmöglich: Tafel.*

Wir vermeiden so lange wie möglich, an die magische Grenze zu kommen. Aber irgendwann ist der Punkt erreicht. Wir können ja nicht ständig Freunde anpumpen.* Wenn dann der letzte Mensch, der einen noch unterstützen kann, die Freundschaft kündigt oder stirbt, wird es eng.*

Die Schicksalsschläge treffen uns hart. Aber noch härter trifft es uns, dass wir keine Arbeit mehr finden. Das Schicksal ist zumindest gerecht in seiner Härte. Da gibt es keine Systematik. Ungerecht ist hingegen, wie wir systematisch überflüssig gemacht werden. Es gibt keine Arbeit mehr für alle. Selbst wenn wir arbeiten, können wir davon immer seltener leben.

Im Schamland werden wir zum Objekt von Sparplänen degradiert. Überall wird mit uns Geld gemacht. Wir merken, dass Arbeitgeber Lohnkosten einsparen, indem sie billige Hartz-IV-Kräfte einstellen.* Wenn möglich gleich 1-Euro-Jobber.*

Das sind dann wir.

Wir finden es verwerflich, wenn ein Arbeitgeber unsere Situation für sich ausnutzt. Die würden einen am liebsten für null Euro beschäftigen. Das fühlt sich an wie Sklavenarbeit, fast schon wie Prostitution.* Damit wollen wir nichts zu tun haben.*

Wir arbeiten und werden schon bald wieder ›freigesetzt‹. Finden uns in Arbeitsbeschaffungsmaßnahmen wieder. Bewerben uns immer wieder (weil wir müssen). Ständig schreiben wir Bewerbungen und listen diese in Excel-Tabellen auf, nur damit man uns glaubt.* Sollen wir uns vielleicht unsere Bewerbungen hinten auf das T-Shirt aufdrucken? Damit alle sehen, wo wir uns beworben haben? Nur damit wir nicht beschimpft werden? Das sollten wir mal machen. Eine Schleppe, wie bei Lady Di, damit 200 Bewerbungen darauf passen.*

Wir machen uns Hoffnungen, aber wir wissen, die meisten davon werden enttäuscht.* Wir spüren genau, dass uns niemand mehr haben will. Das sagt man uns auch direkt ins Gesicht. Wir sind nicht belastbar genug.* Wir sind nicht mehr gesund genug.* Wir sind zu alt und damit nicht mehr formbar genug. Und so rutschen wir immer weiter nach unten.*

Es ist schwer, überhaupt etwas zu finden.* Mit über 50 finden wir noch nicht einmal eine Stelle zum Putzen.* Jobs und Anstellungen werden immer weniger qualifiziert. Aber wir freuen uns, dass uns überhaupt noch jemand nimmt. Wir akzeptieren, dass das Gehalt immer niedriger ausfällt. Eines Tages merken wir, dass wir überhaupt keine qualifizierten Arbeiten mehr bekommen.

Irgendwann sind wir dann total weg vom Fenster.

Wir stecken in einem irrsinnigen Kreislauf. Die Spirale geht immer weiter nach unten.* Und das ist lachhaft. Wenn man überlegt, dass man sein ganzes Leben gearbeitet hat. Das ist ein Witz, fast schon eine Beleidigung.* Das macht uns schwer zu schaffen.* Wir fühlen, dass wir wirklich in der Scheiße hocken und da nicht mehr rauskommen. Keine Arbeit. Nichts. Tote Hose.*

Es sagt sich so leicht, das könnte jedem passieren!* Aber wie fühlt es sich an, wenn es so weit ist? In den Blicken der anderen sehen wir oft den Vorwurf einer Schuld, gegen die wir uns ständig wehren müssen. Nein, wir haben unsere Situation nicht verschuldet.* Nein, wir sind nicht dümmer als die an-

Magische Grenze

deren. Nicht fauler, nicht asozialer. Wir sind nur – aus welchen Gründen auch immer – in eine solche Situation gekommen.* Die Vorwürfe treffen uns hart und an empfindlicher Stelle. Was kann ein Mann dafür, dass seine Frau innerhalb von 15 Wochen an Krebs stirbt und er sich nun um sein übrig gebliebenes Leben und drei kleine Kinder kümmern muss?* Was kann ein Mensch dafür, dass er erkrankt und arbeitsunfähig wird, nach 35 Jahren Arbeit in ein und derselben Firma?* Was kann ein Unternehmer dafür, der Jahrzehnte für viele Mitarbeiter verantwortlich war und dem dann eine Insolvenz das Genick bricht?*

Unverschuldet katapultieren uns solche Dinge auf die Schattenseite des Lebens. Wir kommen uns in diesen Momenten einfach nur klein vor. Nun stehen wir ganz anders da in der Welt.* Da ist kein Mut, nichts tut sich auf.* Der Boden beginnt zu beben.* Wir wissen, wie es sich anfühlt, wenn sich das Leben aufbäumt wie ein wildes Pferd, nicht zu bändigen.* Wie es sich anfühlt, zwischen den Polen Erfolg und Misserfolg leben zu müssen.* Wie es sich anfühlt, um wirklich *alles* kämpfen zu müssen.* Wenn die Bank das eigene Konto sperrt und die Sozialleistungen einkassiert, obwohl das nicht erlaubt ist. Aber ein Prozess dauert drei Monate. In dieser Zeit haben wir nichts zum Leben.* In dieser Zeit brauchen wir vieles und haben nichts. Drei Kinder, keine Windeln, kein Geld, kein gar nichts.*

Jede Kleinigkeit, die jetzt noch passiert, gibt uns den Rest.*

Nach und nach wird das alles zu einem sonderbaren Lebensgefühl. Das Gefühl eigener Minderwertigkeit breitet sich in uns aus, es frisst sich immer weiter in uns hinein, bis wir schließlich die Welt mit anderen Augen sehen.* Wir werden angreifbar und schwach. Das ist der Beginn einer Abwärtsspirale, die uns alle erfasst. Am Ende dieser Abwärtsspirale steht der wertlose Mensch. Wertlos fühlen sich, früher oder später, viele von uns. Das ist kein gutes Gefühl. Es ist das Gefühl, vom Leben und der Gesellschaft abgespeist zu werden. Es ist das Grundgefühl im Schamland.

Die Welt, in der wir leben, macht sich für uns, nach und nach, als Widerstand bemerkbar. Zunächst gehen wir noch wie immer einkaufen, schränken uns aber ein. Im Supermarkt schleichen wir an der Theke mit der verbilligten Ware vorbei. Irgendwann kaufen wir dann nur noch preisreduziert, weil wir uns Produkte zu normalen Preisen nicht mehr leisten können.* Selbst wenn wir mit Geld umgehen können, passt es nach einer gewissen Zeit vorne und hinten nicht mehr.* Wer Hartz IV bekommt, muss lernen, sich einzuschränken, denn das Budget reicht oft nur bis zur dritten Monatswoche.* Überhaupt dieses Hartz IV. Als das losging mit Hartz IV, da haben wir uns gefühlt wie der letzte Dreck. So, als ob wir in der falschen Haut stecken würden.* Wer von Hartz IV leben muss, muss sich wirklich alles verkneifen. Der lebt nicht, der überlebt einfach nur.* Mit Hartz IV wissen wir nicht mehr, wie es um die Ecke geht.*

Wir spüren die Abhängigkeiten. Wir merken immer intensiver, dass unser Leben in den Händen anderer liegt. Diese Hände behandeln uns nicht immer gut. Auf dem Amt müssen wir uns ins Gesicht sagen lassen: ›Aus der Sozialhilfe kommen Sie sowieso nicht mehr raus!‹* Wir werden erniedrigt und abgekanzelt.* Bekommen Angst vor Kürzungen und denken gleichzeitig: ›Leckt mich am Arsch!‹* Auch das gehört zur Abwärtsspirale. Unser Leben wird immer aggressiver, und wir beginnen damit, unseren Alltag auf minimalen Energieverbrauch auszulegen. Wir machen uns etwas zu essen, wir gehen schlafen – das ist alles.*

Wir versuchen, unser Geld zusammenzuhalten. Wir leisten uns so gut wie nichts mehr. Vor fünf Jahren das letzte Mal im Kino.* Vor zehn Jahren das letzte Mal im Urlaub.* Kultur bleibt völlig ausgeklammert.* Selbst das Sparschwein magert ab. Die Münzen, die wir in die Sparbüchse legen, holen wir vor Monatsende wieder heraus.* Das Geld reicht für nichts mehr. Natürlich gibt es viele, die uns vorrechnen, dass es reichen müsste.

Aber dafür können wir uns nichts kaufen.

Viele Dinge, die uns wichtig sind, können wir uns nicht mehr leisten. Hobbys schlafen ein.* Denn alles, was wir gerne machen würden, kostet Geld.* Und dann geht es ganz schnell.* Medikamente, die eigentlich für eine tägliche Einnahme gedacht sind, werden nur jeden zweiten, dritten oder vierten Tag eingenommen.* Wir beginnen, Bücher, die wir zu Hause haben, erneut zu lesen. Weil wir mehr Zeit als Geld haben.* Wir leben im Augenblick, sehnen uns nach der besseren Vergangenheit und vermeiden es, an die ungewisse Zukunft zu denken.*

Solche Erfahrungen verändern uns und verursachen quälende Fragen. Ständig fragen wir uns, wer wir jetzt sind. Was aus uns geworden ist. Die Antwort: Wir sind die, die gerade überhaupt kein Geld mehr haben.* Wir sind die, die immer alles gemacht haben, so wie es die Gesellschaft wollte: Kinder, Familie, Arbeit. Die aber jetzt nichts mehr zu essen und zu trinken haben.* Ob man es glaubt oder nicht: Unter uns gibt es viele, die Hunger haben, richtig Hunger.* Und Stress, durch den alltäglichen Existenzkampf. Im Grunde genommen haben wir keinen Zufluchtsort mehr, keinen Moment, in dem wir entspannen können.*

Es ist nicht einfach, dies nicht als Strafe zu empfinden.

Um die Abwärtsspirale zu stoppen, suchen wir nach einer Strategie. Alle Strategien laufen darauf hinaus, Geld zu sparen. Und alle Strategien beinhalten den Rückzug aus der Gesellschaft. Wir sind froh, wenn wir Ausreden haben, um uns nicht mit anderen treffen zu müssen.* Treffen kosten Geld. Eine Mutter ist dankbar dafür, dass eines ihrer Kinder krank ist. Sie hat dann eine Ausrede, um einer Einladung nicht folgen zu müssen. Ihre Strategie geht auf, aber sie schämt sich dafür.* Zur Not erfinden wir einfach Ausreden.* Unsere Sozialkontakte nehmen ab, weil immer weniger von den Menschen, die wir für Freunde hielten, mit uns zu tun haben wollen. In dem Moment, in dem wir die magische Grenze überschritten haben, passen wir nicht mehr in die Welt der anderen. Viele von

uns sind einsam und denken: Wenn ich mal sterbe, dann merken die es erst, wenn ich anfange zu stinken.*
 Zunächst sagen wir uns, dass es doch noch andere Einsparmöglichkeiten geben muss.* Manche sammeln Fallobst ein oder gärtnern.* Aber irgendwann schaffen wir es dann nicht mehr, die Tafel zu übersehen. Denn das spricht sich ja rum.* Im Fernsehen wird gezeigt, was für einen Euro alles in die Tüte kommt.* Da merken wir, dass wir schon eine ganze Zeit mit dem Gedanken an Tafeln gespielt haben.* Innerlich. Ohne es richtig wahrhaben zu wollen. Zwangsweise gerät die Tafel in unser Blickfeld.*
 Viele wohnen einfach zu weit weg von einer Tafel oder können sich die Fahrtkosten dorthin nicht leisten.* Andere lehnen Tafeln aus politischen Gründen ab, weil sie keine Almosen erhalten möchten.* Sie finden, dass man keine abgelaufenen Lebensmittel entgegennehmen muss, die besser gleich in einer Mülltonne landen sollten.* Wieder andere reagieren allergisch darauf, dass Menschen ihnen etwas vorsetzen. Das können sie nicht vertragen. Dann essen sie lieber gar nichts.* Die meisten allerdings gehen aus Scham nicht zu den Tafeln.*
 Scham ist mächtig. Scham hält Menschen auch davon ab, sich helfen zu lassen.* Aus Scham hungern manche Menschen lieber.* Viele von denen würden sagen, eher gehe ich im Lebensmittelladen klauen, als mich da hinzustellen.* Das ist die Furcht vor der gesellschaftlichen Ächtung.* Sie schauen sich die Tafel an und sagen: Ich kann das nicht. Ich gehe wieder nach Hause. Es ist laut, es riecht, die Leute gucken.* Um Gottes willen! Das ekelt uns an.* Also weigern wir uns strikt.*
 Der Widerstand ist einfach zu groß. Es kostet Überwindung, weil man sich schämt, vor allem das erste Mal. Da müssen wir alle tief Luft holen.* Und trotzdem schaffen es nicht alle. So wie der Mann, der früher ein sehr gutes Jahreseinkommen hatte und nun ein ›Aufstocker‹ ist. Eigentlich würde er sich lieber einen 38er-Revolver kaufen und sich damit eine Kugel in den Kopf jagen, als zur Tafel zu gehen.*

Am Pranger

Die Angst, von anderen erkannt zu werden, ist bloß eine Form unserer Scham. Wir alle leiden unter dieser Angst, jemand könnte uns sehen. Jemand, der noch ein gutes Bild von uns hat.* Deswegen trauen wir uns kaum zur Tafel zu gehen, weil wir uns diese Blöße nicht geben wollen.*

Aber nicht alle, die zur Tafel gehen, sind so. Es gibt, hier und da, die Dickhäutigen. Denen macht das alles nichts aus. Denen ist es egal, was irgendjemand über sie erzählt. Die interessieren sich nicht für andere Menschen. Sie sagen, dass es ihnen nichts ausmacht, was andere über sie denken.* Wieder andere sehen es vor allem pragmatisch. Sie sagen: ›Not macht erfinderisch.‹* Oder sie haben einfach Hunger, weil sie drei Tage nichts gegessen haben.*

Geldknappheit treibt uns zu den Tafeln.* Wenn andere von dieser Geldknappheit erfahren, schicken sie uns dorthin, anstatt uns richtig zu helfen. Immer wieder fragen uns Freunde: ›Warum gehst du nicht zur Tafel?‹* Wir selbst schämen uns, aber der soziale Druck wird größer und größer.* Wenn wir es nicht freiwillig tun, sorgen andere dafür, dass wir gehen. Immer häufiger auch Staatsdiener.³ Im Regal des Jobcenters liegen Zettel mit der Adresse der örtlichen Tafel.* Bei der ARGE weist man uns darauf hin, dass wir bei der Tafel einen Antrag stellen können.* Ein Mitarbeiter der Stadt verweist bei niedriger Rente auf die örtliche Tafel.* Dem Grundsicherungsbescheid vom Landratsamt liegt ein Faltblatt der Tafel bei. Vertreter des Staates, nicht überall, aber hier und dort, sagen immer öfter: ›Wenn Sie nicht genug zu essen haben, dann gehen Sie doch zur Tafel!‹ Immer die gleiche Botschaft: Geht dort hin! Und sie sagen damit auch: ›Lasst uns in Ruhe!‹

Wir finden das unverschämt.*

Aber wir schaffen es nicht, so abgebrüht zu sein, wie es notwendig wäre. Denn der Willkommensgruß im Schamland ist die eigene Bedürftigkeit. Zunächst haben wir alle mit der Schwierigkeit zu kämpfen, zuzugeben, die magische Grenze überschritten zu haben. Diese Grenze ist nirgends genau markiert. Sie besteht aus den Erfahrungen, die wir machen. Erfahrungen damit, was geht und was nicht mehr geht.* Sich auch nur vorzustellen, von nun an bedürftig zu sein, das ist wirklich schwierig für uns.* Für die meisten von uns gleicht das einem Schockerlebnis.* Wir haben immer gearbeitet, wir haben uns immer bemüht. Nie wollten wir so weit runterkommen.* Aber irgendwann beginnen die Bauchschmerzen.

Wir fühlen eine Beklemmung, die sich durch Körper und Seele frisst.* Wir haben Bedenken, denn wer zur Tafel geht, steht am Pranger der eigenen Gesellschaft.* Was der Pranger auf dem mittelalterlichen Marktplatz war, ist heutzutage die Schlange, in der wir stehen. Dort fühlen wir uns deklassiert, weil wir unsere Armut öffentlich zeigen müssen. Wir stehen auf der Straße, und die Leute, die uns sehen, wissen, was los ist: Das sind *Bedürftige*. Wir finden das nicht in Ordnung.* Niemand von uns möchte am Pranger stehen. Niemand möchte öffentlich ein Brandzeichen aufgedrückt bekommen, das ausdrückt: Alles falsch gemacht, selbst schuld.* Wir sehen diese Anschuldigungen in den Blicken der Passanten. Wir kennen diese Blicke genau.* Zur Tafel zu gehen ist ein modernes Ritual. Wer hingeht, gehört von nun an zur Unterschicht. Wir kommen uns vor, als hätten wir ein Schild um den Hals hängen: Füttern bitte!*

Beim Gang zur Tafel geht uns der aufrechte Gang verloren.* Es fühlt sich an, als ob wir das Letzte wären.* Bei Tafeln fühlen wir uns als Menschen zweiter Klasse,* als kleine Menschen.* Wir fühlen uns irgendwo unterste Schiene.* Wir fühlen, dass wir am Abgrund stehen. Auch von der eigenen Wertigkeit her.* Wir fühlen uns als minderwertiger Mensch, das ist das Schlimmste.*

Aber die größte Angst haben wir davor, erkannt zu werden. Man schaut nach links und nach rechts. Immer wieder stellen wir uns die Frage, ob die Leute gucken oder nicht.* Alles hängt von dieser einen Frage ab. Ständig sind wir besorgt, dass jemand vorbeikommen könnte, uns erkennt und fragt: ›Was machst du denn hier?‹*

Genau das wollen wir nicht erleben. Deshalb zögern wir lange. So lange, bis der Druck, der in der Abwärtsspirale entsteht, unerträglich wird. Das können Schulden sein, die kaum noch was zum Leben übrig lassen. Dann sind die Tafeln ein Versprechen auf Erleichterung.* Ein äußerster Rettungsring,* nach dem wir aus purem Instinkt greifen. Denn es geht nur noch darum, zu überleben. Wenn einen dann die eigenen Skrupel daran hindern, zur Tafel zu gehen, ist man dumm.* Tafeln sind das kleinere Übel.*

So einfach ist es aber nicht. Wir zögern, versuchen es so lange wie möglich herauszuschieben. In dieser Zeit betrachten wir die Tafeln erst einmal aus sicherer Distanz. Mit dem Fahrrad fahren wir wie beiläufig an der Tafel vorbei, so als hätten wir etwas zu besorgen und die Tafel läge auf unserem Weg.* Wir gehen auf der anderen Straßenseite zu Fuß wie zufällig an der Tafel vorbei.* Gehen auf und ab und schauen uns das Ganze zunächst einmal aus der Ferne an.* Bei vielen von uns werden dann die Bauchschmerzen stärker und stärker. Wir schauen uns erst einmal um und sehen, dass dort wenig deutsch aussehende Menschen stehen.* Manche reagieren geradezu allergisch, sie sehen *nur* Menschen, die schlecht Deutsch sprechen. Sehen *nur* Menschen, die schlechte Manieren haben. Sehen *nur* die, die schlecht riechen und schlecht gekleidet sind. Die auf offener Straße Lärm machen. Wir beginnen, einen Hass auf die zu entwickeln, die wir sehen. Weil sie all das verkörpern, was wir nicht sind.

Was wir nie sein wollten.*

Schattenmenschen

Wie ein Satellit umkreisen wir die Tafeln, bis uns dieser Anblick total erschöpft.* Wir nehmen viele Anläufe, um dann doch schlussendlich zuzugeben, dass es keinen anderen Weg gibt. Vielleicht ist gerade diese innere Kapitulation die eigentliche Herausforderung. Zur Tafel zu gehen bedeutet einen gewaltigen Schritt für uns. Gerade, weil wir uns vorher schon an allen Ecken und Enden eingeschränkt haben. Und weil wir unsere Lage irgendwie verdrängt haben. Aber genau diese Verdrängung funktioniert nun nicht mehr, wenn wir vor einer Tafel stehen. Dann verstehen wir die Welt nicht mehr.* Dann wird uns die eigene Situation stark bewusst.* Wir sind auf Almosen angewiesen.

Wir quälen uns selbst mit abstrusen Gedanken, wie zum Beispiel dem, dass wir jetzt ›asozial‹ geworden sind, obwohl wir selbst andere niemals so nennen würden.* Aber so fühlt es sich an. Wir stehen nicht nur vor einer Tafel und überlegen, wie wir durch die Eingangstüre treten. Wir stehen auch vor dem Abgrund unseres eigenen Lebens. Wir brauchen dann etwas, um nicht abzustürzen.* Und wir spüren, dass die Tafel uns zwar Lebensmittel bietet, uns aber vor genau diesem Absturz nicht bewahren wird. Im Gegenteil: Die Tafeln führen uns ständig vor Augen, dass uns das eigene Leben entglitten ist, wie ein Stück Seife.

Das alles sind Überlegungen und Gefühle, die uns übermannen. Irgendwann kommt trotzdem der Punkt. Paare müssen die Entscheidung ausdiskutieren und die Grenze des Erträglichen neu definieren.* Den Ehemännern ist es peinlich, zur Tafel zu gehen. Der männliche Ernährerstolz steht ihnen im Weg. Sie müssen sich überreden lassen, bis sie einverstanden sind oder gar mitgehen.* Sie sagen zu ihren Frauen: ›Du musst doch da nicht hingehen, wir können das doch kaufen.‹ ›Ja‹, antworten diese, ›aber wir können uns das nicht leisten.‹*

Frauen steht die weibliche Mutterrolle im Weg. Sie versuchen sich Geld zu leihen, solange es möglich ist. Sie wollen als Mutter alles im Griff haben und können nicht zugeben, dass sie ihre Kinder nicht versorgen können. Das ist für sie ganz schrecklich.* Die Kinder selbst sind wenig begeistert und weigern sich ebenfalls. Gerade sie finden es asozial, bei der Tafel gesehen zu werden.

Das geht nicht, no way.*

Die Welt stürzt ein, weil wir unseren Rollen als Vater, Mutter, Mann, Frau oder Kind einfach nicht mehr gerecht werden. Und trotzdem stehen wir vor der Entscheidung: Entweder man geht hin oder man geht nicht hin.* Irgendwann sind wir alle so weit. Irgendwann springen wir über unseren Schatten.* Wir sind Schattenmenschen. Trotz aller Bedenken fällen wir dann diese Entscheidung und hoffen inständig, danach noch dieselben Menschen zu sein wie vorher.* Wir beruhigen unser mulmiges Gefühl im Bauch, indem wir uns sagen, dass es keine andere Möglichkeit gibt.* Die Entscheidung fällt.

Wir gehen.

Ob man sich nun geniert oder nicht, das spielt dann keine Rolle.* Es kommt der Punkt, an dem man aufhört zu überlegen, an dem man keine Wahl hat.* Wenn dann der Tag kommt, an dem man nicht mehr weiß, von was man Brot kaufen soll, dann nützen alle Bedenken und Hemmungen nichts. Dann muss man der Realität ins Auge schauen. Dann melden wir uns an.

Das erste Mal ist es peinlich, ein bisschen wie ein Bettlerstatus.* Man hat immer alles selbst auf die Reihe bekommen und plötzlich ist man abhängig.* Wir stehen in der Schlange und schauen uns die anderen Menschen an. Wir fragen uns, gehöre ich jetzt auch dazu?* Am liebsten würden wir im Erdboden versinken, so sehr schämen wir uns.* Wir trösten uns damit, indem wir uns sagen: ›Sei doch nicht dumm! Andere machen es doch auch!‹* Wir sind unsicher und stellen uns erst einmal in die Ecke.*

Manche reden über Gott und die Welt. Und andere gucken einfach in die Luft. Irgendwie depressiv. Ein bisschen niedergeschlagen.* Da gibt es auch Menschen, die sind sehr nett, richtig herzlich. Aber das sind nur wenige. Die allermeisten sind harte, kalte Menschen. Die sich auch mal streiten.* Das Allzumenschliche bleibt nicht vor der Tür der Tafel stehen.

Viele Leute haben einen Tunnelblick. Ich sehe euch nicht, schaut mich nicht an. Es ist ein ganz spezieller Blick, der Tafelblick.* Nur nach vorne schauen und warten, bis man drankommt. Nicht nach links und nicht nach rechts schauen.* Es ist grauenhaft. Wenn man jemanden anguckt und anlächelt, dann gucken die durch einen durch. Wie Zombies. Hart. Abgekapselt. Unmenschlich. Traurig. Und wieder dieses Gefühl: Wir wollen da eigentlich gar nicht sein.* So wollen wir nicht sein. Das ist, wie sich selbst dabei zuzusehen, wie man sich auflöst.

Kleine Bürokratie

Die Tafeln spielen ein Spiel mit uns. Ohne böse Absicht, aber sie tun es. Die Tafeln sind eine Nebenbürokratie in einer Kultur, die nicht auf ihre Regelverliebtheit verzichten kann. Sie sind für uns das verlängerte Sozialamt.* Sie sind eine Welt, in der sich Menschen mit Nummernsystemen, Ausgaberegelungen, Wartezeitenfolgen und Ausgabemengen beschäftigen. Die mit den hohen Nummern sind diejenigen, die spät gekommen sind, das hintere Volk, so nennen wir sie.* Aber eine Nummer müssen wir erst einmal bekommen.

Am Anfang steht die Bedürftigkeitsprüfung. Man muss sich offenbaren.* Dann heißt es erst einmal Hose runter! Die nackten Tatsachen auf den Tisch legen. Papiere mitbringen! Alles offenlegen! Schauen, ob wir überhaupt etwas kriegen!*

Wenn wir dann in das Büro der Tafel gerufen werden, um unsere Papiere vorzulegen, dann wird es richtig unangenehm. Dann haben wir Angst vor jeder Frage.* Aber wir haben uns entschlossen, also brauchen wir den Berechtigungsschein. Da müssen wir uns richtig überwinden.* Und immer schön *Bitte* und *Danke* sagen. Und das nicht zu wenig.*

Zudem unterschreiben wir einen Zettel, auf dem steht, dass wir keine Ansprüche stellen. Wenn zum Beispiel etwas passiert mit den Lebensmitteln.* Es passiert ja selten etwas, aber wir unterschreiben natürlich. Aber damit ist es nicht getan. Wenn wir Pech haben, kommen wir jetzt erst auf eine Warteliste.* Einen Monat warten, sechs Wochen warten, Monate vergehen. In dieser Zeit bekommen wir nichts zu essen. Was ist das für ein Hohn?*

Irgendwann kommt ein Bescheid. Wir bekommen ein Schreiben von der Tafel, in dem steht, ob wir angenommen wurden oder nicht. Wenn alles gutgegangen ist, erhalten wir mit der schriftlichen Nachricht unsere Berechtigungs-Karte und unseren Abholtermin.* Über Termine diskutieren wir nicht. Wir sind ja flexibel und nirgends mehr eingebunden. Es spielt für uns keine Rolle, an welchem Tag oder zu welcher Uhrzeit wir gehen.* Wir haben einen Termin, und von nun an gehen wir regelmäßig zur Tafel.* Von nun an ist die Tafel Teil unseres Alltags.

Die Tafelmenschen bemühen sich sehr. Aber sie behandeln uns auch wie kleine hilflose Kinder, die an die Hand genommen werden müssen.* Wenn wir nicht regelmäßig kommen, verlieren wir unsere Nummer wieder. Dann geht alles wieder von vorne los. Karte beantragen, neu eingliedern.* Wenn wir es einmal wagen, an einem Tafelausgabetag etwas anderes vorzuhaben, müssen wir am besten eine Woche vorher Bescheid sagen. Wir bitten dann darum, ein ›E‹ in die Liste zu notieren, ›E‹ wie entschuldigt.* Oder wir müssen anrufen, eine Meldung machen und uns entschuldigen.* Oder ein ärztliches Attest bringen.* Wer mehrmals unentschuldigt fehlt, verliert sein Nutzungsrecht. Man misstraut uns. In der Welt der Tafeln haben wir keinen Anspruch auf nichts. Für alles müssen wir Belege bringen.*

In der Öffentlichkeit haben die Tafeln ein tolles Image. Dennoch finden wir es schwierig, über uns und die Tafeln zu reden. Einige von uns gehen offen damit um, indem sie ganz selbstbewusst sagen: ›Ich muss jetzt mal zur Tafel einkaufen gehen. Wo ist das Problem? Wir leben doch alle von Hartz IV.‹* Bei einigen wissen Freunde, Bekannte und Verwandte von der Tafelnutzung.* Oft sind es Menschen, denen es ähnlich geht. Dann wird gemeinsam über die geringe Rente, Grundsicherung, Hartz IV oder eben über die Tafel gesprochen.*

Die meisten von uns aber schweigen. Sagen es noch nicht einmal der besten Freundin oder dem besten Freund.* Niemand soll wissen, dass es uns so schlecht geht. Das würden wir uns auch nicht anmerken lassen.* Wir wollen erst gar nicht erleben, wie wir dann abgestempelt werden, in der eigenen Verwandtschaft. Wir hängen das nicht an die große Glocke. Wir erzählen es niemandem.* Vor allem auf dem Dorf ist es den Leuten unangenehm.* Einfach peinlich.

Wir versuchen, die Tafeln aus unserem Leben auszublenden, obwohl sie mittlerweile einen zentralen Stellenwert haben. Wir wollen nicht, dass andere das wissen. Wir haben Angst, dass sie uns in eine Schublade einordnen.* Unseren Kindern erzählen wir, dass wir einkaufen gehen.* Die Nachbarn kriegen nur mit, dass wir mit praller Einkaufstüte zurückkommen. Wir waren beim Großeinkauf. Ganz normal.*

Wir wissen schon, warum wir schweigen. Nicht allein wegen der Scham. Auch wegen der vielen Unterstellungen. Einerseits müssen wir uns fragen lassen: ›Zur Tafel? Um Gottes willen – wie kannst du da hingehen? Du isst von dem Zeug da? Das ist doch abgelaufen!‹* Andererseits müssen wir die Vorhaltungen jener ertragen, die uns als Parasiten betrachten, die sich auf Kosten der Allgemeinheit ein schönes Leben machen. Immer wieder müssen wir uns dumme Bemerkungen anhören. Das ist der Neid.* Da muss sich eine Frau, die einen gehbehinderten Vater pflegt, dafür rechtfertigen, dass sie noch ein Auto besitzt – ein Luxus, der sich für Tafelnutzer scheinbar nicht gehört.* Wir sagen nichts, weil wir uns nicht dem Vorwurf aussetzen wollen, dass wir ja schon Geld bekommen. Wir bekommen ja Hartz IV, das müsste doch reichen – so heißt es dann. Die wenigsten sagen, ›Ich bin bei der Tafel.‹ Bestimmten Leuten sagt man das nicht.*

Im Regen stehen

Wir stehen also da. An unserem Tafeltag. In der Schlange. Viele von uns sind sich der einzigen Regel bewusst, die von nun an Geltung hat. Jeder gegen jeden.* Die Tafeln wollen ein Ort der gutgemeinten Hilfe sein. Aber gutgemeint ist oft das Gegenteil von gutgemacht.

Wir kommen also und warten. Die neue Welt der Tafeln besteht für uns vor allem aus Warten. Wir tun nichts. Nur warten und anstehen. Unverhältnismäßig lange. Bis die Abholmarken ausgeteilt werden.* Wir müssen pünktlich sein, nur um dann dazustehen und uns durchfrieren zu lassen. Der Tag ist sozusagen ausgeplant.* Mit Warten versaut.*

Gut sieht das nicht aus. Wir fragen uns, ob das nicht ein Imageschaden für eine Stadt ist, wenn da so eine Horde von Leuten mit Einkaufstrolleys auf der Straße Schlange steht? Das fällt doch jedem Touristenbus auf!* Deshalb sind auch manche Tafeln ganz weit draußen, an der Wohngebietsgrenze. Die sind schon halb im Gebüsch. Da fallen sie nicht so auf.*

Besonders unangenehm ist das Warten bei Regen, weil es kaum Unterstellmöglichkeiten gibt.* Das ist eine Zumutung.* Bis man überhaupt mal reinkommt, stehen wir viele Stunden auf der Straße.* Damit nicht alle die Tafeln gleichzeitig betreten. Sonst gibt es noch mehr Geschubse und Gedränge.*

Aber das Warten auf der Straße allein ist es nicht. Die Tafeln sind selten auf den Andrang vorbereitet. Es gibt hervorragend ausgestattete Tafeln.* Aber auch solche, die nur eine kleine Bank für 100 Leute haben.* Oft gibt es noch nicht mal eine Sitzgelegenheit.* Oder nur einen Aufenthaltsraum, in dem wir alle wie auf einem Haufen hocken.* Es gibt immer noch Tafeln, die nur eine Toilette haben, das geht hintereinander weg. Ohne Pause. Dass sie irgendwann zu stinken anfängt, ist klar. Geputzt wird die Toilette dann von den 1-Euro-Jobbern. Wir fragen uns, wer mal was an diesen Verhältnissen ändert.*

Es gibt einiges, das die Atmosphäre ganz schön vergiften kann.* Müllberge auf der einen Seite, Menschen, denen es noch schlechter geht auf der anderen Seite.* Wir wollen das nicht.* Wir wollen auch diese Hektik nicht, das Gedränge, wenn alle die Ersten sein wollen.* Es herrscht eine Stimmung, eine Atmosphäre, auf die wir verzichten können. Leute schreien. Nerven liegen blank. Alle kämpfen um die besten Nummern, wollen die beste Ware. Alle sind verdächtig, sich gegenseitig zu übervorteilen. Manche machen Fotos und drohen mit einer Anzeige. Das macht es wirklich nicht einfacher, die eigene Scham abzubauen.* Es ist relativ klar, dass diese Atmosphäre nicht besonders positiv sein kann.*

Vieles hat sich verbessert. Aber gerade der Erfolg der Tafeln führt zu neuen Problemen. Es läuft nicht immer gut, wenn mehr Leute kommen. Immer mehr Leute, das bedeutet für uns immer weniger Sachen.* Jedes Mal, wenn wieder jemand kommt, der seinen Hartz-IV-Bescheid vorzeigt, dann denken wir: schon wieder ein Neuer! Das gefällt uns nicht! Die Auswahl ist auch nicht mehr das, was sie mal war.* Nach und nach stellen wir fest, dass da von Woche zu Woche viele neue Gesichter dabei sind, die ihren Schein abgeben. Und wir stellen gleichzeitig fest, dass die Lebensmittel weniger werden. Schon morgen kann der Tag kommen, an dem die ganze Tafelherr-

Im Regen stehen 143

lichkeit vorbei ist.* Und damit wird auch der Verteilungskampf härter.*

Genug für alle? Ein frommer Wunsch! Die Realität bei Tafeln sieht anders aus. Immer gibt es die Möglichkeit, vor leeren Regalen zu stehen, denn die Versorgungslage ist schwankend. Dieses Gefühl stresst uns und macht den Gang zur Tafel unerträglich. Wir glauben, dass an einigen Orten bald das Licht ausgehen wird.* Wenn wir keine vernünftige Ware bekommen, dann kommt auch keiner mehr zur Tafel.*

Schon jetzt gibt es immer wieder Engpässe. Und lange Gesichter. Wenn es nur ein Ei pro Person gibt, dann gibt es eben nur ein Ei. Da ist dann nix zu machen. Das muss ja gerecht sein, sagt man uns dann.* Denn die Idee ist, jeder soll das Gleiche bekommen. Aufgeladen wird pro Kopf.* Ob das angemessen ist oder nicht. Kommen wir zur Ausgabe der Lebensmittel, müssen wir unsere Karte vorzeigen. Darauf steht, wie viele Personen im Haushalt versorgt werden. Wer mehr möchte, der wird angeherrscht: ›Mehr steht Ihnen nicht zu!‹ Das ist wie damals im Krieg. Rationiert. Das erinnert an die Essensmarken, auf denen auch genau verzeichnet war, wer wie viel Gramm Butter zugeteilt bekam.*

Es wird zwar immer behauptet, dass die Letzten das Gleiche bekämen wie die Ersten. Aber wir bezweifeln das. Unsere Erfahrungen sind andere, und das Augenmaß kann täuschen.* Grundsätzlich müssen wir nehmen, was wir kriegen. Friss oder stirb! Angenehm ist das nicht.* Wir können uns die Sachen nicht aussuchen, wir kriegen die einfach zugeordnet.* Wir werden schief angeguckt, wenn wir sagen, dass wir etwas nicht haben möchten, weil wir es nicht mögen oder nicht brauchen. ›Sie können sich hier doch nichts aussuchen‹, heißt es dann vorwurfsvoll.* ›Ja schauen Sie mal, was Sie kriegen, für so wenig Geld.‹ Da sind wir fassungslos.* Was man nicht braucht, das schmeißt man dann zu Hause weg.* Oder wir tauschen es nachträglich so ein bisschen.* Später, auf der Straße.*

Auf der Straße werden dann die Tüten derjenigen, die vor

uns aus der Tafel kommen, mit einer Art Röntgenblick durchleuchtet. Wir sind ständig dabei zu vergleichen,* feine Unterschiede wahrzunehmen. Guckt da noch etwas aus der Tüte raus? Ist die Tüte dicker, praller, schwerer? Auch wenn man nicht direkt sieht, wer was bekommt. Es wird ja sowieso darüber gesprochen.* Wenn man draußen steht, wenn man sein Zeug hat und eine Zigarette raucht. Dann wird auch darüber gesprochen. ›Was hast du gehabt?‹ Wir unterhalten uns darüber.*

Und genau das ist das Traurige an den Tafeln. Im Supermarkt haben wir gelernt, die anderen Kunden zu ignorieren. Wir achten nicht auf das, was auf dem Band liegt. Wir erlauben uns in Gedanken höchstens ein harmloses Spiel. ›Zeige mir deinen Einkauf, und ich sage dir, wer du bist.‹ Niemand käme auf die Idee, die Inhalte und Gegenstände des Einkaufs anderer Kunden zu kommentieren. Aber bei der Tafel schauen wir ganz genau hin. Die Leute werten das natürlich aus – und dann gibt es Theater.* Konflikte gibt es immer dann, wenn einer mehr rausträgt als der andere. Es gibt auch viele Neider untereinander.* Da regt sich einer auf, weil er nur eine halbe Quarksahnetorte bekommt. Wegen einer Quarksahnetorte gibt es dann Stress. Ein anderer bekommt keine Bockwurst in seine Tüte, obwohl alle anderen eine hatten.* Der Neid ist allgegenwärtig, der Umgang untereinander Kampf. Alle gucken auf die anderen. Nimmt der jetzt auch nicht zu viel?* Es ist hart. Da ist keine Harmonie vorhanden, auf gar keinen Fall.* Diese Konflikte können schon mal eskalieren. Gerangel, Geschubse, Drohungen mit Messern – da rückt auch mal die Polizei an.*

Wir sind keine Kunden, wir sind Konkurrenten. Dieser Neid tötet jede Form der Solidarität. Dieses gegenseitige Sich-nichts-gönnen-können. Am Anfang haben wir gedacht, dass alle, die zur Tafel gehen, arm sind. Und dass man dann zusammenhält. Das ist aber nicht der Fall.

Man frisst sich gegenseitig fast auf.*

Wundertüten

Tafeln gleichen einer Wundertüte.* Wir sind immer gespannt. Bei Tafeln ist es immer so, als würden wir Geschenke auspacken. Wir wissen nie, was wir bekommen.* Wir nennen es nicht Lebensmittel, sondern ›Ware‹.* Mit der Ware, die wir mitnehmen, sind wir meist zufrieden. Auf den ersten Blick entstehen Glücksgefühle. Manche stehen vor der Ausgabe und möchten heulen.* Es ist absolut der Wahnsinn.* Das Einzige, was wir bei den meisten Tafeln selten bekommen, ist Fleisch. Was auch Vorteile hat. Wenn es kaum Fleisch gibt, wird man langsam zum Vegetarier.*

Aber sonst gibt es alles. Obst und Gemüse. Marmelade und Käse. Nudeln und Brot. Und es ist nicht immer alles abgelaufen.* Erst auf den zweiten Blick merken wir, dass das Angebot ein wenig einseitig ist. Es gibt nur fetten Käse oder Diät-Marmelade. Meist gibt es nur eines reichlich: Brot. Es gibt so viel Brot, einen Berg Brot, den können wir gar nicht essen.* Dafür gibt es kaum die Dinge, die wir gerne hätten. Es gibt Arbeiter-Essen und viel Süßigkeiten.* Man kann nicht verhungern, aber die Vitamine bleiben auf der Strecke.* Natürlich gibt es Tage, da kriegen wir richtig viel für unser Geld.* Manchmal sogar zu viel: Wir können keinen Berg Weintrauben essen.* Wir können auch keinen Berg Blumenkohl essen.*

Manchmal sind sie aber auch wirklich zu sparsam. Da wird gebunkert.* Vielleicht denken sie sich auch, dass ein Hartz-IV-Empfänger nicht mehr im Kühlschrank haben sollte als sie selbst.* So werden wir an der kurzen Leine gehalten. Die achten darauf, uns nicht zu viel zu geben, damit wir uns nicht dran gewöhnen.* Diese Logik tut uns weh!*

Auch Luxusware erreicht uns als Resteposten.* Das Normale zu bekommen ist eher die Ausnahme.* Bei der Tafel bekommen wir oft Sachen, die wir uns selbst nie gekauft hätten. Essen, das wir uns vom ›normalen Geld‹ nicht leisten können.* Lachs. Oder auch Blumen. Besonders nach dem Frauentag geben die Supermärkte die dann raus.*

Die Wundertüte wird ganz systematisch geleert. In Tafeln, die nach dem Thekenprinzip funktionieren, halten wir ganz einfach den Beutel auf, da wird dann reingeschmissen. Wir durchlaufen ganz viele Module, bis wir wieder draußen sind.* Brotmodul, Gemüsemodul, Molkereiproduktemodul. Vor jedem Modul hören wir: ›Weiter!‹ An der nächsten Station dann wieder: ›Weiter!‹* Und immer alles obendrauf. Richtig angehäuft. Und am Ende kriegt man dann noch Dosen. Natürlich obendrauf. So würde man sich selbst die Sachen nie packen.* Natürlich machen das manche Tafeln inzwischen besser, die haben schon kapiert, dass es auch anders geht.*

Den Umgang mit der Wundertüte nennen wir ›kreative Küche‹.* Die Leute von der Tafel sagen, sie würden nur einwandfreie Lebensmittel ausgeben. Ist aber nicht so.* Dass die Sachen oftmals vergammelt sind, weiß keiner, der nicht selbst dort gewesen ist.*

Denn die Wundertüte hat zwar eine nette Verpackung, was aber drinnen steckt, ist oft ganz miserabel. Immer wieder erleben wir böse Überraschungen. Zu Hause fangen wir an, den Salat zu putzen. Nachdem die äußeren Blätter abgemacht wurden, kommt dann der verfaulte Kern zum Vorschein.* Immer wieder ist Ware dabei, von der die Hälfte schon verfault ist. Keiner kann uns erzählen, er hätte es nicht gesehen. Grüner oder schwarzer Schimmel im Brot, der verbreitet sich nicht von einer Stunde auf die andere.* Es ist auch schon vorgekommen, dass wir mit dem Brot einen Nagel in die Wand hätten hauen können, so hart war es. Steinhart.* Manche kommen zur Tafel und holen Lebensmittel ab, um damit ihre Tiere zu füttern. Das gibt es auch.* Da ist das Zeug Asbach uralt.*

Immer wieder reden wir uns ein, dass wir das Beste aus den Resten machen können. Wir reden uns ein, dass der Joghurt okay ist, solange der Deckel nicht hochgeht.* Wir freuen uns auch über Tigerbananen. So nennen die Tafelhelfer Bananen mit Flecken. Bei der Tafel bringen sie uns bei, dass eine Banane ruhig braun sein darf. Man braucht nur einen Mixer. Und einen Liter Milch. Gebt uns die Tigerbanane, wir machen daraus Bananenmilch!*

Wenn die Tafeln die verlängerte Müllhalde der Gesellschaft* sind, dann muss es niemanden wundern, wenn wir uns regelrecht als Müllentsorger fühlen, als personifizierte Biokompostanlagen.* Wir bekommen, was Supermärkte nicht mehr verkaufen können.* Das ist keine Kritik an den Tafeln, sondern an den Lebensmittelspendern.* Das geht nicht! Für den einen Teil der Gesellschaft sind die Lebensmittel nicht mehr akzeptabel. Für den anderen Teil muss es reichen. Im Prinzip gibt es zwei Normen für zwei verschiedene Gruppen der Gesellschaft.* Es ärgert uns, dass so etwas verteilt wird. Es ärgert uns maßlos, dass wir manchmal einen solchen Müll bekommen.* Den Müll würden wir am liebsten gleich dort bei der Tafel lassen. Man will sich ja nicht vergiften. Und vor allem will man seine Kinder nicht vergiften.* Man muss den Leuten schon geben, was sie brauchen.*

Krümel vom Kuchen

Was uns fehlt, ist Gerechtigkeit.* Wir machen bei Tafeln täglich neue Erfahrungen mit Ungerechtigkeit. Was nervt, sind die Mitarbeiter, die einfach Ware zurückhalten oder sich Lebensmittel mitnehmen. Ist es Diebstahl? Oder Organisationstalent?* Wenn man nicht aufpasst, sind von 100 Kilo schönem Obst nur noch 50 Kilo übrig.* Die haben da so Geheimecken, da werden ganz viele Sachen gehortet.* Da wird eingehalten. Da kommt viel in die eigene Tasche. Das kriegen nicht wir.* Die nehmen sich zuerst, was sie brauchen.* Es kommt so viel Ware rein, wo geht die hin?*

Das ist eines der Tabu-Themen bei Tafeln. Die Selbstbedienung der Helfer. Wir beobachten, wie Ware verschoben wird. Wie sich die Helfer selbst bedienen. Wir fragen uns, wie es sein kann, dass wir drei Stunden warten und die Ehrenamtlichen mit vollen Tüten nach Hause gehen. Das ist keine Gerechtigkeit!* Da helfen auch keine Taschenkontrollen.* Wir merken, wie die einen mehr und die anderen weniger Ware bekommen – je nach Sympathie oder Antipathie.* Das ist nicht die Regel, aber auch nicht die Ausnahme. Wenn man nur mit Vitamin B etwas bekommt, dann ist das ungerecht.* Man wird Ungerechtigkeit niemals abschaffen können, solange es Menschen gibt. Aber bei Tafeln ist die Ungerechtigkeit ins System eingebaut. Unser Eindruck ist, dass wir nur noch die Krümel vom Kuchen bekommen. Die Mitarbeiter bei der Tafel nehmen sich die besten Stücke. Die ersten Stücke bekommen die Fahrer, das zweite Stück die Helfer bei der Ausgabe. Manches kommt niemals bei uns an. Wir sind die Letzten in der Nahrungskette. Wir bekommen nur noch die Krümel.* Das macht uns wütend!*

Natürlich wissen wir, dass Tafeln Orte wie andere sind. Es kann keine absolute Gerechtigkeit geben. Wir sagen auch nicht, dass sich die Helfer keine Mühe geben. Jedem gerecht zu werden, ist eine Kunst, die keiner beherrscht.* Jeder möchte was haben, jeder hat einen Wunsch. Die Helfer können aber nicht alle Wünsche erfüllen.* Wenn man bei Tafeln Gerechtigkeit einführen möchte, müssten wirklich alle Lebensmittel in den Mixer. Gut durchmixen und dann grammgenau abwiegen und austeilen. Gerechtigkeit, vergessen wir's.*

Die Ausgabemenschen und wir

Tafeln repräsentieren die Spaltung der Gesellschaft in Arm und Reich. Denn jede Tafel hat zwei Seiten: drinnen die Helfer, draußen wir.* Trotz dieser Trennung haben wir grundsätzlich nichts gegen die Helfer. Sie können nichts dafür, dass wir zur Tafel gehen müssen. Die meisten nehmen uns herzlich auf.* Und kaum einer von uns schätzt das Engagement der Helfer gering. Aber dieses Engagement ist uns auch unheimlich. Manche nehmen sich einen Tag in der Woche frei, nur um bei *ihrer* Tafel dabei zu sein.* Viele hängen mit Leib und Seele an der Tafel.* Die Helfer machen und machen – und merken nicht, dass sie damit die Ursache der Armut nie beheben werden.*

Da fragen wir uns schon, was dahintersteckt.

Im Laufe der Zeit kennen wir schon einige Helfer vom Sehen. Und wir lernen die Namen der Ausgabemenschen kennen.* Ausgabemenschen sind Menschen mit Macht. Und sie gehen damit sehr unterschiedlich um.

Es gibt die netten Helfer. Sie versuchen, uns eine gute Zeit zu machen.* Das sind auch diejenigen, die sich einen Lieblingskunden aussuchen. Eine Frau mit Kind ist immer ein Lieblingskunde für die netten Helfer.* Wenn sie wissen, dass jemand Kinder hat, dann packen sie schon mal was Süßes extra ein.* Wir wissen, dass es viele Helfer gibt, die zu allen nett sein wollen. Aber da können sie sich noch so viel Mühe geben, die schiefe Ebene wird nie verschwinden.* Im besten Fall ist der Umgang miteinander berührungslos. Wir bekommen was reingelegt und tschüs.* Wir sind deswegen noch nicht einmal beleidigt, sondern verstehen das sogar. Wir sind ja so viele.*

Auf der einen Seite gibt es viel Freundlichkeit. Auf der anderen Seite gibt es aber auch das Klima der Angst. Es legt sich nach einiger Zeit über die Freundlichkeit, schwächt sie ab, macht sie brüchig. Das Klima der Angst entsteht durch Drohungen, durch Anschreien, Befehle, Kontrolle und Barschheit.* Immer wieder wird gedroht. ›Wenn Sie den Termin nicht einhalten, dann ...‹ Es geht nur noch über Drohungen. Das finden wir schlimm.* Nicht jeder von uns hat ein dickes Fell, um sich gegen dieses raue Klima zu schützen.* Manche Helfer sind nicht einfach. Sie sind nicht gerade feinfühlig unterwegs.* Sie glauben, sie sind die Tafel.* Diese Helfer verwechseln ihr Engagement mit einem Beruf.*

Am schlimmsten aber sind die machtgeilen Helfer. Sie spielen mit uns ›Herr und Knecht‹. Es gibt Helfer, die wollten uns dressieren.* Sie rufen: ›Eine Linie!‹ Dann wird eine Linie gebildet. Oder: ›Von eins bis zehn eintreten!‹* Manchmal werden solche Mitarbeiter ausgetauscht, dann wird es besser.* Wir stehen oftmals Menschen gegenüber, die einfach nur zeigen wollen, wer sie sind. Und es sind auch einige dabei, die sind überheblich. Die lassen einen spüren, dass man *abhängig* ist von ihnen. Die lassen einen das ganz genau spüren.* Diese Abhängigkeit ist ein Faktor, der in den Lobreden über Tafeln nie auftaucht. Die Tafeln sind eine zweigeteilte Welt aus solchen, die Macht haben, und jenen, die ohnmächtig sind.

Bei Tafeln gibt es Grenzen, auch wenn diese nicht immer gleich zu erkennen sind. Wir erleben immer wieder, dass sich die Vorsitzenden oder Leiter einer Tafel daran stören, dass wir – ihre ›Gäste‹ – bei der Tafel mitarbeiten wollen. Das geht einfach nicht. Das ist eine Unverschämtheit. Einfach so mitzuwerkeln. Sich da einbringen zu wollen.*

Einige von uns wollen mithelfen, wenige dürfen das. Was das Ausgeben der Lebensmittel angeht, sagen die ehrenamtlichen Helfer ganz klar: Nein! Wir dürfen zwar Kisten schleppen, LKW fahren, Toilette putzen und Gemüse sortieren. Aber die besten Sachen picken sich die Ehrenamtlichen selbst heraus. Die lassen nicht jeden an ihre Lebensmittel ran.* Da werden ganz klare Grenzen gezogen. Jeder weiß, wo er hingehört. Es gibt uns und die Herren und Ladys hinter den Ausgabe-

Die Ausgabemenschen und wir

tischen. Und damit ist Schluss.* Auch auf Mitgliederversammlungen sind wir nicht vertreten. Da gäbe es viele Punkte, die von unserer Seite mal angesprochen werden müssten. Aber das wird meistens abgeblockt.*

Auf den ersten Blick sieht es so aus, als würden wir uns mit den Helfern unterhalten. Aber es sind keine normalen Unterhaltungen. Eigentlich tut man nur so.* Weil da diese Grenze ist. Die wollen nicht, dass wir Fragen stellen. Die ganze Veranstaltung ist ja privat, nicht öffentlich. Tafelthemen sind Themen hinter verschlossenen Türen. Die wollen sich nicht von uns in die Karten gucken lassen.* So haben wir kaum den Eindruck, zu wissen, was vor Ort läuft. Von der Tafel direkt erfahren wir nichts.* Das müsste doch mal veröffentlicht werden, wo die Spenden herkommen und hingehen. Da halten sich die Tafeln aber sehr bedeckt. Was mit Spendengeldern geschieht, erfahren wir selten.* Da bekommt eine Tafel einen Scheck, aber wir lesen davon nur in der Zeitung.*

Die Herren und Ladys sind vom pädagogischen Nutzen ihrer Tafel überzeugt. Hinter jedem Korb steht jemand, der aufpasst, dass wir uns nicht zu viel nehmen.* Nur nichts anfassen!* Sie legen großen Wert darauf, uns zu zeigen, wie man richtig isst. Und was man alles aus Lebensmitteln machen kann. Wenn eine Tafel selbstgemachte Marmelade anbietet, dann rufen uns die Ehrenamtlichen herbei, um die Pflaumen zu entkernen. Wir, die Arbeitslosen, haben ja Zeit dafür.* Wir finden das teilweise beängstigend und fühlen uns nicht wohl in unserer Haut, schutzlos.* Das ist einfach entwürdigend, egal wie viele Gründe es dafür geben mag.*

›Alle Menschen sind gleich‹. Wie oft haben wir das schon gehört. Ein netter Spruch. Nur leider falsch. Wenn für uns die gleichen Regeln gelten würden, gäbe es keine Tafeln. Immer wieder wird behauptet, dass sich die Menschen bei Tafeln ›auf Augenhöhe‹ begegnen.* Das sehen wir anders: Bei den Tafeln haben wir das Gefühl, im Weg zu stehen, nicht im Mittelpunkt.

An vielen kleinen Details merken wir, dass wir nicht auf

einer Stufe mit denen stehen, die uns Ware ausgeben. Wenn etwa die hauptamtliche Leiterin einer Tafel einfach ›du‹ zu uns sagt. Und umgekehrt großen Wert auf das Siezen gelegt wird. Wir finden, das ist herablassend.* Es ist entwürdigend, wenn wir uns in einer Reihe aufstellen und einer Helferin ein Geburtstagsständchen singen müssen, um sie zu ehren, bevor die Verteilung der Tafelware beginnt.* Es ist geschmacklos, wenn wir durch verschiedenfarbige Armbinden oder Buttons gekennzeichnet werden, damit die Helfer daran effizienter die zu versorgende Haushaltsgröße erkennen können.* Wir fragen uns, wie solche Menschen überhaupt an diese Position gelangen, die es ihnen ermöglicht, ihre Macht so auszunutzen?* Anscheinend lässt man Leute mit Profilneurosen bei den Tafeln gewähren.* So wie der Mann mit der Marke. Der uns sagt: ›Hier, du bist Nummer 33!‹ Dieser Mensch mit der Marke ist schon ein total wichtiger Mensch. Eine richtige Respektsperson. Weil der den Zugang zum Essen hat. Der hat den Hebel. Wenn der sagt: ›Hier ist es aber laut‹, dann ist es sofort still. Die Hand, die uns füttert, die beißen wir nicht.*

Motzen unerwünscht

Wir erkennen in Tafeln Orte unterschwelliger Gewalt.* Deutlich wird diese Gewalt dort, wo sie verhindert, dass wir vom elementaren Recht, *Nein* zu sagen, Gebrauch machen können. Kaum jemand von uns hat das begründete Gefühl, *Nein* sagen zu dürfen.* Stattdessen sind wir dazu verpflichtet, bedingungslos zu akzeptieren, was man uns gibt. Wir müssen die Ware einstecken, die man uns reicht. Wir können uns die Sachen nicht aussuchen, wir bekommen sie einfach in den Beutel, den wir mitbringen.* Und das bedeutet auch, dass wir zwangsweise Dinge konsumieren müssen, die wir früher nicht wollten.* Wenn wir nicht mitnehmen, was man uns gibt, dann sind die Helfer beleidigt.* So machte sich zum Beispiel die Leiterin einer Tafel die Mühe, in den Mülltonnen nachzusehen, was wir weggeworfen haben. Nur um uns dann zu erklären, dass das noch *gute Ware* sei.

Auf Tafelware hat man kein Recht. Wir können nicht sagen: Wir sind bedürftig. Wir sind hierhergekommen, um uns Essen zu holen. Ihr habt mir was zu geben. Nein! Wenn denen unsere Nase nicht passt, dann müssen die uns nichts geben. Wir haben keinen Anspruch darauf. Dann haben wir einfach Pech und können zusehen, wo wir woanders Essen herbekommen. Den Tafeln sind wir wirklich auf Gedeih und Verderb ausgeliefert!* Niemand kann vor Gericht ziehen und sagen: Ich habe ein Recht darauf.* Das steht uns nicht zu. Auf Tafeln kann man sich nicht verlassen, auf Rechte schon.* Das macht den Unterschied zwischen Almosen und Bürgerstatus.*

Sozial ist etwas, auf das man Anspruch hat. Almosen sind, auch bei aller Freundlichkeit und Nettigkeit, gerade nicht sozial.*

Die Zuteilung der Ware über den Thekentisch erfolgt anders. Du nimmst, was du kriegst, und hältst das Maul.* So läuft das. Man kann froh sein, wenn man die Ware kriegt. Meckern und Motzen sind bei Tafeln unerwünscht. Erst absahnen und dann noch einen Lauten machen, das ist nicht drin.* Wer motzt, fliegt raus. Da ist schon eine kleine Barriere dazwischen. Wir trauen uns nicht, nachzufragen.* Weil wir Angst haben, das wenige zu verlieren, das wir gerade gewonnen haben.

Wir würden diese Regeln gerne ändern, fürchten uns aber vor den Konsequenzen. Uns bleibt das Wort im Hals stecken. Da kommt nichts mehr raus.* Wenn da Gespräche im Hof stattfinden, dann dreht sich jeder heimlich um und schaut, ob einer von den Tafelleuten zuhört. Man kommt sich überwacht und kontrolliert vor.* Wenn sich jemand kritisch äußert, wird ein Exempel statuiert. Niemand sagt: ›Nun lasst uns doch mal gemeinsam für unsere Rechte eintreten.‹ Niemand will den Vorreiter machen. Jeder wartet auf den anderen. Jeder wartet auf jemanden, der aufsteht und sagt, wir machen unsere eigene Sache.* Wir fragen uns, wo ein echter Anwalt der Armen auftaucht?* Da fehlt jemand, der sich wirklich durchsetzt!*

Sicher, es gibt die Helfer, die ihr Bestes geben. Vielleicht haben sie auch einfach mehr Talent. Aber manche der Helfer, die können es einfach nicht. Und manche, die werden es nie lernen. Die denken, sie sind der Mitarbeiter, und wir, wir sind die kleinen Würstchen.* Für die lässt sich die Form der Begegnung in eine einfache Formel bringen: *Du* kriegst von *mir*!*

Bei Tafeln muss man schnell lernen. Die wichtigste Regel, die wir alle früher oder später verinnerlichen, ist die Regel der Dankbarkeit. An der richtigen Stelle demonstrativ gelächelt und ›Danke‹ gesagt, bringt mehr ein als alles andere. Man lernt, dass man für dieses Verhalten belohnt wird. Lächeln und ›Danke‹ an der richtigen Stelle.* Denn bei Tafeln erhält man Ware nicht einfach so. Sie kostet vor allem Dankbarkeit. Auf diese Form der Bezahlung können Tafeln nicht verzichten, denn sonst wäre niemand bereit, Tafeln zu betreiben. Dankbarkeit ist das Schwungrad, das die Tafeln in Bewegung hält. Immer wieder muss dieser Schwung erneuert werden: *Danke* schön, *Danke* schön, *Danke* schön ... *

Wer lernt, sich angepasst zu verhalten, der hat Erfolg. Wir merken schon, wie wir uns verhalten sollen.* Viele von den ganz armen Leuten trauen sich nicht zur Tafel. Die haben Hemmungen oder kommen nicht klar mit dem System, so wie es ist, mit dem Anstellen und dem ›Bitte‹ und ›Danke‹ sagen.* Da legen die sehr viel Wert darauf, die Ehrenamtlichen.* Und so verinnerlichen wir diese Regeln nach und nach und graben die Dankbarkeit immer tiefer in unser Innerstes ein, bis sie ein Teil von uns wird. Überall ist spürbar, dass es denen guttut, wenn wir uns immer wieder bedanken. Wenn wir die an-

lächeln. Wenn wir ihnen zeigen, dass wir uns wirklich freuen.*
Wenn Helfer interviewt werden, steht in der Zeitung: ›Ach, das Lächeln, das ist der größte Dank für das, was ich hier mache.‹* Was uns aber dieses Lächeln kostet, das fragt niemand.

Der Nächste, bitte!

Das alles erweckt nicht gerade den Eindruck, dass wir gleichberechtigte Mitbürger sind, auch wenn alle von ›Gästen‹ reden. Bei der Tafel müssen wir uns bewerben und werden dann als ›Kunde‹ angenommen.* Aber auf die Idee, sich ›Kunde‹ zu nennen, würden die wenigsten von uns kommen. Wir kennen arme Menschen, Bedürftige, aber keine ›Kunden‹.*
Der Begriff ›Kunde‹ ist für uns Hochstapelei. Als ›Kunde‹ bezeichnen wir uns, wenn wir bei Aldi einkaufen.* Alle wollen sich so verhalten, als wären wir ›Kunden‹. Aber keiner kann es wirklich, weil es eben nicht der Wirklichkeit entspricht.* Es reicht nicht, einen Euro zu bezahlen, um sich als ›Kunde‹ zu fühlen. Das ist nicht alles.* Letztlich kann man den Begriff ›Kunde‹ auch so verstehen: ›Ja, wir verdienen an euch!‹*
Zur Tafel zu gehen, hat rein gar nichts mit Einkaufen zu tun, wie wir es sonst kennen. Man kauft nicht ein, man kriegt etwas.* Bei der Tafel hat man die Aussicht, etwas zu bekommen, das man vielleicht gerade gebrauchen kann. Wenn wir einen Berechtigungsschein vorlegen. Wenn wir einen Euro auf den Tisch legen. Und wenn wir uns ordentlich verhalten.* Daher benutzen wir das Wort ›einkaufen‹ nur ironisch. Denn es läuft uns kalt den Rücken runter, wenn wir daran denken, was wir eigentlich tun.*
Das ist das Prinzip Armenküche.* Etwas annehmen zu müssen, ohne Wahlfreiheit.* Hier fühlen wir uns nicht als Kunden, sondern als Tafelläufer,* als Opfer,* als Beiläufer*

oder als Bittsteller.* Teilweise fehlen uns einfach die Worte.* ›Kunde‹ sind wir weder beim Jobcenter noch bei der Tafel. Wir sind Almosenbezieher. Bittsteller. Denn wir bitten um etwas. Wir sind halt *bedürftig*. So reden die anderen über uns.* Das kann man nicht beschönigen.* Als Bittsteller haben wir keine Möglichkeit zu gestalten. Das ist die totale Abhängigkeit. Wenn man keine Wahl mehr hat, dann ist man eigentlich verloren.* Politisch sind wir entledigt, entsorgt.* Letztlich sind wir Nummern, die aufgerufen werden. Dann schleicht man vorbei.* Das ist die eigentliche Form, in der wir angesprochen werden und die unseren Status am treffendsten ausdrückt: der Nächste, bitte!*

Gewöhnung

Wir leben in und mit den Strukturen lokaler Hilfsangebote. Wir haben Öffnungszeiten und Ausgabetage im Kopf. Sind informiert über Warenstand und -qualität. Alles spricht sich herum.* Und damit haben wir uns, ohne es je wirklich zu wollen, auf dieses System eingelassen. Wir vergleichen ständig. Unser Leben besteht aus Warenvergleichen, Preisvergleichen, Mengenvergleichen, Vorteils- und Nachteilsvergleichen. Und über allem hängt die Frage: Können wir uns auf die Tafel verlassen? Wie lange geht das noch gut?*

Wer da öfter hingeht, der baut sich eine ganz eigene Tradition auf. Wir planen schon die Woche. Ein Tag ist Tafeltag. Das ist immer schon mit drin im Programm.* Und je mehr wir auf die Tafel angewiesen sind, desto stärker wird diese Tradition. Wer erst mal im Trott drinnen ist, der kommt so schnell nicht wieder raus.* Aber das kann doch nicht unser Leben sein? Das sollte doch nur eine Phase sein.* Die Tafeln erhalten uns am Leben, mehr oder weniger.* Aber wir wollen da wieder

Gewöhnung

raus.* Wir sind nicht mit der Tafel verheiratet.* Wir haben kein Dauerabonnement.* Wir hätten kein Problem damit, da nie mehr hinzugehen.*

Wir reden uns ein, dass wir nur ganz kurz zur Tafel gehen, weil ja wieder alles gut wird und wir sie dann nicht mehr brauchen.* Trotzdem gehen wir oft schon seit Jahren dorthin. Wir fragen uns immer häufiger, wie lange wir das noch aushalten. Manchmal glauben wir, dass wir es nicht mehr schaffen, zur Tafel zu gehen. Weil es mit Anstehen verbunden ist, weil es so anstrengend ist.* Immer haben wir vor Augen, wie grauenvoll die ersten Male waren. Nur langsam geht der Kopf höher und höher.* Aber nach und nach verlieren wir die Scheu. Immer geht es darum, sich nicht zu fein zu sein dafür. Sich nichts mehr dabei zu denken.* All das ist beklemmend. Unangenehm.* Immer wieder schnürt uns dieses Gefühl die Kehle zu.*

Das Einzige, was hilft, ist Gewöhnung. Das ist das ganze Geheimnis. Wir gewöhnen uns sogar an Tafeln. Zunächst gewöhnen wir uns daran, anzustehen.* Wir gewöhnen uns auch an Bedürftigkeitsprüfungen, die Vorlage von Dokumenten, die Fristen und Karten. Wir arbeiteten uns da rein.* Nachdem wir vier oder fünf Jahre immer wieder einen neuen Tafelberechtigungsschein erhalten haben, geht es schon besser.*

Wir kommen also in so einen Gewohnheitstrott. In dem Moment, in dem wir es nicht mehr verdrängen können, gewöhnen wir uns daran.* Na gut, dann gehe ich halt hin, es ist halt praktisch. Wir hören einfach auf, uns Gedanken zu machen.* Ablenkung ist das Beste. Nicht darüber nachdenken, nicht zu genau hinsehen. Der Tafeltrott ist wie ein Stachel unter der Haut, den man gar nicht mehr sieht. Irgendwann tut er auch nicht mehr weh.* Dieser Trott verändert unsere Persönlichkeit. Bald kennen wir es gar nicht mehr anderes. Und dann ist es schwer, davon wieder wegzukommen.*

Nach spätestens fünf, zehn oder mehr Jahren werden Tafeln zu einem elementaren Teil unserer Lebensweise. Alles darin ist gesponsert, alles ist umsonst, wir brauchen nichts aus der eigenen Tasche zu bezahlen. Wir warten schon förmlich darauf, da hinzugehen und versorgt zu werden. Das ist die Lösung. Gewöhnung. Wie eine Allergie, die langsam vergeht.*

Kleine Reserve

Tafeln sind eine Notlinderung. Damit wir uns das Essen nicht im Papierkorb suchen müssen. Wir kriegen doch woanders nichts her.* Dennoch gehen die meisten nur zur Tafel, wenn es wirklich notwendig ist. Dort geht nur jemand hin, der es in irgendeiner Weise braucht.*

Wir sind meist arbeitslos. Da können wir alles gebrauchen.* Es gibt also keinen anderen Grund, zur Tafel zu gehen, als zu sparen.* Wir gehen da rein, weil es günstig ist.* Um Kohle zu sparen.* Wir wollen keine Lebensmittel retten. Wir sparen uns durch. Das merken wir dann jeden Monat, vom Geld her.* Denn Lebensmittel sind der Posten im Haushalt, der das größte Loch reinreißt.* Zur Tafel zu gehen ist für viele angewandte Cleverness.* Damit wir ein bisschen Luft haben für andere Dinge.* Um sich mal was gönnen zu können.* Kleinigkeiten. Luxus kann man das ja nicht nennen.* Aber was sich wirklich ändert, ist dann doch weniger spektakulär. Wir müssen am Ende des Monats nicht nur Nudeln essen. Das hat sich geändert.* Es rechnet sich, aber das Selbstwertgefühl leidet. Wenn es die Tafeln nicht mehr gäbe, dann müssten die Leute eben einkaufen gehen und das an anderer Stelle einsparen.* Das Einzige, was Tafeln uns bringen, ist eine kleine Reserve.*

Durch diese Reserve erweitern sich unsere Spielräume ein klein wenig. Wir können uns etwas leisten. Vereinsmitgliedschaften oder die kleinen Dinge des Lebens. Vor allem aber denken wir an unsere Kinder.* Kinder wollen mal Karussell fahren. Kinder wollen mal auf einen Minigolfplatz.* Kinder wollen an Schulausflügen teilnehmen.* Tafeln sind gut für die, die am Minimum leben und sich dennoch etwas leisten wollen.*

Aber geht das nicht auch anders? Es muss in einem Sozialstaat doch andere Wege geben, um solche Dinge zu ermöglichen.*

Entsorgte Gemeinschaft

Tafeln sind keine entspannten Orte, sondern Orte, an denen wir uns als arme Sau fühlen.* Unser Gang zur Tafel ist rein ökonomisch begründet. Wir kommen, stehen mal kürzer oder länger an, packen ein, sagen hier und da ›Hallo‹ und gehen wieder.* Das Interesse an anderen ist begrenzt. Absichtlich lernen wir kaum Leute kennen.* Wir suchen auch keine festen Kontakte, nicht durch Tafeln.* Schon gar nicht treffen wir uns planmäßig außerhalb der Tafel mit anderen.*

Auf den ersten Blick könnte es allerdings anders aussehen. Wir unterhalten uns mit netten Leuten.* Wir staunen, was für Biographien die anderen haben.* Aber letztlich unterhalten wir uns nur über belanglose Sachen.* Weil wir keine Nähe suchen zu diesen Leuten. Manche ziehen sich auch total zurück, erzählen überhaupt nichts.* Und bei der Ausgabe ist auch keine Zeit da, um miteinander zu quatschen.*

So bleiben wir auf Distanz. Ein bescheidener Versuch, noch ein Stückchen Normalität zu retten. Wir akzeptieren die anderen so gut es geht. Wir alle gehen da hin, weil es uns schlechtgeht.* Bei Tafeln lernt man andere Menschen kennen, denen es ähnlich geht. Man erlebt, wie man gemeinsam ausgegrenzt ist.* Aber gemeinsam ausgegrenzt zu sein, das schafft noch lange keine eingeschworene Gemeinschaft.* Auf diese Weise entsteht kein Wir-Gefühl.*

Grüppchen bilden sich trotzdem. Für viele ist die Tafel ein Treffpunkt.* Man trifft sich einmal pro Woche, jeder erzählt ein bisschen.* Meist ergibt sich das einfach so. Wir schwätzen, und dann fährt jeder wieder nach Hause. Dann sagen wir: ›Bis zum nächsten Mal.‹* Wenn wir schon lange zu einer Tafel gehen, lernen wir auch Menschen kennen, die uns helfen.* Ein kleiner Hauch von Solidarität weht dann hindurch, schon weil wir wissen, dass es für viele andere auch nicht reicht.* Manchmal bilden wir sogar Gruppen und geben uns ironische Namen, die überspielen, um was es bei Tafeln eigentlich geht. Wir nennen uns ›Die 1-Euro-Esser‹ oder ›Klub der Sonderbaren‹.* Für wenige ist es ein Wir-Gefühl, für einige ein Wohlgefühl, für die meisten ein Schamgefühl. Nicht: Ich kam, sah und siegte. Sondern: Ich komme, hole ab und gehe.* In diesem Klub richten wir uns ein. Es entsteht eine eigene Welt drinnen, bei den Tafeln.

In der Welt da draußen sind wir zum Wirtschaftsfaktor geworden.* Das ist die Grundlage für Diskriminierung und Ausgrenzung.* Und die Tafeln haben ihren Platz in einem System, in dem die weniger Leistungsfähigen die Treppe runtergeschubst werden. Wer nicht stark genug ist, wird runtergestoßen. Von einer Stufe zur nächsten. Und dort sind die Tafeln. Sie sind das Kellergeschoss der Gesellschaft. Ein System, in dem Almosen an runtergestoßene Menschen weitergegeben werden.

Und alle sind stolz darauf.*

Nach und nach werden die Tafeln zu unseren Essensversorgern.* Für viele sind Tafeln Auffangstationen* oder eine feste Anlaufstelle.* Tafeln können Inseln sein im rauen Meer.* Sie können aber auch Sammelstellen sein für entsorgte Menschen. Solche, die nicht mehr in die Mehrheitsgesellschaft integriert werden können. Wir sind eine entsorgte Gemeinschaft, denn man hat sich bereits von uns verabschiedet. Auch wenn das nicht laut ausgesprochen wird. Wir werden nicht mehr gebraucht.* Wir werden versteckt vor der eigenen Gesellschaft.* Weggeschubst in die dunkle Ecke der Gesellschaft. Wo man nicht mehr richtig rauskommt.* Wir denken, dass sich inzwischen eine Parallelgesellschaft gebildet hat, denn die Kluft zwischen den ganz Reichen und den ganz Armen wird immer größer. Und die Mitte bröckelt weg. Schon jetzt leben wir nebeneinander her.* Und die Tafeln sind der Ort, an dem sich diejenigen sammeln, die von der Gesellschaft abgeschrieben worden sind.* Wir werden uns noch umgucken. Wenn die Spaltung der Gesellschaft so weitergeht, dann haben wir bald Gettos, Tafelgettos.*

Unsichtbare Währung

Niemand leugnet, dass Tafeln es uns ermöglichen, hilfreiche Reserven anzulegen. Zugegeben, mit den Tafeln sparen wir kurzfristig ein paar Euro. Die füttern uns durch, die Tafelleute.* Langfristig sieht es aber anders aus. Tafeln machen uns krank. Und die dadurch entstehenden Kosten der Hilfe werden nicht mit eingerechnet.

Wer zur Tafel geht, bezahlt in einer unsichtbaren Währung. Vielleicht fällt es den Befürwortern von Tafeln so schwer, diese Währung anzuerkennen, weil sie noch nie in ihrem Leben wirklich bezahlt haben, sondern immer nur ausbezahlt wurden? Bei uns ist es genau andersherum. Wir kennen die wahren Kosten. Die Nutzung der Tafel hat ihren Preis. Einen hohen Preis.* Nicht den symbolischen Euro, den wir für die Ware zahlen. Für die Ware, mit der wir beladen werden, müssen wir noch viel mehr bezahlen.

Wir bezahlen mit anderen Dingen.*

Unsere Bilanzierung berücksichtigt die seelischen Belastungen.* Und am Ende kommen wir zu einem anderen Ergebnis. Das Erlebte wiegt das Erhaltene nicht auf.

Langfristig fallen Kosten an, die niemand beziffern kann. Es geht dabei nicht nur um die Unannehmlichkeiten auf der Straße. Es geht nicht allein um die Lebenszeit, die wir mit Warten verbringen. Es geht um gebrochenen Stolz und um Abhängigkeiten. Um gefühlten Druck und zerschlissene Nerven.* Den Druck, da hinzugehen, den Druck, dumm angeguckt zu werden, den Druck der Maßregeln und den Rechtfertigungsdruck. All das gärt in uns und bringt die Selbstzweifel und Selbstvorwürfe mit sich, die uns nachts nicht mehr in Ruhe schlafen lassen.* Der Leidensdruck wächst.* Bis wir sagen, ich kann nicht mehr!*

Für uns sind das spürbare Kosten. Aber wir bezahlen noch mehr. Wir werden Zug um Zug fremdgesteuert. Es fängt damit an, dass das Amt unser Leben finanziert.* Wer will das schon? Total abhängig sein.* Wenn wir uns dann noch dazu entschließen, zur Tafel zu gehen, verlieren wir den letzten Rest unserer Selbstbestimmung. Wir fühlen uns doppelt entmündigt. Erst beim Amt, dann bei der Tafel. Plötzlich sind wir abhängig. Unsere Selbstachtung gewinnen wir nicht durch das Lächeln der Tafelhelfer zurück, sondern nur dann, wenn wir uns wieder selbst etwas kaufen können. Das ist immer noch der beste Weg. Weil wir uns dann sagen können: Das habe ich mir gekauft! Wir wollen einkaufen und uns nicht von anderen Ware aufs Auge drücken lassen.* Allein die Form der Tafeln bringt uns runter und hält uns unten.* Da werden wir zum Schaf. Zur Nummer. Zum Untermenschen.* Das Leben im Kosmos der Tafeln ist das vorbestimmte Leben.* Das verwaltete, verunstaltete Leben.*

Ins Feudale gerutscht

Wir alle haben das gleiche, komische Bauchgefühl: Es läuft etwas falsch in diesem Land.* Tafeln werden immer mehr zu einem Zeichen dafür, dass wir uns auf einer schiefen Bahn befinden.* Da zerbröckelt etwas. Es bröselt überall.* Wir sind tief gesunken in Deutschland. Es ist alles so rückwärtig geworden.* Wir finden es schade, dass Deutschland so weit runtergekommen ist.* Und wir merken, dass es nun rapide schlechter wird. Die Kurve geht weiter runter.* Durch das politische System fühlen wir uns nicht mehr angemessen vertreten. Es muss sich etwas bewegen, aber in diesem System bewegt sich nichts.* Es greift nirgendwo.* Je mehr dort gesprochen wird, desto weniger passiert.*

Bisher sind wir wählen gegangen, aber jetzt haben wir keine Lust mehr.* In unseren Augen haben die Volksvertreter die Bodenhaftung verloren.* Die haben Scheuklappen auf. Die wollen uns ja gar nicht sehen. Die wollen nicht mit uns behelligt werden.* Die Parteien packen das Thema nicht an, denn mit unangenehmen Dingen will sich niemand abgeben.*

Was uns auffällt, ist die Realitätsferne der Politik. Die haben keine Ahnung mehr, wie das wahre Leben eigentlich vonstattengeht. Wie manche Leute knüppeln müssen, wie abhängig manche Leute von den Ämtern sind. Wir haben keine Lobby mehr im Moment.* Das Soziale können wir uns nicht mehr leisten, heißt es. Aber es ist ein Skandal, dass wir für Lebensmittel, die andere nicht mehr essen wollen, Schlange stehen müssen. Und dann noch ›Bitte‹ und ›Danke‹ sagen müssen dafür. Das ist Feudalismus. Das finden wir nicht in Ordnung.* Armes Deutschland! Wie wir als Staat nur da hinkommen konnten.* Das geht in die falsche Richtung. Und es trifft immer die Untersten.*

Und das sind wir.

Es wird ja kaum publik gemacht, um was es da im Endeffekt

geht: Der Staat zieht sich aus der Verantwortung.* Für die Politik sind Tafeln eine Entlastung. So ist es doch das Einfachste. Mit Armenspeisungen verhindert man, dass soziale Unzufriedenheit überschwappt.* Tafeln beruhigen viele.* Da braucht sich keiner einen Kopf zu machen. Niemand muss Hartz IV erhöhen, denn es gibt ja die Tafeln, damit wir über die Runden kommen.* Irgendwo werden die Armen ihr Essen und ihre Kleidung schon herbekommen.*

Das ist die Verarschung der kleinen Leute.* So viel Armut in Deutschland ist beschämend. Aber viele haben das noch gar nicht mitbekommen. Oder wollen es nicht sehen.* Und der Staat entzieht sich seiner Verantwortung. Und damit werden Tafeln zum Grünen Punkt im Sozialstaat. Mit ihnen werden überflüssige Menschen politisch entsorgt.*

Eigentlich müssten die Politiker, die uns das eingebrockt haben, ein schlechtes Gewissen haben. Es müsste ihnen peinlich sein, dass es in ihrem Land Tafeln gibt. Dass sich so viele Menschen an eine private, von der Wirtschaft abhängige Laienorganisation wenden, um essen zu können. Da muss man doch als Politiker vor Peinlichkeit unter die Decke kriechen.* Tatsächlich aber wird Armut billigend in Kauf genommen.* Für uns ist das eine dramatische Verschlechterung der Situation.*

Wir wollen das nicht den Tafeln vorwerfen.* Eigentlich muss der Staat mehr Verantwortung übernehmen, damit Tafeln nicht mehr so attraktiv sind. Aber je besser die Tafeln arbeiten, desto eher können sich Politiker zurücklehnen.* Am Ende verlassen sich alle auf die Tafeln, den liebgewonnenen Pannendienst der Gesellschaft.* Letztlich sind Tafeln eine wirtschaftliche und politische, aber keine soziale Lösung.* Durch die Tafeln bekommt die Politik ein Alibi und kann behaupten: Wir versorgen euch doch!* Wir aber sagen: Wenn man jemanden versorgen will, muss man sich zunächst um ihn sorgen. Aber das passiert nicht. Die Tafeln sorgen sich um sich selbst. Die Bürger fühlen sich währenddessen im Stich gelassen, denn das Signal ist: Ihr sollt uns so wenig wie möglich kosten. Die wirtschaftlich noch verwertbaren Individuen ziehen wir raus. Die anderen speisen wir ab.*

Raus aus der Mühle

Wir blicken mit Sorge in unsere Zukunft. Die Tafeln haben nicht damit gerechnet, dass so viele Menschen kommen. Mit dem Zulauf sind sie teilweise überfordert.* Wir aber fürchten uns davor, dass in Zukunft immer mehr Menschen dort hingehen werden, die alles immer selbstverständlicher finden. Sie werden gar nicht mehr merken, wie man ihnen die Bürgerrechte wegnimmt.*

Viele hoffen, dass es Tafeln auch noch in 20 Jahren gibt.* Die warten förmlich schon darauf, da hinzugehen und versorgt zu werden.* Für die sind die Tafeln Lebensretter.* Wir aber fürchten uns davor, dass Tafeln zu einer Dauereinrichtung werden. Denn der Preis wäre uns zu hoch. Die Dinge, die uns empören, sind Dinge, die in einer modernen Gesellschaft nicht vorkommen sollten. Wir fühlen uns von der Regierung politisch entsorgt, von den Mitbürgern im Stich gelassen, von den Ämtern schikaniert – und bei den Tafeln entmündigt und abgespeist.

Tafeln sind kein Schicksal, das von oben auf uns niederkommt. Es liegt an uns zu bestimmen, wie die Zukunft aussieht, was wir heute und morgen machen oder unterlassen.* Denn es gibt Alternativen. Nichts ist in Stein gemeißelt.* Tafeln sind keine soziale Utopie. Für uns sind Tafeln nichts anderes als gesellschaftlich arrangierte Bedürftigkeit. Durch Tafeln fühlen wir uns ausrangiert und deplatziert. Noch wird der schöne Schein aufrechterhalten. Aber hinter den Kulissen brodelt es. Nur auf den ersten Eindruck hin ist das alles gut und schön. Bei näherem Hinsehen bricht alles auseinander.*

Und wir wünschen uns mehr soziale Gerechtigkeit. Denn gerade wir haben nichts gegen Belastungen. Sondern nur gegen die ungerechte Verteilung der Belastungen.* Aus unserer Perspektive ist die Entwicklung in unserem Land in vielen Bereichen unsozial.* Sozial wäre es, die Sozialsysteme zu stärken, anstatt die Tafeln immer weiter auszubauen. Sozial wäre es, reguläre Arbeitsplätze zu schaffen. Sozial wäre es, anständige Löhne zu bezahlen, so dass man davon leben kann. Sozial wäre es, wenn die Tafeln sich selbst überflüssig machen würden, anstatt nur davon zu reden.*

Tafeln machen uns keinen Spaß. Wer geht schon freiwillig, aus Langeweile oder Spaß, zu einer Tafel? Niemand.* Deswegen sind wir erst froh, wenn wir aus der Mühle raus sind.* Wenn die dreiste Erniedrigung wegfällt.*

Wir sind erst froh, wenn das vorbei ist.*

IV
ZURÜCKBLEIBEN, BITTE!

Armut schadet allen

In kapitalistischen Gesellschaften spielt der Konsum eine zentrale Rolle. Möglichst hoher Konsum ist nicht nur politisch gewollt, sondern wird auch individuell als befriedigend erfahren. Wer dabei nicht mithalten kann, wird wirtschaftlich und sozial abgehängt. Daher sagen die blanken Fakten, wie etwa Armutsquoten oder Einkommensverteilungen, viel zu wenig über die persönlichen Folgen von Armut aus. Armut hat Folgen, die weit über das bloß Materielle hinausgehen.

Politiker betonen gerne, dass niemand lange arbeitslos sein muss. Zwar geben sie zu, dass inzwischen immer mehr Menschen von Arbeitslosigkeit betroffen waren oder sind. Dennoch wird meist unterstellt, dass es sich dabei lediglich um eine »Durchgangspassage« handele. So ganz richtig ist dies leider nicht, denn immer mehr Menschen sind dauerhaft arbeitslos, in Beschäftigungsmaßnahmen »versteckt«[1] und damit über einen längeren Zeitraum arm. Fachleute nennen das die »Verzeitlichung« oder die »Verfestigung« von Armutslagen. Für die sozialpolitische Interpretation von Armut spielt es eine große Rolle, ob sich eine Person nur kurz in einer Armutspassage befindet oder in einer dauerhaft durch Armut geprägten Lebenssituation, die im schlimmsten Fall sogar »vererbt« wird. In meinen Gesprächen zeigte sich eindeutig der von Politikern gern verleugnete Trend, dass sich eine wachsende Bevölkerungsgruppe in verfestigten Armutslagen wiederfindet.[2] Wer einmal arm geworden ist, so lautet die neue Formel, der bleibt es in der Regel lange. »Soziale Aufstiege von ganz unten in gesicherte Existenzlagen sind empirisch kaum noch zu verzeichnen«, lautet das Fazit in einer Stellungnahme der kirchlichen Arbeitnehmerbewegung.[3]

Damit ist in letzter Konsequenz auch die längerfristige Nutzung privat-fürsorglicher Angebote wie Tafeln, Suppenküchen und Kleiderkammern verbunden. Nach ungefähr einem halben Jahr Leben mit Hartz IV treten »Bedarfslücken« auf, die aus eigener Kraft nicht mehr geschlossen werden können. Kühlschränke gehen kaputt, Unvorhergesehenes passiert. Notwendige Ausgaben, die sich aus dem Regelsatz nicht begleichen lassen, bringen Menschen in die Situation, sich nach Ersatzlösungen umzusehen. Viele meiner Gesprächspartner betonten, dass sie eigentlich nur eine kurze Zeit zu Tafeln gehen wollten. Ein typischer Satz ist: »Irgendwann brauche ich das dann nicht mehr!« Oft kommt es aber ganz anders, wodurch das Selbstbild ins Wanken gerät und ein Gefühl von Scham erzeugt oder bestärkt wird.

Gleichzeitig treten hierbei zwei Probleme auf. Einerseits entstehen durch die dauerhafte Nutzung von Tafeln und ähnlichen Einrichtungen neue Erwartungen und Abhängigkeiten. Andererseits häufen sich mit der Zeit Negativerfahrungen. Beides ist fatal für die persönliche Entwicklung und hat individuelle Folgen, die politisch als *Kosten* zu bilanzieren wären – was jedoch in der Regel unterbleibt. Noch sind wir es nicht gewohnt, versteckte oder erst nach langer Zeit auftretende Kosten zu erfassen und zu bewerten. Und das, obwohl diese Kosten für die betroffenen Menschen ganz konkret erlebbar sind.

Dazu gehört zuvorderst die Verstetigung der Scham durch die dauerhafte Erfahrung, sozial ausgegrenzt zu sein. Die Sozialwissenschaftlerin Barbara Kaletta hat solche »Aberkennungserfahrungen« in einer Studie untersucht. Sie belegt, dass sich eine umfassende und dauerhafte Ausgrenzung radikal auf das Selbstkonzept einer Person und deren soziale Integrität auswirken kann.[4] Wer sich dauerhaft als ›nicht-normal‹

Armut schadet allen

erleben muss, beginnt irgendwann, sich selbst abzuwerten. Resignation und Hoffnungslosigkeit, Selbstaufgabe und Selbstanklage sind Reaktionen, die sich in meinen Gesprächen mit Tafelnutzern in allen Schattierungen und Tonlagen wiederfinden.

All das macht krank. Und dadurch werden Kosten verursacht, die den vermeintlichen staatlichen Einsparungen durch Armutsökonomien gegenüberstehen. Über sehr lange Zeiträume entstehen Gesundheitskosten, die nicht direkt mit Einzelereignissen in Zusammenhang zu bringen sind. Armut und Gesundheit stehen in einem unheilvollen Wechselverhältnis zueinander. Einerseits zeigen meine eigenen Recherchen, wie schnell ein Krankheitsereignis zu Armut und sozialer Ausgrenzung führen kann. Da ist etwa der verheiratete Vater zweier Kinder, der durch einen Unfall von einem Tag auf den anderen arbeitsunfähig wurde. Oder die Frau, die plötzlich epileptische Anfälle bekam und nun Frührentnerin ist. Wenn jemand plötzlich krank wird, »dann passiert etwas ganz Furchtbares«, erzählt ein Familienvater, der »dem Tod von der Schippe gesprungen ist« und heute noch an den Folgen leidet. Andererseits macht Armut schleichend krank. Dieser Zusammenhang ist inzwischen vielfach belegt.[5] Arme ernähren sich ungesünder und haben häufiger chronische Krankheiten. Gesundheitsprävention und Krankheitsbehandlung sind – besonders nach Einführung der Zuzahlungen im Gesundheitsbereich – weniger ausgeprägt. Studien von Krankenkassen zeigen, dass der Anteil psychischer Probleme und Krankheiten in dieser Gruppe in den letzten zehn Jahren überproportional gestiegen ist. Ein weiterer trauriger Beweis: Die Selbstmordrate ist bei arbeitslosen Menschen um den Faktor 20 höher als bei Erwerbstätigen.

Diese Form gesundheitlicher Ungleichheit nimmt vor allem im Alter zu.[6] Nichts macht dies deutlicher als die ungleich verteilte Sterbequote (»Mortalität«). Zu Beginn jedes Semesters frage ich meine Studierenden, ob sie wissen, wie groß der Unterschied bei der Lebenserwartung armer und reicher Menschen ist.[7] Meist liegen alle Schätzungen grob daneben, weil sich kaum jemand vorstellen kann, wie groß der Abstand ist. Die Antwort lässt mich jedes Mal neu erschaudern: Reiche Frauen leben gut 8, reiche Männer knapp 10 Jahre länger als ihre armen Geschlechtsgenossinnen und -genossen.[8] In meinen Augen macht die drastisch geringere Lebenserwartung von armen Menschen mehr als deutlich, dass es mittlerweile zu einer grundlegenden Schieflage bei den Lebensbedingungen und Lebenschancen gekommen ist. Man muss auch diese Zahl erst einmal an sich heranlassen: Rund 30 Prozent der von Armut betroffenen Männer werden nicht älter als 65 Jahre.[9] Damit erreicht – was die Lebenserwartung angeht – ein Teil der bundesdeutschen Bevölkerung das Niveau eines Entwicklungslandes. Mittelwerte bedeuten eben, dass es Abweichungen nach oben *und* nach unten gibt. Das Problem daran ist, dass bei der Lebenserwartung diese Abweichungen nicht zufällig sind, sondern einer Gesetzmäßigkeit folgen: Wer arm ist, der stirbt in der Regel früher. In diesem Zusammenhang wirkt das Unwort des Jahres 1998, erdacht von Ärztekammerpräsident Karsten Vilmar, völlig unangemessen. Dieser sprach vom »sozialverträglichen Frühableben« derer, die sich eine angemessene medizinische Versorgung nicht mehr leisten können.

Ich habe bei meinen Gesprächen hautnah erfahren, wie schnell Armut von sozialen Kontakten ausschließt und wie klein dann die eigene Welt wird. Es ist, als würde das, was die meisten von uns ›Gesellschaft‹ nennen, nach und nach ausradiert werden und aus dem Blickfeld derer verschwinden, die nicht mehr mitmachen können. Wer arm ist, vor allem wer dauerhaft arm ist, verliert den Anschluss. Das im Grundgesetz verankerte Sozialstaatsprinzip (»Die Bundesrepublik Deutschland ist ein demokratischer und sozialer Bundesstaat«; Art. 20, Abs. 1) ist die Grundlage für die Forderung nach einem *soziokulturellen* Existenzminimum – ein Mindeststandard, der ein menschenwürdiges Leben sicherstellt. Dazu gehört auch, regelmäßige kulturelle Angebote nutzen zu können. Kultur ist aber kein Zauberwort aus feinen Bürgerschichten oder Opernlogen. Kultur kann – im Sinne von Alltagskultur – vieles sein, zum Beispiel der Besuch eines Kinos, eines Dorf- oder Stadtteilfests oder »mal ein neues Buch«. Mittlerweile haben die Tafeln diese Lücke entdeckt und verteilen nicht nur Lebensmittel, sondern auch Kino- und Konzertkarten. Die sogenannten Kulturlogen haben sich sogar darauf spezialisiert. Sie arbeiten mit Theatern, Opernhäusern oder Kinos zusammen und vermitteln Restkarten an Bedürftige. Die Sehnsucht nach Kultur bei vielen meiner Gesprächspartner zeigt die Sehnsucht nach Partizipation und Normalität. Für den Zusammenhalt der Gesellschaft ist es essentiell, dass allen – auch und besonders den Armen – der Zugang zur Kultur gewährt wird.

Demokratiedefizite
Gesundheit, soziale Kontakte und kulturelle Teilhabe sind kein Luxusgut. In der Erklärung der allgemeinen Menschenrechte ist das Recht auf einen Lebensstandard definiert, der »Gesundheit und Wohl« ermöglicht.[10] Armut ist also keine Bagatelle, Pech oder etwas, was man geduldig ertragen sollte, sondern ein Verstoß gegen die Menschenrechte. Ich behaupte, dass eine Gesellschaft, die ein Armutsproblem hat, gleichzeitig auch auf ein Demokratieproblem zusteuert.

Und damit ist nicht das Phänomen der allgemeinen Politikverdrossenheit gemeint. Vielmehr habe ich durch meine Gespräche den begründeten Eindruck gewonnen, dass sich gerade diejenigen, die ihr eigenes Leben schon über längere Zeiträume an Tafeln und ähnliche Einrichtungen koppeln, viel grundsätzlicher vom Gedanken der demokratischen Basis der eigenen Gesellschaft entfernt haben. Einfach deshalb, weil für sie der Begriff ›gemeinsam‹ einen zynischen Beigeschmack bekommen hat.

Wer von der Gesellschaft ausgegrenzt wird, verliert das Vertrauen in Staat und Rechtsstaatlichkeit. Dies zeigt sich etwa bei ostdeutschen Tafelnutzern in rückwärtsgewandten Vergleichen mit der DDR-Ära. »Wen wundert es da, dass manche aus dem Osten gerne die DDR zurückhaben wollen«, erzählt mir eine Tafelkundin im Gespräch. »Da brauchte man nicht zehn Tage vor Monatsende zu gucken und das Geld zählen und sich fragen, ob es reicht.« Antidemokratische Tendenzen wie z. B. der Ruf nach einem »kleinen Hitler« bei einem westdeutschen Tafelnutzer, mit dem ich sprach, zeigen als Kontrastfolie, wohin die Ausgrenzung ganzer Teile der (Armuts-)Bevölkerung führen kann.

Die »Neuerfindung des Sozialen«[11] in der durchökonomisierten Gesellschaft macht aus einem Armutsproblem gleichzeitig ein Demokratieproblem. Gerade in Regionen mit hoher Armut ist der Anteil der Nichtwähler besonders hoch. »Wenn sich viele Menschen nichts mehr davon versprechen, wählen zu gehen, so schadet dies der Demokratie insgesamt ... Als Wahlenthaltung beschädigt Armut auch die Wirtschafts- und Gesellschaftsordnung.«[12] Die Demokratie leidet unter den Grenzverschiebungen zwischen einer Ökonomie der Schmeichelei und einer Ökonomie des Mitleids. Wenn nur noch Eliten und Lobbyisten ihre Interessen durchsetzen können, weil sie über Geld und Macht verfügen, dann hinterlässt das Spuren. »Sowohl das demokratische Gemeinwesen als auch der Markt weisen Defizite auf, die an bestimmten Punkten auf besorgniserregende Weise miteinander zusammenhängen«, so der Kritiker des Neoliberalismus Colin Crouch.[13]

Wenn Menschen in parallele Armutswelten gedrängt werden und sich dort über einen längeren Zeitraum einrichten, dann entsteht mehr als nur die übliche Politikverdrossenheit. Die Nationale Armutskonferenz kommt zum Ergebnis, dass der Abbau des Sozialstaats der Solidarität den Boden unter den Füßen wegzieht und damit die Demokratie gefährdet. »Die Freiheit aller Bürger fußt auf materiellen und grundlegenden existenzsichernden Lebensbedingungen. Freiheit und soziale

Sicherheit bedingen sich gegenseitig ... Armut verhindert politische Gestaltungsmöglichkeit und Beteiligungschancen.«[14] Da die Menschen nicht blöd sind, spüren sie genau, was es für sie persönlich bedeutet, wenn ihre Gestaltungsmöglichkeiten und Beteiligungschancen auf Spielzeuggröße zusammenschrumpfen. »Wir stehen im Abseits« oder »Man merkt schon, dass man schnell ausgegrenzt wird« sind typische Kommentare, die ich immer wieder gehört habe.

Das Klima aus Armut und Angst erzeugt Haltungen, die der Sozialwissenschaftler Wilhelm Heitmeyer in seiner Langzeitstudie *Deutsche Zustände* »gruppenbezogene Menschenfeindlichkeit« nennt.[15] Damit sind etwa rassistische Äußerungen über andere Tafelnutzer gemeint, die zwar sachlich daherkommen, nichtsdestotrotz aber deutlich machen, wie der Schwarze Peter immer weitergereicht wird. Eine ältere Tafelnutzerin lästert ausgiebig: »Die ersten 25 sind immer Russen. Da führt kein Weg dran vorbei. Die nehmen sich immer das Recht, als Erster dranzukommen, weil sie denken, sie kriegen dann das Bessere. Oder mehr Ware.« Eine Mutter, die regelmäßig zur Tafel geht, behauptet hingegen: »Nichts gegen Ausländer. Aber überwiegend sind da Ausländer. Ob jetzt Türken, Polen, Russen. Alles Mögliche. Wenn denen was nicht passt, dann machen die Randale.«

Tafeln und ähnliche Einrichtungen sind nicht, wie gerne behauptet, ein Seismograph für das Soziale, weil sie Armut sichtbar machen. Sie verursachen durch ihre bloße Existenz und Arbeitsweise, durch ihre verlockende Bindung an das eigene Angebot und durch die prinzipiell nicht lösbaren Verteilungsprobleme vor Ort einen menschenunwürdigen Zustand, der sich zunächst in Konkurrenz, Stress und Gier äußert und sich sogar in aggressiven, rassistischen und antidemokratischen Äußerungen, Haltungen und Handlungen entladen kann. Aber »gruppenbezogene Menschenfeindlichkeit« meint auch, dass diejenigen, die arm sind, selbst ins Visier der Ankläger geraten.

Die ›Parasiten‹

Armut hat nicht nur eine definitorische Komponente – wer gilt als arm und wer nicht? –, sondern auch eine symbolische. Welche Bilder über Armut tauchen in einer Gesellschaft auf? Wie nisten sie sich in unseren Köpfen ein und wie werden sie bewertet? Die Art, wie wir Armut ›sehen‹, ist eine Selbstauskunft über unsere Gesellschaft. Hier lohnt sich ein kurzer Blick in die Geschichte. Fragen wir also, wie Arme früher und heute dargestellt wurden.[16]

In griechisch-römischen Bildwelten tauchen Arme kaum auf, was ihre randständige gesellschaftliche Rolle widerspiegelt. Armut war negativ besetzt. Die Schuld wurde den Armen selbst angelastet. Armenfürsorge gehörte nicht zu den öffentlichen Aufgaben. »Ein Armer galt nicht als hilfsbedürftig oder bemitleidenswert.«[17] Dennoch hatte der Staat die Aufgabe der Prävention, also der vorsorglichen Vermeidung von Armut. Erst in spätantiken, jüdisch-christlichen Gesellschaften wurde Armenfürsorge zur Aufgabe von Solidargemeinschaften. Die Verpflichtung zu Nächstenliebe, Barmherzigkeit und Gerechtigkeit rückte als karitatives Handeln in den Mittelpunkt des Glaubens. Hieraus entwickelte sich eine bis heute abrufbare Logik im Umgang mit Armut und Armen. Erstmals wurde Armut vielschichtig aufgefasst: nicht nur als materieller Mangel, sondern auch als soziales Defizit. Auf diesem religiösen Fundament entstanden Bildwelten, die unsere Perspektive noch bis heute prägen und Arme als Gefährdete und Bedürftige zei-

Die ›Parasiten‹   177

gen, denen von ›Heiligen‹ (etwa Sankt Martin oder der Heiligen Elisabeth) geholfen wird. Der oder die gebende Heilige steht dabei fast immer über den Armen, die demütig die guten Gaben empfangen. Wenn ich Vorträge halte, zeige ich gerne zwei prototypische Bilder. Das erste stammt von Pieter Brueghel und heißt »Charitas«. Es zeigt die öffentliche Speisung der Armen, die auf der Straße stehen und Brote in Empfang nehmen.[18] So alt das Bild auch ist (es stammt aus dem 17. Jahrhundert), lassen sich darin doch Szenen erkennen, wie sie sich alltäglich mitten unter uns abspielen, denn an der Grundkonstellation hat sich nicht viel geändert. Das zweite Bild zeigt den ›Heiligen von Padua‹.[19] Dieser steht erhöht auf einer Treppe, um seinen Kopf leuchtet ein Heiligenschein. Unter ihm knien und sitzen die Armen auf den Treppen vor der Kirche und nehmen demütig die Gaben in Empfang. Schon damals wurden milde Gaben gerade nicht auf Augenhöhe verteilt, sondern immer im Rahmen ungleicher Kräfteverhältnisse. Die einen geben, die anderen empfangen. Ihre Position ist natürlich nicht unbedingt physisch überhöht, wie beim Heiligen von Padua. Dennoch neigen wir dazu, die Helfer zu überhöhen und die Empfänger herabzusetzen. Schon der Philosoph Aristoteles wusste: »Wer eine Wohltat empfängt, steht unter dem Geber.«[20] Dieses asymmetrische Grundmuster herrscht auch bei Tafeln vor.

Die mittelalterlichen Bilder von heiligen Wohltätern und dankbaren Gabenempfängern wurden zu Schlüsselbildern der Mildtätigkeit überhaupt. Die Gabe wurde als direkter Austausch zwischen himmlischer und irdischer Sphäre symbolisiert. So wurde das Tauschverhältnis religiös aufgeladen. Das Almosen hilft dem Armen, dieser wiederum betet für das Seelenheil des Gebers, der damit auf die Barmherzigkeit Gottes hoffen darf. »Die Gabe vermittelt zwischen Spender, Empfänger und Gott.«[21] Es ist erstaunlich, wie tief sich dieses Bild bis heute in das kollektive Gedächtnis eingegraben hat – in der heruntergebrochenen Figur der ›Nächstenliebe‹, die auch Eigennutz beinhaltet. Selbst in einer aufgeklärten und säkularisierten Gesellschaft entfaltet es immer wieder seine erstaunliche Wirkung.

Auch in sozialstaatlich verfassten Gesellschaften dominieren die Bilder, die Spender zeigen. Heute bilden jährlich Tausende von Charity-Events einen gewaltigen Rückstau von Texten und Bildern in den Medien. Die Bildsprache orientiert sich dabei an den Interessen der Engagierten und Spender. »Tue Gutes und rede darüber.« Oder besser noch: »Zeige es.« Es gilt, die eigene Inszenierung richtig ins Bild zu rücken, um in der herrschenden Aufmerksamkeitsökonomie überhaupt wahrgenommen zu werden. Anlässlich der 13-Jahr-Feier der Wiener Tafel bestand die Inszenierung etwa darin, eine zuckersüße Torte mit Kerzen in den Raum zu fahren und von Prominenten unter dem Blitzlichtgewitter anwesender Pressefotografen auspusten zu lassen. »Helfen Sie uns, das ist Teil der Inszenierung«, so der Moderator.

Obwohl viele Bilder entstehen, wird das Eigentliche kaum je gezeigt. Gerade dort, wo Armut zum Handeln zwingen würde, gerät sie merkwürdigerweise in den Hintergrund, wird vom Akt der Wohltätigkeit überschattet. Das ist durchaus typisch für unseren Umgang mit ihr. Wir leugnen sie (durch wohlgefällige Armutsstatistiken), delegieren sie an Tafeln & Co. und deuten sie um – indem wir die Helfer ins Bild setzen. Üblicherweise zeigen Bilder keine Armut, sondern die Marketinginteressen der Almosengeber.

Deren Absichten werden aber nicht nur durch Bilder offenkundig. Auch Sprache ist verräterisch. Pressetexte zeichnen sich vielfach durch einen sonderbaren Wirklichkeitsbezug aus. Der Zeitungsartikel über die Einweihung und Segnung der neuen Dorfener Tafel ist etwa mit der Titelzeile »Der Armut den Schrecken nehmen« überschrieben.[22] Zunächst klingt die Überschrift positiv. Jemandem einen Schrecken nehmen, was soll daran schlecht sein? Erst auf den zweiten Blick fällt auf, dass allein durch die Verminderung des Schre-

Die ›Parasiten‹ 179

ckens das Problem selbst (die Armut) ja nicht aus der Welt geschafft wird. Zudem lässt sich fragen, wem eigentlich der Schrecken genommen werden soll. Den Armutsbetroffenen? Dann lässt sich die Überschrift auch so lesen: Armut ist gar nicht so schrecklich, weil es uns, die Tafel, gibt. Oder soll der Bevölkerung, die sich vor dem eigenen sozialen Abstieg fürchtet, der Schrecken genommen werden? Dann wirkt die Zeile eher wie eine Beruhigungsformel und suggeriert, dass es doch gar nicht so schlimm kommen kann. Wenn aber, dritte Möglichkeit, der Politik der Schrecken genommen werden soll, die für die Armutsbekämpfung zuständig ist, dann lautet die Übersetzung der Zeile: Wir machen das schon. Kümmert euch um etwas anderes. Dieses Problem seid ihr nun los!

Bilder und Sprache können als scharfe Instrumente der Aufklärung von gesellschaftlichen Missständen benutzt werden. Sie können aber auch gezielt zur Desinformation eingesetzt werden. Und dies geschieht in unserer von Public Relation überformten Gesellschaft immer häufiger. Ich möchte im Folgenden drei aktuelle Armutsbilder näher beleuchten, um diese Behauptung zu belegen: Prekariat, Hartz IV und die ›sozial Schwachen‹.

Das Prekariat
Inzwischen hat sich nicht nur in der Fachdiskussion der Begriff ›Prekariat‹ etabliert. Damit werden einerseits atypische Formen von Arbeitsverhältnissen beschrieben – Befristungen, Teilzeitbeschäftigungen, Zeitarbeitsverhältnisse, geringfügige Beschäftigungen, Scheinselbständigkeit –, andererseits aber auch eine Lebensform, die durch Sinnverluste, Anerkennungsdefizite und Planungsunsicherheit gekennzeichnet ist. Zum Prekariat gehört, wer ein geringes Einkommen oder geringe Transferleistungen bezieht, sich selbst am Rande der Gesellschaft sieht, geringe oder keine soziale Aufstiegschancen erwartet und zunehmend die Hoffnung auf ein besseres Leben verliert. Viele meiner Gesprächspartner wür-

den sich umstandslos selbst als Angehörige des Prekariats einordnen, so wie der 44-jährige Mann, der sagt: »Für uns Dauerarbeitslose gibt es keine großen Perspektiven. Für mich ist der Zug abgefahren.« Prekariat bedeutet immer auch den Vergleich mit einer vermeintlichen Normalität, die in eine weite Entfernung gerückt ist. Meine Gesprächspartner vergleichen ihren gegenwärtigen sozialen Status mit der Art und Weise, wie sie »früher« gearbeitet und gelebt haben. Sie gehen von einem ›Normalarbeitsverhältnis‹ (einer unbefristeten Vollzeitbeschäftigung) und einem ›Normallebensverlauf‹ (Ausbildung, Beruf, Rente) aus. Diese Logik geht heute immer seltener auf. Zum einen brechen die Normalarbeitsverhältnisse weg, und zum anderen entstehen immer mehr atypische Arbeitsverhältnisse: Teilzeitarbeit, Minijobs, Midijobs, Leiharbeit, befristete Beschäftigung. Insgesamt fällt rund ein Drittel aller Beschäftigungsverhältnisse gegenwärtig in diese Kategorie.[23] Hierin zeigt sich, welchen Preis wir in unserer Gesellschaft für die Senkung der Arbeitslosenquote zahlen müssen. Zwar gibt es Arbeit, aber diese bedeutet weder materielle Sicherheit noch soziale Anerkennung. Der Soziologe Christoph Weischer spricht von einer »Deregulierungskoalition«, in der das Arbeitgeberinteresse an »kostengünstigen und flexibel zu handhabenden Beschäftigungsverhältnissen und das Interesse der Sozialpolitik an einer Senkung der hohen Arbeitslosenquoten« zusammenfallen.[24] Diese Mischung führt dazu, dass nach und nach immer mehr materielle und sozialrechtliche Standards unterschritten wurden. Atypische (aber mittlerweile fast schon normale) Beschäftigungsverhältnisse erfordern einen anderen Menschentypus, den Richard Sennett in seiner Gesellschaftsdiagnose den »flexiblen Menschen« nennt. Dieser steht immer auf Abruf bereit, zieht der Arbeit hinterher, plant sein Leben in kleinen Etappen und freut sich noch über kleinste Zugeständnisse.[25] Das Prekariat dient auch immer dazu, die Arbeiter in Lohn und Brot – seien sie nun flexibel oder nicht – zu Mehrleistungen anzuspornen. Die Wahrnehmung der prekär Beschäftigten hängt wie ein Damoklesschwert über uns allen und macht deutlich, wie ersetzbar wir sind.[26] Wer nicht genug leistet, so wird suggeriert, fliegt irgendwann aus der Kurve. Die allgemeine Verunsicherung ist zu einer allgegenwärtigen Vergesellschaftungsform geworden.

Der ständige Kampf um Zugehörigkeit und Anerkennung ist heute zum elementaren Lebensgefühl geworden. Zwischen den Dazugehörigen und den Nicht-Dazugehörigen gibt es eine immer deutlicher zu spürende Trennlinie, wobei die Entbehrlichen – also jene, die ausgegrenzt und abgehängt sind – den Kristallisationskern der neuen sozialen Frage bilden. Und diese lässt sich wie folgt ausbuchstabieren: Was passiert mit einer Gesellschaft, deren soziales Gefüge immer instabiler wird und in der sich immer mehr Menschen dauerhaft in abgeschlossenen Armutskulturen einrichten? Kritische Armutsforscher wie Ronald Lutz befürchten, dass sich auf dieser Basis auch zwei unterschiedliche Hilfssysteme ausbilden. Eines, in dem diejenigen barmherzig versorgt werden, die als noch reaktivierbar gelten, und eines, in dem reine Elendsverwaltung betrieben wird. Die »Zwei-Klassen-Sozialarbeit«, wie Lutz es nennt, koppelt die Hilfeleistungen wieder an den Status der Hilfebedürftigen – eine vormoderne Form, Unterstützungsmaßnahmen anzubieten.[27] In dem einen System sollen die Menschen wieder befähigt werden, am sozialen Leben und am Arbeits- und Konsummarkt teilzuhaben. In dem anderen System geht es nur noch um die Verwaltung des Ausschlusses: Hier werden Menschen dazu genötigt, sich mit dem Elend abzufinden.

Hartz IV
Ein Teil der bundesdeutschen Armutsrisikogruppe erhält Arbeitslosengeld II, das sogenannte Hartz IV. 2012 (Dezember) lag der Anteil bei rund 5,4 Prozent der Bevölkerung (4,4 Millionen Personen). Insgesamt gab es 6,1 Millionen Leistungsempfänger nach SGB II (7,5 Prozent der Bevölkerung).[28] Hartz IV ist ein Sammelbecken für völlig unterschiedliche Personen-

gruppen.²⁹ Die nicht gerade kleine Bevölkerungsgruppe muss zunehmend als Sündenbock für gesellschaftliche Defizite herhalten. Laut einer Umfrage meinen 61 Prozent der Deutschen, dass gegenwärtig zu viele schwache Gruppen »mitversorgt« werden müssten, so Wilhelm Heitmeyer über die Parallelgesellschaft der Wohlhabenden.³⁰ Die Mitversorgten sind der Ballast, den man gerne abwerfen würde, um selbst wieder nach oben zu kommen. Solche Ergebnisse sind ebenfalls Selbstauskünfte einer Gesellschaft im Wandel. Sie repräsentieren die neue, weithin akzeptierte Sichtweise auf Armut.

Das Bild des »Hartzers« ist für viele zu einem Schreckensbild geworden, für andere das verhasste Spiegelbild. »Ich bin auf Hartz IV. Ich hätte nie gedacht, dass ich da mal hingehören würde!« Diese verwunderte Selbstzuschreibung hörte ich in unzähligen Varianten. Kein anderer Begriff hat in den letzten Jahrzehnten schlagartig eine ganze Gruppe der Bevölkerung so umfassend stigmatisiert und ins gesellschaftliche Abseits gerückt wie Hartz IV. Er hat sich geradezu als Synonym für Armut, Ausgrenzung und Almosenwirtschaft etabliert. Eigentlich bezeichnet der Begriff lediglich die im Sozialgesetzbuch geregelte ›Grundsicherung für erwerbslose Hilfebedürftige‹. Doch den Fachbegriff ›Arbeitslosengeld II‹ benutzen selbst Fachleute eher selten. So selbstverständlich ist die Bezeichnung geworden, dass es inzwischen auch eine im Duden eingetragene Verbform gibt: Ich hartze, er hartzt, wir hartzen, ihr hartzt. Der Duden spiegelt in seiner Erläuterung des Verbs auch gleich die gesellschaftliche Tendenz, von Transferleistungen lebende Menschen der Faulheit und Unfähigkeit zu bezichtigen. Als erklärendes Beispiel für die übertragene Bedeutung wird angeführt: »gestern Abend war ich nur am Hartzen *(konnte mich zu keiner Arbeit, Tätigkeit überwinden)*«.³¹

Die Betroffenen selbst sprechen davon, dass sie in Hartz IV »fallen«. So als wäre das eine Grube, aus der man nur schwer wieder herauskommt. Der Fachbegriff dafür lautet Exklusion.

Die ›Parasiten‹ 183

Darunter werden Mechanismen verstanden, die zum gesellschaftlichen Ausschluss von Personen führen, unabhängig davon, ob diese Personen formal Staatsbürgerstatus genießen oder nicht.[32] Hartz IV ist ein prototypisches Beispiel für Exklusion: Formal wird durch den ALG-II-Bezug niemand von der Gesellschaft ausgeschlossen; jeder, der Hartz IV bezieht, ist und bleibt Bürger dieses Landes. Auf dem Papier gehören die Hartzer zur Gesellschaft, auch wenn ihr ökonomischer Spielraum gering ist. Doch durch die allgegenwärtige Stigmatisierung kommt es zu einer deutlich spürbaren Trennung innerhalb der Gesellschaft – es gibt eben Hartzer und Nicht-Hartzer. Wobei Letztere das Geld verdienen, das die Hartzer die Gesellschaft kosten.

Diese Grenze zwischen inner- und außerhalb der Gesellschaft – markiert durch ein einziges Wort – verdeutlicht die stigmatisierende Kraft sprachlicher Zuschreibungen. Sie verändern unser Fühlen, Denken und Handeln und prägen unsere ganze Kultur. Kommt zum ›Hartzen‹ noch die ›Tafel‹, verstärken sich beide zu einem Bild, das den sozialen Ausschluss garantiert. Wer zu einer Tafel geht, gehört nicht mehr zur Gesellschaft, diese Aussage hörte ich auf meinen Reisen immer wieder. Die Selbst- und die Fremdabwertung der von Armut betroffenen Personen haben mittlerweile dramatische Ausmaße angenommen.

Sozial Schwache
Ich versuche, meine Studierenden für Symbole zu sensibilisieren, die Unterschiede zwischen Menschen herstellen. Am Begriff der ›sozial Schwachen‹ teste ich dies regelmäßig. Es ist eine Formel, die in den Medien als Sprach- und Denkfigur ständig wiederholt wird. Da beschließen Gemeinderäte, eine Stadt zukunftsfähiger zu machen, indem neuer »Wohnraum für sozial schwächere Bürger« zur Verfügung gestellt wird. Zahlreiche Studien belegen, dass der Bildungserfolg vom Geldbeutel der Eltern abhängt und »sozial schwache Schüler

schlechtere Noten bekommen«. Journalisten benutzen den Begriff unhinterfragt, wenn sie etwa von »Zwangskrediten für sozial Schwache« berichten. Sogar auf der Webseite armut.de (einem entwicklungspolitischen Bildungsangebot) findet sich in einem Artikel die Bezeichnung »Hilfe für sozial Schwache«. Diese Liste ließe sich beliebig fortsetzen.

Die Rede von den ›sozial Schwachen‹ erweist sich bei näherem Hinsehen als irreführend. Hier wird ein Problem unter den Sprachteppich gekehrt. Denn eigentlich ist mit der Formel keine Schwäche gemeint, sondern eine Benachteiligung. Wer ›sozial schwach‹ genannt wird, ist eigentlich arm. Zum anderen suggeriert die Sprachfigur, dass Arme selbst an ihrer Lage schuld sind – weil sie Defizite haben, die ihre Fähigkeiten, sich in die Gesellschaft einzufügen, insgesamt in Frage stellen. Den ›sozial Schwachen‹ wird gerne auch Missbrauch vorgeworfen, dann werden sie zu ›Sozialschmarotzern‹ oder sogar ›Parasiten‹ – wie in einer Broschüre des Bundesministeriums für Arbeit und Wirtschaft (das damals Wolfgang Clement unterstellt war). In der Broschüre mit dem Titel »Vorrang für die Anständigen – Gegen Missbrauch, ›Abzocke‹ und Selbstbedienung im Sozialstaat« hieß es: »Biologen verwenden für Organismen, die zeitweise oder dauerhaft zur Befriedigung ihrer Nahrungsbedingungen auf Kosten anderer Lebewesen – ihrer Wirte – leben, übereinstimmend die Bezeichnung ›Parasiten‹.«[33]

Die Rede von den ›sozial Schwachen‹ macht den Weg frei für allerlei Assoziationen und Umdeutungen und legt so nahe, Armut als individuelles Manko, nicht als gesellschaftliches Problem zu begreifen. Die sozial Schwachen sind diejenigen, die das Problem der Armut erst verursachen oder zumindest dazu beitragen, es nicht zu verhindern.

Es gibt Journalisten, die von der »Würde der Armut« sprechen (Ulrich Greiner, DIE ZEIT), oder Politiker, die meinen, dass höhere Hartz-IV-Regelsätze dazu führen, dass das Geld in den nächsten Schnapsladen getragen würde (Oliver Möllenstädt, FDP). Es sind Amtsträger, die Menschen das Recht auf Nahrung absprechen, wenn sie nicht arbeiten (Franz Müntefering, SPD), die dafür appellieren, eine Arbeitspflicht für Arbeitslose einzuführen (Michael Glos, CSU), oder vorschlagen, Hartz-IV-Empfänger als Hundekotkontrolleure einzusetzen (Claudia Hämmerling, Die Grünen). Es sind Entscheider, die elektronische Fußfesseln für eine gute Idee halten, um Langzeitarbeitslosen zu helfen, zu einem geregelten Arbeitsablauf zurückzukehren (Christean Wagner, CDU, damals hessischer Justizminister), oder Demagogen, die meinen, dass nicht Geldnot, sondern übermäßiger Fernsehkonsum das eigentliche Problem bei Hartz-IV-Beziehern sei (Thilo Sarrazin, SPD).

Immer wieder taucht die Figur des ›sozial Schwachen‹ als Schreckgespenst einer sich im Verfall befindlichen Gesellschaft auf. Die Schwäche, so die Botschaft, muss durch reglementierende und im Notfall auch sanktionierende Maßnahmen ausgebügelt oder zumindest in ihrer schädlichen Wirkung begrenzt werden. Mit der leichtfertigen Rede vom ›sozial Schwachen‹ wird aber die Sicht auf die gesellschaftliche Wirklichkeit – die strukturelle Benachteiligung der Armen, die Unmenschlichkeit der ungebremsten Marktwirtschaft – verstellt, weil die Folgen dieser Wirtschaft dem Einzelnen angelastet werden – als persönliche Schwäche.

Würden diejenigen, die sich der Formel des ›sozial Schwachen‹ bedienen, selbstkritisch in den Spiegel sehen, dann entstünde ein anderes Bild von sozialer Schwäche in diesem Land. Dann würden plötzlich Banker erkennen, dass ihre überzogene Profitgier gerade nicht der Gemeinschaft dient. Scheidenden Bundespräsidenten böte sich die Erkenntnis, dass ihr Verhalten vielleicht auch mit der eigenen sozialen Schwäche zu tun haben könnte. Politiker müssten sich fragen, ob sie tatsächlich dem Gemeinwohl dienen oder nicht doch andere Interessen verfolgen. Oder wie einer meiner Gesprächspartner es ausdrückte: »Es gibt auch Schmarotzer von oben. Die Wasser predigen und Wein saufen.«

Alles gegeben, nichts gewonnen – Altersarmut

In diesem Buch habe ich viele ältere Menschen porträtiert, die arm sind, denn Armut wird in Zukunft immer häufiger auch Altersarmut bedeuten. Die Diskussion über Altersarmut ist gegenwärtig noch durch mangelndes Problembewusstsein geprägt. Daher verwundert es kaum, wenn gerade das Thema Altersarmut sehr umstritten ist. Zudem neigen wir dazu, alle Themen, die mit dem Altern (vor allem dem eigenen Altern) zusammenhängen, zu verdrängen. Alle wollen lange leben, aber niemand möchte alt werden. Oder sich gar mit unangenehmen Themen wie Altersarmut beschäftigen.

Ich habe jedoch in den letzten Jahren viele ältere Menschen getroffen, deren Lebensrealität von Armut geprägt ist. Menschen wie die Frau, die in einer riesigen anonymen Wohnsiedlung am Rande einer Großstadt lebt und die ein paar Blumen auf ihrem Fensterbrett als ihre »letzten Freunde« bezeichnete. Oder der geschiedene Spätaussiedler aus Russland, der als Rentner in einem Supermarkt Regale auffüllt, weil er sich da als »Teil einer Mannschaft« fühlen kann.

Wer Einblicke in solche Lebenswelten erhält, fängt irgendwann an, sich über die politische Ignoranz zu ärgern, die sich zum Beispiel in den Armuts- und Reichtumsberichten der Bundesregierung ausdrückt.[34] Die Autoren geben Entwarnung für die politische Arena, allerdings mit einem Hinweis, der nicht unbedeutend ist: »Altersarmut ist kein aktuelles Problem – zusätzliche Altersvorsorge gewinnt an Bedeutung.«

Alles gegeben, nichts gewonnen – Altersarmut 187

Und dann folgt noch ein Tipp: »Gute Ausbildung und eine möglichst durchgängige Erwerbsbiografie bei ausreichendem Einkommen verbessern die Möglichkeiten für die erforderliche zusätzliche Altersvorsorge.« Diese »zusätzliche Altersvorsorge« muss man sich aber erst mal leisten können. Wer in prekären Lebensverhältnissen lebt, hat in der Regel andere Sorgen, als eine private Rentenversicherung abzuschließen.

Also kein Problem mit der Altersarmut? Es gibt auch düstere Prognosen. Die Nationale Armutskonferenz sagt voraus, dass durch immer mehr unterbrochene Erwerbsverläufe und die geringen Rentenversicherungsbeträge im SBG-II-Bezug Altersarmut zukünftig stark zunehmen wird.[35] Immer wieder gibt es Versuche, das Ausmaß des Problems in Erfahrung zu bringen. Abgeordnete der Fraktion Bündnis 90/Die Grünen fragten die Bundesregierung im Rahmen einer Großen Anfrage im Juni 2011, ob diese der Auffassung sei, dass »Altersarmut gegenwärtig ein Problem ist«. In der Antwort der Bundesregierung heißt es lapidar: »Nein, Altersarmut ist heute kein verbreitetes Phänomen. Wer im Alter bedürftig ist, dem sichert die Grundsicherung im Alter den Lebensunterhalt. Zudem ist der Bezug von Leistungen der Grundsicherung im Alter nicht mit Altersarmut gleichzusetzen. Mit der Grundsicherung soll vielmehr eine ›würdige und unabhängige Existenz‹ gesichert und ›die verschämte Altersarmut‹ bekämpft werden. Die Grundsicherung als verlässliches soziales Netz ist damit ein Instrument zur Vermeidung von Altersarmut.«[36]

Insgesamt bezogen im Jahr 2011 rund 436 000 Personen in Deutschland (2,6 Prozent der über 65-Jährigen) die sogenannte ›Grundsicherung im Alter‹.[37] Allerdings belegen im Gegensatz zur Argumentation der Bundesregierung zahlreiche Studien, auch meine eigenen, dass der dieser Leistung zugrunde liegende Regelsatz (z. B. 374 Euro für Einzelpersonen in der Regelbedarfsstufe 1, Januar 2012, Berlin)[38] keinesfalls ausreicht, um das soziokulturelle Existenzminimum zu gewährleisten.[39] Anstatt das Problem der zunehmenden Altersarmut anzuerkennen und politisch gegenzusteuern, wird die Existenz von Altersarmut vonseiten der Bundesregierung also bislang weitgehend negiert. Neuere Reformen wie die Teilprivatisierung der Rentenversicherung, die Heraufsetzung des Rentenalters oder die Zuschussrente tragen sogar eher zur Verschärfung des Problems bei.[40] Ohne einen grundlegenden politischen Wandel wird die Abhängigkeit des Einzelnen von seinem familiären Umfeld und privat-fürsorglichen Hilfsstrukturen – wie den Tafeln – wohl bestehen bleiben oder weiter verstärkt werden.

Hieraus ergeben sich die Aktualität und Brisanz des Themas, das trotz der trägen Reaktionen der Politik inzwischen auch in Medien und Öffentlichkeit angekommen ist. Aktuelle wissenschaftliche Publikationen beschäftigen sich mit einem breiten Themenspektrum rund um Altersarmut. Der Armutsforscher Christoph Butterwegge warnt etwa in der Publikation *Armut im Alter* vor der ideologischen Entsorgung des Problems und wendet sich gegen die These, dass Altersarmut als eine Art Naturgesetz aus dem demographischen Wandel, also der Alterung der Gesellschaft, erwächst.[41] »Die Demografie fungiert als Mittel der sozialpolitischen Demagogie, weil eine Entwicklung als zwangsläufig dargestellt wird, die politisch gestaltbar ist.«[42] Die Annahme vermeintlicher Sachzwänge aber erstickt das Denken über Alternativen schon im Keim. Einer der Gründe, warum diese »Demagogie« überhaupt möglich ist, besteht in der noch unsicheren Datenlage. Der Umfang der Altersarmut in der Gesellschaft ist nur sehr ungenau anzugeben, weil es gerade in diesem Bereich eine große Dunkelziffer verarmter Senioren gibt, die aus Scham oder Unwissen keine Unterstützung in Anspruch nehmen.[43] Das Ausmaß dieser verdeckten oder verschämten Altersarmut kann von Sozialforschern nur grob geschätzt werden.[44]

Das trifft auch auf die Nutzer von Tafeln zu. »Es gibt viele Ältere, die nicht zu Tafeln gehen. Die könnten, aber die trauen sich nicht«, berichtet mir eine ältere Tafelnutzerin, die noch

Alles gegeben, nichts gewonnen – Altersarmut

andere armutsbetroffene Senioren in ihrem Umfeld kennt. Was wissen wir also sicher? Zum Beispiel, dass Altersarmut überwiegend weiblich ist, da Frauen die Hauptleidtragenden des Sozialabbaus sind.[45] Vor allem ledige Frauen sind eine Hauptrisikogruppe für Altersarmut. Menschen, die älter als 65 sind und in Einpersonenhaushalten leben, sind rund dreimal so häufig von Altersarmut betroffen wie Personen in Zweipersonenhaushalten. Weitere Risikogruppen für Altersarmut sind Langzeitarbeitslose und Migranten. Also gerade die Gruppen, die dem Tipp der Bundesregierung (»einfach privat vorsorgen«) nicht ohne weiteres folgen können. Einer Migrantin aus Nordafrika mit drei Kindern, die von ihrem deutschen Mann sitzengelassen wurde, muss der Tipp mit der privaten Altersvorsorge wie Hohn vorkommen. »Ich war im Frauenhaus, Nachbarn haben mir Möbel geschenkt. Aber sonst sind das schwere Tage. Alleinerziehende Mütter werden finanziell nicht unterstützt.«

Obwohl Konsens darüber herrscht, dass es zu einem Anstieg von verarmten Rentnern kommen wird, ist das zu erwartende Ausmaß umstritten. Dass sich die Zahl der Bezieher von Grundsicherung im Alter in den letzten Jahren deutlich erhöht hat, ist neben der steigenden Zahl von Rentnern unter den Tafelnutzern ein starkes Indiz für eine bereits gestiegene Altersarmut. Die Diskussion über Altersarmut ist deshalb so kontrovers, weil die Entwicklung der Altersarmut von zahlreichen ungewissen Faktoren wie dem demographischen Wandel, dem Arbeitsmarkt und (zukünftigen) politischen Reformen abhängt. Auch die Definition der Armutsgrenze selbst wird je nach politischem Hintergrund unterschiedlich vorgenommen.[46] Es ist jedoch wahrscheinlich, dass es aller Voraussicht nach in Zukunft immer schwerer wird, im Alter ein ausreichendes Einkommen zu erzielen, mit dem der erreichte Lebensstandard nach dem Ausscheiden aus dem Erwerbsleben auch nur annähernd gehalten werden kann. Einen Vorgeschmack darauf, wie aus der staatlichen Mindestabsicherung ein Almosen wird, das die eigene, gefühlte Lebensleistung komplett missachtet, bekommen schon jetzt viele. »Wenn man überlegt, dass man sein ganzes Leben gearbeitet hat«, so eine meiner Gesprächspartnerinnen. »Wir haben für die anderen mitgearbeitet«, sagt ein anderer.

Historische Altersarmutsbilder

Aber wie auch bei der Diskussion um den Hartz-IV-Regelsatz sind bei Altersarmut Zahlenspiele nicht alles. Vielmehr sollte auch interessieren, welches gesellschaftliche Bild auf das Alter vorherrscht. An dieser Stelle lohnt wieder ein Blick zurück in die Geschichte.

Schon in der Antike wurde das Alter sehr unterschiedlich bewertet. Der griechische Stadtstaat Sparta galt als eine »Gerontokratie«, eine Gesellschaft also, in der das Alter sozial hoch bewertet wurde. Angesehene Alte erhielten bei öffentlichen Speisungen eine Sonderration.[47] Waren aber Vollbürger zu arm, um Steuern zu bezahlen, verloren sie ihre politischen Rechte. Die Versorgung von armen Alten in der Antike ist also nicht automatisch gleichzusetzen mit der Versorgung von Menschen unterhalb des Existenzminimums. Armut war an den Verlust des politischen Status geknüpft – eine Entwicklung, die wir heute wieder beobachten können. Im Nachbarstaat Athen existierte keinerlei staatliche Altersversorgung. Altersarmut war daher fast unvermeidbar. Dies hatte einen tieferen Grund darin, dass die Kultur Athens stark auf das Junge, Schöne und Kraftvolle fixiert war und das Alte, Hässliche und Schwache bestrafte. Alte galten als Übel, als nutzlose Menschen.[48] Einzig die Zugehörigkeit zu sozialen Netzwerken sicherte die Bürger davor ab, sozial abzusteigen. Hinzu kamen ebenfalls öffentliche Speisungen. Doch waren diese »viel zu sporadisch, als dass sie eine Lebenssicherung hätten bedeuten können«.[49] Für die armen und nutzlosen Alten blieb nur der Selbstverkauf in die Sklaverei oder der Selbstmord.[50] Der römische Philosoph Iuncus beschreibt daher Altersarmut ein-

dringlich als Zustand, in dem Menschen keinen finden, »der sie füttert«. »Eine Ilias von Übeln«.[51]
Erst das frühe Christentum brachte einen Perspektivwechsel hinsichtlich einer Fürsorgeverpflichtung den Armen und Alten gegenüber. Die neue Bewältigungsform von Alter bestand vor allem darin, dass Kinder sich um ihre Eltern kümmern mussten. Damit erfüllten sie aber nicht nur ein moralisches, sondern indirekt auch ein ökonomisches Gebot. Indem die Familie als Fürsorgeinstanz herhalten musste, wurde die Gemeinschaft entlastet. Da sich heute Familienstrukturen unter den Bedingungen von biographischer, beruflicher und räumlicher Mobilität immer mehr zu rein virtuellen Netzwerken wandeln, kann die Familie die ihr zugedachte Funktion zunehmend weniger erfüllen. Das Gefühl, der Familie oder der Gesellschaft zur Last zu fallen, gehört wohl zu den ärgsten und am häufigsten artikulierten Demütigungen im Alter. Ein typischer Satz ist: »Angenehm ist das nicht, wenn meine Kinder für mich zahlen müssen.«

Erwerbsarbeit im Alter
Bleibt also, sich selbst zu helfen? Tatsächlich drängen immer mehr Rentner auf den Arbeitsmarkt. Es mag schön klingen, wenn man auf den »Erfahrungsschatz« der Älteren abhebt. Das mag sogar für wenige ehemalige Facharbeiter und Experten stimmen. Aber es erklärt nicht, warum 20 Prozent der 7,4 Millionen geringfügig Beschäftigten in Deutschland Rentner sind. Dies geht aus einer Antwort der Bundesregierung auf eine große Anfrage der Bundestagsfraktion der Linken hervor.[52] Für die meisten dieser ›arbeitenden Alten‹ findet die Erwerbsarbeit im Niedriglohnsektor im Rahmen gering qualifizierter Tätigkeiten statt. Ein Grund dafür ist, dass arme Rentner kaum eine Möglichkeit haben, die eigene Einkommenssituation zu verbessern. Zuverdienstmöglichkeiten gibt es schließlich nur für diejenigen, die gesundheitlich noch in der Lage sind, einer anstrengenden Beschäftigung nachzuge-

hen. Armut im Alter verschärft die ohnehin oft zunehmende Isolation nach dem Ende des Erwerbslebens und mindert die Möglichkeiten, Kontakte zu knüpfen und sozialen Aktivitäten nachzugehen. Um also die eigenen kargen Einkünfte aufzubessern, arbeiten immer mehr Rentner als Zeitungsausträger, in Supermärkten oder als Rezeptionisten. Oder sammeln Pfandflaschen. Die steigende Zahl von jobbenden Rentnern wird als Indiz für die wachsende Altersarmut verstanden. Seit 2000 ist die Anzahl der sogenannten Mini-Jobber unter den Rentnern um rund 60 Prozent angestiegen (auf rund 760 000 Personen, darunter rund 120 000 über 75 Jahren). Ob die Rentner jobben, um sich ihren Tagesablauf zu strukturieren oder um ihre karge Rente aufzubessern, darüber streiten die Experten – ganz zu Recht, denn der Interpretation dieser Zahl kommt eine große gesellschaftspolitische Bedeutung zu.

Die Tafeln und die Rentner
Alte Menschen, die an der Armutsgrenze leben, söhnen sich nur bedingt mit ihrem gesellschaftlichen Status aus. Denn es sind gerade die älteren Menschen, für die der Gang zur Tafel einer fast unvorstellbaren persönlichen Katastrophe gleichkommt, da sie die ›schlechten Zeiten‹ nicht nur durchgemacht, sondern auch vermeintlich überwunden haben. Auf diesen Bumerang-Effekt waren die meisten nicht vorbereitet. Wer aber im Alter nicht arbeiten kann, hat die Möglichkeit, zu einer der vielen Tafeln oder in eine der vielen Suppenküchen des Landes zu gehen. In der aktuellsten Tafelumfrage des Bundesverbandes Deutsche Tafel e. V. werden 17 Prozent der Tafelnutzer als Rentner ausgewiesen,[53] 2007 waren es noch 12 Prozent. Ob dieser Anteil allerdings überproportional ist, lässt sich aufgrund fehlender Daten und unterschiedlicher Berechnungsverfahren des Anspruchsniveaus bislang nicht zweifelsfrei feststellen.[54]

In der Logik der Tafeln gibt es jedenfalls noch Potential,

neue Zielgruppen zu erreichen. Daher sind die Tafeln gerade dabei, die älteren Nutzer zu entdecken und spezielle Angebote zu entwerfen. Während Angebote für Kinder und Jugendliche (Kindertafeln oder Kinderrestaurants) bereits fester Bestandteil von über 100 Tafeln sind, weist der Bundesverband auf seiner Webseite bisher nur »dutzende von Tafeln« aus, die eigene Projekte für Senioren wie zum Beispiel Lebensmittel-Bringdienste oder Senioren-Treffs eingerichtet haben.[55] Damit wird zwar dem wachsenden Anteil von Rentnern unter den Tafelnutzern Rechnung getragen, eine zentrale Zielgruppe der Tafelarbeit bilden die verarmten Senioren jedoch (noch) nicht. Der Anteil älterer Tafelnutzer hat noch kein Niveau erreicht, das flächendeckend Programme oder Angebote seitens der Tafel erfordert.

Der Bundesverband Deutsche Tafel e. V. hat jedoch aus der Logik seines Systems heraus die Zielgruppe der Älteren entdeckt und ermöglicht Spenden speziell für ältere Tafelnutzer. Insbesondere in ländlichen Regionen, in denen die Versorgung mit Lebensmitteln schwieriger ist als in den Städten, sollen »Senioren-Projekte« aufgebaut werden.[56] Dies zeigt aber auch, welche Gratwanderung Tafeln riskieren, um die eigene Existenz zu legitimieren. Statt dafür zu sorgen, dass auf kommunaler Ebene die schlechte Versorgungslage verbessert wird, übernehmen Freiwilligendienste Versorgungsleistungen, die sie nicht garantieren können.

Erste Tafeln beginnen gegenwärtig damit, ältere Nutzer, denen der Weg zur Ausgabestelle zu mühsam ist, mit Bringdiensten zu versorgen, so etwa die Bramscher Außenstelle der Osnabrücker Tafel. In einem Pressebericht wird eine typische Nutzerin geschildert. »Sie ist bedürftig, aber schwere Rückenprobleme machen ihr das Anstehen bei der Ausgabe ... unmöglich ... Die Kunden der Tafel werden älter, sie sind häufig krank oder wohnen völlig abgelegen.«[57] Was vordergründig wie eine zeitgemäße Serviceoffensive aussieht, offenbart auf den zweiten Blick strukturelle Defizite des Tafelsystems insgesamt. Denn diese Hilfen können zwar angeboten, nicht aber verlässlich garantiert werden. In dem Bericht wird offensichtlich, wie sehr das Angebot vom Engagement einer einzigen Person abhängt, die im vorliegenden Fall den Bringdienst übernimmt. »Die Tafel sucht dringend einen oder am besten mehrere Fahrer, um ihr Angebot aufrechterhalten zu können«. Die Versorgung immobiler und / oder älterer Tafelnutzer durch Ehrenamtliche ist also eine äußerst zerbrechliche und fragwürdige Lösung für ein strukturelles Problem, das trotz dieses Engagements weiterhin bestehen bleiben wird.

Vom heiligen Blechle zur Hartz-IV-Ökonomie

Wer in größeren Städten U-Bahn fährt, der kennt das Signal, das immer wieder aus den Lautsprechern dröhnt: »Zurückbleiben, bitte!« Für mich klingt es immer wie eine unfreiwillige Gesellschaftsdiagnose. Zu dieser Diagnose gehört die Unterscheidung zwischen ›würdigen‹ und ›unwürdigen‹ Armen. Diese Zweiteilung hat eine lange Tradition und zieht sich seit 2000 Jahren wie ein roter Faden durch die Armutsdebatte. Ob in Kirche, Politik oder Bürokratie – immer wieder taucht die letztlich menschenverachtende Idee des ›unwürdigen‹ Armen auf. Und diese Idee schleicht sich seit einigen Jahren wieder in unsere Köpfe.

Unter einem ›heiligen Blechle‹ stellen sich viele den auf Hochglanz polierten Daimler eines fleißigen Schwaben vor. Dabei hat der Begriff eine ganz andere Bedeutung.[58] Das heilige Blechle waren im Mittelalter kommunale Bettel- oder Wertmarken, die an Einheimische und ›unschuldig‹ in Not geratene Bürger verteilt wurden, um deren Armut zu lindern. Vagabundierenden Armen hingegen wurde das heilige Blechle vorenthalten. Damit wurden ›unwürdige‹ von den ›würdigen‹ Armen sichtbar unterschieden. Das Bettelblech war eine Art Nutzerausweis, der zur Inanspruchnahme von Hilfeleistungen berechtigte. Wer im Besitz einer Blechmarke war, konnte an öffentlichen Speisungen teilnehmen, die von Kirchen und Klöstern durchgeführt wurden. Die Kommunen im Herzogtum Württemberg richteten nach Einführung der Reformation einen Armenkasten (einen sogenannten ›Heiligen‹) ein und verboten das öffentliche Betteln. Durch kommunale Spenden wurden ausschließlich ortsansässige »Hausarme« versorgt, fremde Arme wurden mit der »Bettelfuhre« abgeschoben. Nach der erheblichen Verschlechterung der wirtschaftlichen Lage im Dreißigjährigen Krieg fiel diese Aufgabe dem sogenannten »Bettelvogt« zu, der kontrollierte, wer eine Bettelmarke besaß und somit zum Empfang von Almosen berechtigt war.[59]

Vom heiligen Blechle ist es ein historisch weiter, aber inhaltlich merkwürdig kurzer Weg zur heutigen Bedürftigkeitsprüfung, wie sie ALG-II-Empfänger oder auch Tafelnutzer über sich ergehen lassen müssen. Nun sind es nicht mehr Bettelvögte, die über Bedürftigkeit der Armen und Unterstützungsleistungen entscheiden, sondern Sachbearbeiter oder die Tafelhelfer. Mit der Entstehung eines privat-informellen Fürsorgesektors neben der öffentlich-formellen Wohlfahrt gewinnt die Unterscheidung zwischen ›würdigen‹ und ›unwürdigen‹ Armen wieder an Bedeutung. Letztlich geht es auch hier um die Verteilung knapper Ressourcen, seien es Geld, Hilfsbereitschaft oder Aufmerksamkeit. Das Gute und die Hilfe sollen schon an die Richtigen, also die ›würdigen‹ Armen verteilt werden, damit sich die eigene Arbeit lohnt.

Moralisierung der Armut

Prominente Politiker haben in ihrer verräterischen Sprache die Schuldfrage wieder aufs Tapet gebracht. 2006 erklärte der damalige SPD-Vizekanzler, Franz Müntefering: »Wer nicht arbeitet, soll auch nicht essen!« Und meinte damit jenen unwürdigen und faulen Armen, der sich vom Gemeinwesen für lau durchfüttern lässt. Er appellierte damit an ein Menschenbild, das so neu nicht ist.

Schon das römische Recht kannte den Ausschluss von Bettlern als unwürdige Arme. Die gesellschaftliche Zuweisung wurde aber erst im Spätmittelalter und der Frühen Neuzeit verrechtlicht. Als Folge gravierender Versorgungskrisen wurden die gesellschaftlichen Beziehungen zwischen Würdigen und Unwürdigen geordnet – unter anderem durch das heilige Blechle. Spätestens mit der Französischen Revolution wurde der »Kampf um das tägliche Brot« als »Kampf für Menschenrechte« aufgefasst. Die Beseitigung von Armut wurde zusehends zu einem zentralen Legitimationskriterium politischer Herrschaft. Ein ›guter Staat‹ ist nach dieser Grundidee einer, der es schafft, Armut so weit wie möglich zu verhindern und damit die Menschenrechte zu achten. In modernen Sozialstaaten haben sich daher formale Prozesse durchgesetzt, die von der Auffassung ausgehen, dass ein Gemeinwesen für alle seine Mitglieder verantwortlich ist. Das verfassungsrechtliche »Gebot der Menschenwürde« (Art. 1, Abs. 1 des Grundgesetzes) gilt auch für Arme.

Die von der Schröder-Regierung durchgesetzte Agenda 2010 markiert in diesem Kontext eine kulturelle Wende, denn sie lockerte die bisherige *formal garantierte* Kopplung zwischen Staatsbürgerstatus einerseits und garantierten Sozialleistungen andererseits. An diese Stelle trat das Prinzip »Leistung und Gegenleistung«. Es reicht nicht mehr aus, Bürger eines Staates zu sein und auf die Bürger- und Menschenrechte zu verweisen. Wer heute als ›würdiger‹ Armer gelten möchte, muss eine Leistung erbringen, sich anstrengen, Eigeninitiative zeigen, Bemühungen nachweisen. Wer heute in den Strudel moralisierender Gesten gerät, dem wird schnell selbst Schuld an der eigenen Lebenssituation nachgesagt. Oder er muss sich den Vorwurf des Schmarotzertums gefallen lassen. Wie sehr die betroffenen Menschen, von denen die Mehrheit eben gerade keine faulen Nutznießer sind, darunter leiden, zeigen auch meine Gespräche mit Armutsbetroffenen. »Die meisten wollen arbeiten«, so ein Mann stellvertretend für viele. »Die meisten sind superfleißig und ehrgeizig. Aber dann wird den Leuten immer wieder jede Illusion genommen«, fasst er seine Erfahrungen zusammen. Und ein anderer Gesprächspartner betont: »Es gibt genug Leute, die arbeiten wollen. Aber die werden abgekapselt.«

Die Moralisierung schützt besonders die politischen Kreise vor Kritik am eigenen Handeln und treibt die von Armut betroffenen Menschen in parallele Ersatzwelten, die sich im »Schatten der Konjunktur- und Arbeitsmarktstatistiken«[60] etablieren, ohne von der breiten Masse wahrgenommen zu werden. Ich nenne diese Strukturen Armutsökonomien. Sie sind das Menetekel des gesellschaftlichen Wandels.

Armutsökonomien bündeln Angebote, die der Existenzsicherung oder Existenzunterstützung dienen. Tafeln sind nur die prominentesten Vertreter dieser Armutsökonomie, nicht aber die einzigen. Suppenküchen, Kleiderkammern, Sozialkaufhäuser, Möbelshops, Mahlzeit-Patenschaften, Vesperkirchen und Kulturlogen – all das sind weitere Beispiele für Ideen, Maßnahmen und Projekte, die zusammengenommen die neue Armuts- oder Mitleidsökonomie[61] bilden. Verlässliche Zahlen zum Ausmaß dieser Armutsökonomie gibt es bislang keine. Die Armuts- und Reichtumsberichterstattung hat an dieser Stelle einen blinden Fleck. Aber auch ohne repräsentative Daten werden die Umrisse eines Systems sichtbar, das aus der Armut eines Teils der Bevölkerung vielfachen Nutzen zieht. Eine Ökonomie, die auf Armut basiert, sind Freiwilligendienste einerseits und staatlich subventionierte Beschäftigungsprogramme andererseits. Beide Formen der Armutsökonomie sind nicht nachhaltig. Sie tragen also nicht dazu bei, dass sich das Ausgangsproblem Armut auf lange Sicht erledigt.

Tafeln funktionieren leider ebenfalls nicht nachhaltig, auch wenn Tafelvertreter gebetsmühlenartig wiederholen, dass »Tafeln eigentlich überflüssig sein sollten«. In der Entwicklungshilfe haben die Hilfsorganisationen inzwischen gelernt, dass es (außer im Katastrophenfall) sinnlos ist, Lebensmittel um den Globus zu transportieren. Erstens, weil das viele Geld vernünftiger eingesetzt werden kann. Und zweitens, weil damit nur neue Abhängigkeiten erzeugt werden. Es ist langfristig besser, Brunnen zu bohren, als Lebensmittel zu liefern. Entwicklungsminister Niebel brachte dies am Rande der Nachhaltigkeitskonferenz Rio +20 auf folgende Formel: »Hilfe macht abhängig, aber Zusammenarbeit stärkt alle Partner.«[62] Diese Lehre ist aber noch nicht bei den Tafeln angekommen, denn die neuen Hilfsangebote der Armutsökonomie boomen wie nie zuvor. Tafeln »bohren keine Brunnen«, sie steigern lediglich ihre Logistikleistungen und gewinnen dafür auch noch Preise.

Im September 2011 wurde dem Bundesverband Deutsche Tafel e. V. ein Nachhaltigkeitspreis verliehen. In der Kategorie »Technik/Prozess« erhielt die Lobbyvereinigung der Tafeln den von der Fachzeitschrift *Lebensmittel Praxis* und drei Fachmessen aus dem Lebensmittelbereich ausgeschriebenen Preis »Ecocare 2011«. Auf der Webseite des so geehrten Verbands heißt es: »Die Jury würdigte damit die Bemühungen des Bundesverbandes, große Lebensmittelmengen vor der Vernichtung zu bewahren und durch verbesserte Logistik an fast 900 Tafeln bundesweit zu verteilen.« Gewürdigt wurden aber laut Mitteilung des Preisgebers herausragende Nachhaltigkeitskonzepte von Lebensmittelhandel und -industrie sowie von *Zulieferern und Dienstleistern* der Branche. Unternehmen wurden für ein Konzept ausgezeichnet, das einen bedeutenden Beitrag zum *Kerngeschäft* des Unternehmens beziehungsweise der Organisation leistet. Dass der Transport von Lebensmitteln und nicht die soziale Gerechtigkeit das Kerngeschäft des Bundesverbands ausmacht, findet sich auch im Nachhaltigkeitskonzept des Bundesverbandes Deutsche Tafel e. V. wieder. Das eigene Leitbild kreist um die Aufgabe, die »logistische Infrastruktur soweit auszubauen, dass möglichst viele Lebensmittel-Großspenden zeitnah, sicher und ressourcenschonend ... verteilt werden können«.[63] Vollkommen unklar bleibt, warum und vor allem wie die Tafeln dabei nachhaltig *helfen*. Dem Verband wurde ein Preis zugesprochen, der die Kriterien des Preisverleihers aus der Lebensmittelindustrie widerspiegelt. Zwischen beiden Akteuren bestehen jedoch Abhängigkeitsverhältnisse und wirtschaftliche Verflechtungen. Um festzustellen, ob Tafeln nachhaltig sind, muss die Praxis der Tafeln mit ernsthaft entwickelten Nachhaltigkeitsleitbildern konfrontiert werden, nicht mit Selbstbeschreibungsformeln.

Gewinne aus der Armut
Deshalb fragt eine Studie der Caritas Nordrhein-Westfalen kritisch: *Brauchen wir Tafeln, Suppenküchen und Kleiderkammern?*[64] Sie umreißt damit recht gut das Problem. Wer braucht überhaupt die armutsökonomischen Angebote, und wem nützen sie tatsächlich? Auf der Suche nach einer Antwort hilft eine Definition. »Die Hartz-IV-Ökonomie ist eine Lückenfüllerin, die dort einspringt, wo Menschen keinen oder keinen ausreichenden Zugang zu Güter-, Dienstleistungs- und Arbeitsmärkten haben. Sie bietet Bedürftigen unter anderem Lebensmittel und Kleidung, Mobilität und Kultur, Weiterbildung und Arbeitsgelegenheiten. Die Hartz-IV-Ökonomie geht über frühere Formen der Armenhilfe hinaus. Sie ist ein Hilfssystem für Millionen, eine Parallelwirtschaft, auf die breite Bevölkerungsgruppen dauerhaft angewiesen sind. Sie ist der zivilgesellschaftliche Versuch, die seit Jahren uneingelöste Teilhabegarantie des Staates zu kompensieren.«[65] Die grundsätzliche Ambivalenz dieses Hilfesektors kommt in dieser Stellungnahme sehr gut zum Ausdruck. Einerseits sind Menschen auf die Hilfsangebote »angewiesen«, andererseits aber dienen sie dazu, die Verantwortung des Staates »zu kompensieren«. Eine Diagnose, die nachdenklich macht. Wenn sich Armutsökonomien aus einem spontanen Nothilfeversprechen zu einem stabilen und durchorganisierten System entwickeln und wenn sich darüber hinaus immer mehr Menschen auf diese Angebote verlassen, dann entstehen allein dadurch Parallelwelten, dass sie ihre materiellen Bedürfnisse an

Orten befriedigen, die von der Mehrheitsbevölkerung gerade *nicht* aufgesucht werden. Bis vor kurzem sprach man noch vom sogenannten ›Dritten Sektor‹, der sich zwischen Markt und Verwaltung etablieren und Lösungen für soziale und wirtschaftliche Krisen bereitstellen solle. Arbeit im Dritten Sektor dient weder der Gewinnwirtschaft (Erster Sektor) noch verfolgt sie hoheitliche Zwecke und öffentliche oder staatliche Verwaltungsaufgaben (Zweiter Sektor). Genau hierin aber besteht das Problem der Armutsökonomien. Tafeln zum Beispiel ersetzen »hoheitliche Zwecke« oder überlagern diese zumindest teilweise.

Der armutsökonomische Markt zeichnet sich dadurch aus, dass Dritte dort von der Armut anderer profitieren, dies als »Engagement« ausweisen und so strukturelle Defizite verdecken. Es kommt zu einer Ökonomisierung zweiten Grades durch Auslagerung der Armut in ein System, das ein Surrogat echter Politik darstellt. Das Skandalöse besteht darin, dass innerhalb dieses Surrogatsystems *weiterhin* nach ökonomischen Logiken operiert wird. So entstehen neue Wertigkeiten, die aus unterschiedlichen Armutslagen von Menschen unterschiedlich differenzierte Kunden- und Klientenbeziehungen erzeugen.

Angebote der Armutsökonomie münden in eine Parallelwirtschaft, weil sie Armut lediglich lindern, anstatt die Ursachen von Armut zu bekämpfen. Das ist die Kernaussage einer »Tafelkritik als Gesellschaftskritik«. In Armutsökonomien spielen die Menschen höchstens die Rolle von Konsumenten zweiter oder dritter Klasse. Engagement »zwischen Barmherzigkeit und Gerechtigkeit«[66] hat immer zwei Gesichter. Die konkrete Hilfe lindert zwar im Hier und Jetzt die Armutslage der Betroffenen, verschärft aber langfristig das Ausgangsproblem. Die eigentlichen Ursachen für prekäre Lebensverhältnisse ändern sich nicht einfach dadurch, dass einige der dringendsten Bedarfslücken (Lebensmittel, Möbel, Kleider, Kinokarten) kurzfristig gedeckt werden.

Die Armen sind aber willkommene Konsumenten der neuen Armutsökonomie. Denn selbst mit ihnen lässt sich noch Profit machen. Zusammengenommen – Rentner auf Grundsicherung, Empfänger von ALG II oder anderen Hilfszahlungen – sind es rund 8 Millionen Menschen in Deutschland. Einige dieser Menschen habe ich in den letzten Jahren getroffen. Es war niemand dabei, der wirklich Lust auf seine Rolle hatte. Was immer mir sonst erzählt wurde, in einem waren sich alle einig: Sobald es wieder möglich ist, kaufen sie in einem »normalen« Supermarkt ein. Dort, nur dort, ist der Kunde wirklich König.

Die Armutsökonomie boomt und ist auf fast zynische Weise an die Krise gekoppelt: Je mehr die Gruppe der Armen wächst, desto interessanter werden die Menschen als herabgestufte Ersatz-Konsumenten. Denn selbstverständlich gilt auch in diesem Markt die Logik von Angebot und Nachfrage. Dort, wo eigentlich Armut bekämpft werden sollte, schleicht sich die übliche Wirtschafts- und Wachstumslogik durch die Hintertür ein. Wieder müssen Tafeln als prototypisches Beispiel herhalten. Sie sind das beste Beispiel dafür, wie Angebote (von denen die meisten sicher gut gemeint sind) durch die Interessen anderer vereinnahmt werden. Die Angebote der Armutsökonomie dienen nicht allein dazu, die (meist sehr bescheidenen) Bedürfnisse armutsbetroffener Menschen zu befriedigen. Sie werden vielmehr auch von Politikkonzepten vereinnahmt, die in ihrer Zielsetzung nicht die Armutsüberwindung und die Stärkung sozialer Gerechtigkeit im Sinn haben, oder von Wirtschaftsunternehmen, die damit *Social Washing* betreiben, sich also ihr Image durch die Unterstützung der Tafeln vergolden lassen. Das funktionierte bislang 20 Jahre recht gut. Sowohl die Politik als auch die Wirtschaft würdigen regelmäßig und überschwänglich das Engagement der Tafeln. Gleichzeitig wird aber die Verantwortung für die Armutsüberwindung mehr und mehr in den Bereich der Armutsökonomien abgeschoben.

Aber diese parallelen Märkte haben einen fundamentalen Unterschied zu normalen Konsummärkten: In den Märkten der Armutsökonomie zirkulieren Waren, die keinen Tausch-, sondern nur noch einen Gebrauchswert haben. Die typische Aussage eines Tafelleiters, dass die eigenen »Kunden Waren im Wert von 20 Euro für einen Betrag von 50 Cent bekommen«[67], verkennt die Tatsache, dass die Lebensmittel keinen Geldwert mehr besitzen. Sie wurden ausgesondert. Würden die Tafelhelfer die Ware nicht abholen, landete sie im Müll. So wie die Tafeln nur Lebensmittel verteilen können, die lediglich einen Gebrauchswert haben, basieren die meisten Angebote in der Armutsökonomie auf dem Wissen darüber, dass die Dinge zwar nützlich, aber nichts mehr wert sind. Der beschädigte Bürgerstatus korrespondiert mit der aufgehübschten Nützlichkeit überschüssiger Güter.

Von den Armutsökonomien profitieren viele. Allen voran der Bundesverband Deutsche Tafel e. V., die Lobby der Markentafeln (alle anderen tafelähnlichen Einrichtungen werden vom Bundesverband ›wilde‹ Tafeln genannt, um sich abzugrenzen). Aber auch die Wohlfahrtsverbände (AWO, Caritas, Diakonie), die selbst Träger von rund der Hälfte aller Tafeln sind, freuen sich, ein bislang schwer zugängliches Klientel für die eigenen umfangreichen Beratungs- und Betreuungsangebote (Sozial-, Sucht- oder Schuldenberatung) an sich binden zu können. So machen viele Gewinne innerhalb der Armutsökonomie: offen und verdeckt, seriös und unseriös. Zwei Beispiele:

Hartz-IV-Kochbücher illustrieren die Logik, mit der aus dem Leiden der anderen noch ein gutes Geschäft gemacht wird. Darin werden dann »2-Euro-Gerichte für sparsame Genießer« angeboten oder eine »günstige und ausgewogene Ernährung nach dem Hartz-IV-Regelsatz« angepriesen.[68] Dass die Zeiten schlechter werden, lässt sich an Folgetiteln wie *1-Euro-Gerichte für sparsame Genießer* erkennen.[69] Natürlich geben auch Tafeln in Eigenregie passende Kochbücher heraus, wie etwa die Hamburger oder die Berliner Tafel. Letztere publizierte ein Kochbuch mit »90 Rezepten auf der Basis der gespendeten Lebensmittel, erstellt von Ehrenamtlichen, Tafel-Mitstreitern/-innen« sowie Prominenten wie Ursula von der Leyen und Alfred Biolek. Die Solinger Tafel bietet das Kochbuch *Wenn das Haushaltsgeld knapp wird ... gut Kochen und lecker Essen mit wenig Geld* an, um zu verraten, wie man günstig und vitaminreich kochen kann.[70] Last but not least gibt es das *Förder-Kochbuch* des Bundesverbandes Deutsche Tafel e. V.[71] Was zeigt deutlicher, dass es darum geht, sich im Elend einzurichten, als diese Fülle an Kochbüchern mit volkspädagogischem Einschlag? Sie sind allerdings nur ein winziger Teil der Ermöglichungsstrukturen, die das Elend verwalten, es aber nicht abschaffen.

In der Armutsökonomie werden erstaunliche Gewinne gemacht. Diese Gewinne lassen sich nicht immer in Euro und Cent beziffern, es können auch symbolische Gewinne sein. Wenn zum Beispiel ein Teil der Belegschaft einer Firma, die als Hauptsponsor der örtlichen Tafel auftritt, einen »social active day« bei einer Lebensmittelausgabe vor Ort verbringt, dann dient das deutlich mehr dem Imagegewinn des Unternehmens als den armutsbetroffenen Menschen. Die Tafelnutzer sehen sich für einen Tag plötzlich von Managern umgeben, die dann »einen tollen Eindruck davon bekommen, was in der eigenen Nachbarschaft alles nicht in Ordnung ist«.[72] Eine Bank schickte im Kontext des »Corporate Volunteering« Mitarbeiter zu einer Tafel, damit diese ihre soziale Kompetenz optimieren. Wie ungeschickt manche dabei vorgehen und wie zynisch sich die eigentlichen Interessen offenbaren, zeigt dieses Beispiel: Auf einer Diskussionsveranstaltung eines Wohlfahrtsverbands zu Tafeln berichtet der Leiter einer Tafel, dass eine örtliche Bank Mitarbeiter zum ›freiwilligen‹ Einsatz geschickt hatte, damit die Mitarbeiter ihre soziale Kompetenz durch Tafelarbeit stärken. Tatsächlich nutzen sie ihren Einsatz, um bei der Tafel angepasste Rentenverträge

(»Armen-Riester«) für kleine Beträge anzubieten. Selbst mit den Armen versucht man also noch Geschäfte zu machen. Zugehörigkeit zur Konsumgesellschaft wird durch diese Angebote nicht erzeugt. Dafür wird aber, oft mit erheblichem logistischem Aufwand, eine marktförmige und sozialstaatliche Integration simuliert. Wenn aber reale Wirtschafts- und Sozialpolitik durch private Freiland-Simulationen ersetzt werden, dann sind wir in einer Gesellschaft des Spektakels angekommen, in der sich Fühlen, Denken und Handeln nur noch an der Oberfläche orientieren.

Armutslinderung als Spektakel

Neben staatliche Wohlfahrt treten inzwischen vermehrt Formen privater Fürsorge, deren Merkmal und Hauptfunktion darin besteht, in der Öffentlichkeit positiv wahrgenommen zu werden. Wer gibt, möchte auch, dass seine gute Geste angemessen zur Geltung kommt. Wer merkt, dass die anderen es merken, ist gleich noch motivierter.

Der Philosoph und Künstler Guy Debord sah moderne Gesellschaften als eine »ungeheure Sammlung von Spektakeln« an.[73] Das Spektakel, so Debord in seiner zeitlosen Analyse, »badet endlos in seinem eigenen Ruhm«. Heute sprechen wir von »Mediokratie«, wenn wir ausdrücken wollen, dass komplexe Realpolitik sich hinter personengebundenen Politainment-Inszenierungen versteckt. Von »Erlebnisgesellschaft«, um die Sinnkrise übersättigter Konsumenten zu markieren. Und von »Postdemokratie«, wenn wir darauf aufmerksam machen wollen, dass Lobbyisten und PR-Experten uns eine partizipative Demokratie vorspielen. Die »Vertafelung der Gesellschaft« ist eine Verbindung all dieser Elemente zu einem neuen »Charity-Kult«: Solidarität wird spektakulär inszeniert, das eigene Engagement erhält einen Erlebnischarakter, und die Werbemaschinerie von Tafeln und ihren Unterstützern suggeriert, dass dies ausreicht, um gesellschaftlicher Verantwortung Rechnung zu tragen und eine ›gute Gesellschaft‹ zu schaffen.

Neu ist dieser Dreischritt (Spektakel, Erlebnis, Suggestion) nicht. Eine Sammlung über Frauenbiographien aus Baden-Baden trägt bezeichnenderweise den Titel *Zwischen Suppenküche und Allee*. Die in dem Band versammelten Beispiele zeigen, wie sich im 19. Jahrhundert Großindustriellen-Gattinen oder andere Angehörige der bürgerlichen Oberschicht mit Vorliebe der Verbreitung von Mildtätigkeit widmeten. Im 19. Jahrhundert bildeten sich die ersten »Frauenvereine«, die neben der Verteilung von Hilfeleistungen auch Erziehungsaufgaben wahrnahmen. In der Zielsetzung des ersten Frauenvereins, der 1857 in Baden-Baden gegründet wurde, ist daher die Rede von der »Einwirkung auf Beförderung der Sittlichkeit, Reinlichkeit und Arbeitsamkeit der Armen«. In einem Dankesbrief von Wilhelm Prinz von Baden kommt die zeitgenössische Aktivierungsstrategie gut zum Ausdruck. »Mit Stolz blicken wir auf die mildtätige, teilnehmende und unermüdliche Frauenwelt unseres Landes.« Der nächste Frauenverein, der 1875 gegründet wurde, richtete dann eine Suppenküche ein. Im geschichtlichen Abriss über diese Einrichtungen wird auch deutlich, wie sich die barmherzigen Helfer und die Armen begegneten. »Was sie im Sinne christlicher Menschlichkeit und Nächstenliebe vollbrachten, wurde von den Bedürftigen voller Dankbarkeit angenommen.«[74]

Die Mechanismen, die von den tatsächlichen Problemen ablenken, anstatt diese zu lösen, wurden immer raffinierter. In ihnen verbindet sich auf ideale Weise das, was Stéphane Hessel und Edgar Morin in ihrem Buch *Wege der Hoffnung* die »Ökonomie des Überflusses und der Oberflächlichkeit«[75] nennen. Soziales Engagement wird zur Sinnsuche reduziert, Sozialpolitik zur Show, und Bürgerechte werden durch das Surrogat der Almosen ersetzt. Die bis zu 20 Jahre alten Tafeln in diesem Land sind ein zeitgenössisches Armutsspektakel – Sozialinszenierungen zur Ablenkung und Beruhigung der Menschen.

Das Herz der Konsumenten
In meinem Briefkasten landet wie in jedem Haushalt immer wieder Werbung. Normalerweise werfe ich diese Werbung gleich in die Altpapiertonne. Doch eine bestimmte Wurfsendung habe ich mir aufgehoben. Darin preist die Supermarktkette REWE unter dem Slogan »Jeden Tag ein bisschen besser« ihre Nachhaltigkeitsinitiative an. »Wir leben Nachhaltigkeit« – so die vollmundige Behauptung. Unter anderem besteht eine der vier Säulen der REWE-Initiative aus ihrem »gesellschaftlichen Engagement«. Und was könnte sich dafür besser eignen als Lebensmittelspenden an die allseits bekannten Tafeln? Das Logo für diese Säule der Nachhaltigkeit zeigt ein Herz, denn darum geht es: Das Herz des Konsumenten soll wohl auch durch diese gute Tat erreicht und erweicht werden. Verschwiegen wird von REWE allerdings, dass die Tafeln regelmäßig zu Kaufaktionen aufrufen, bei denen dann Kunden des Supermarkts haltbare Lebensmittel (»Hartware«) für Tafelnutzer, also für die Konsumenten innerhalb der Armutsökonomie, kaufen sollen. Diese Aktion nennt sich »Eins mehr« und erinnert ein wenig an den Werbespruch »Nimm zwei«, mit dem klebrige Bonbons vermarktet werden. Der Mehrwert der Bonbons ist der Vitamin-C-Zusatz. Der Mehrwert der Kampagne ist der Imagegewinn für REWE. »Eins mehr«-Aktionen werden gerne vor Weihnachten durchgeführt, weil sich in dieser Zeit gesellschaftliches Engagement besonders herzerweichend darstellen lässt. Es ist aber nicht bloß eine Herzensangelegenheit, sondern steigert auch den eigenen Umsatz. Um dies sicherzustellen, weist REWE auch gerne darauf hin, dass man für die Tafelspenden wenn möglich Produkte der eigenen Hausmarke kaufen soll. Inzwischen werden bereits fertig abgepackte Tüten mit Waren im Wert von fünf Euro angeboten. Die Supermarktketten Kaiser's und Penny haben mittlerweile ähnliche Kampagnen gestartet, bei denen man Wechselgeld spenden kann.[76]

Jede Hilfsinitiative giert nach Bestätigung ihrer eigenen

Armutslinderung als Spektakel

Legitimation. Sie will im Recht sein und zu Recht existieren dürfen. Sie will einen Auftrag dafür haben, zu tun, was sie tut, und argumentiert gerne mit dem Begriff der Nachhaltigkeit. Nutzt man ihn geschickt – wie die Public-Relations-Experten von REWE und die Tafeln –, dann lässt sich damit fast alles verkaufen und rechtfertigen.[77] Möchte man aber Nachhaltigkeit sachlich korrekt verstehen, dann sollte man nicht Werbefachleute, sondern Wissenschaftler fragen. Zum Begriff der Nachhaltigkeit gibt es unzählige Studien und Konzeptpapiere von NGOs, Regierungen, Expertenkommissionen oder den Vereinten Nationen. Diese übersetzen das sperrige Leitbild von der sozialen Nachhaltigkeit in verständlichere Begriffe wie »soziale Gerechtigkeit« oder »Zukunftsverträglichkeit«. Vor diesem Hintergrund zeigt sich dann, dass die Initiativen von REWE und Tafeln alles andere als nachhaltig sind. Es ist vielmehr so, dass der Erfolg der Tafeln und ähnlicher privater Hilfsinitiativen einen Boom an Hilfsspektakeln hervorgebracht hat. Die wirklich nachhaltige Bekämpfung von Armut wird mit blankem Aktionismus verwechselt.

Gegenwärtig scheint es einfacher, Akzeptanz für symbolische Lösungen zu erzielen, als Legitimation für zielorientierte Realpolitik. Früher nannte man dies: Brot und Spiele. Heute bringen Überzeugungskünstler täglich eine Flut von öffentlichkeitswirksamen Einfällen hervor, denn helfen wollen schließlich alle. Wer könnte schon etwas gegen gute Taten haben? Aber letztlich handelt es sich dabei um Hilfe ohne Weitsicht. Um dies zu verdeutlichen, reichen hier drei Beispiele. Sie zeigen, worin der grundsätzliche Irrtum und die fundamentale Naivität der Protagonisten dieser Armutsspektakel liegen. Sie dokumentieren den Unterschied zwischen Armutslinderung und Armutsbekämpfung.

Die Verkitschung des Sozialen

Heute sind »Pfandpiraten« Teil des öffentlichen Raumes geworden. Sie wühlen in Mülltonnen nach Pfandflaschen, um diese an Zwischenhändler weiterzuverkaufen. Entweder werden sie geflissentlich übersehen, oder aber sie müssen als kühl kalkulierte Projektionsfläche für das große Spektakel der guten Tat herhalten. So geschehen in der Bankermetropole Frankfurt, anlässlich einer heftig umstrittenen Aktion im Dezember 2009.[78] In Mülltonnen wurden leere Flaschen mit der Aufschrift ›Tafelwasser‹ versteckt. Diese konnten dann von Armutsbetroffenen eingesammelt werden. Die Flaschen sahen aus wie normale Wasserflaschen. Neben dem Logo der Tafeln zeigten sie aber statt der Tabelle mit Nährstoffangaben eine Liste lokaler Tafeln. Auf der Flasche stand: »Gegen Abgabe dieser Flasche erhalten Sie eine Tüte mit Lebensmitteln« – ein dreidimensionaler Gutschein für Almosen in einer kampagnenverliebten Gesellschaft. Werbeplastik statt heiliges Blech. Erdacht wurde diese Aktion der Frankfurter Tafel von der Werbeagentur Leo Burnett. Edith Kleber, die Vize-Vorsitzende der Frankfurter Tafel, erläutert, dass man so Menschen erreichen wolle, die keine Hilfe annehmen würden und sonst aus dem System herausfielen. Mit diesem Konzept gelang es der Werbeagentur sogar, Preise für die kreative Erschließung neuer Zielgruppen zu gewinnen, unter anderem den bronzenen Löwen in Cannes.[79] Eine andere Kampagne der Frankfurter Tafel nennt sich »Alltagsheld«. Sie wurde zusammen mit der Werbeagentur Typodrom erdacht. Dabei werden Ansteckbuttons mit der Aufschrift »Alltagsheld« für einen Euro verkauft – von denen dann 50 Cent als Spende an die Frankfurter Tafel weitergereicht werden.[80]

Mit einer thematisch verwandten Initiative kann auch Lidl, ein weiterer Hauptsponsor der Tafeln, aufwarten – der Pfandflaschenaktion. Wer selbst bei Lidl einkauft, hat sicher an der Eingangstür des Supermarkts schon das Hinweisschild gesehen, mit dem dezent, aber gut sichtbar auf die Zusammenarbeit mit den Tafeln hingewiesen wird. Die Rückgabeautomaten für Pfandflaschen bei Lidl unterscheiden sich durch einen zusätzlichen Knopf von denen anderer Supermärkte. Direkt

Armutslinderung als Spektakel

am Rückgabeautomaten können die Kunden entscheiden, ob sie das Pfand selbst kassieren oder lieber den Tafeln spenden möchten. Diese »Gute Tat am Pfandautomat«, wie der Bundesverband Deutsche Tafel e. V. dichtet, symbolisiert stellvertretend die oberflächliche Armutslinderungskultur. Spenden auf Knopfdruck sind nicht nur »jedes Mal charmant«, wie Melanie Berberich (Geschäftsführerin einer Lidl-Regionalgesellschaft) behauptet.[81] Sie sind auch Ausdruck einer immer beliebter werdenden Hilfskultur, bei der es weniger um die Bekämpfung der Ursachen von Problemen als vielmehr um gut sichtbare und niedrigschwellige Aktionen geht. Was zählt, ist das Gefühl, Gutes getan zu haben. Favorisiert wird die schnelle Spende im Vorbeigehen, bei maximaler Kontaktlosigkeitsgarantie zur Welt der Armut. Aktionen wie diese geben der ›Nächstenliebe‹ eine zeitgemäße Interpretation – und übersehen dabei, dass sie gerade dadurch in eine vormoderne Kultur des Almosenwesens zurückfallen.

Ebenfalls beliebt sind die sogenannten Lebensmittelwetten. Erstmals rief der Berliner Oberbürgermeister Klaus Wowereit anlässlich des Bundestafeltreffens 2010 zu einer solchen Aktion auf. Anlässlich des Tafeltreffens 2012 in Suhl wettete dann der stellvertretende Ministerpräsident des Landes Thüringen Christoph Matschie, dass seine Bürgerinnen und Bürger bis zum dreitägigen Tafeltreffen 32 Tonnen Lebensmittel spenden würden. Partner dieser Wettidee war aus naheliegenden Gründen ein Logistikunternehmen. Matschie begründet seinen persönlichen, öffentlichkeitswirksam inszenierten Einsatz auf einem Gabelstapler damit, dass dies ein Ausdruck bürgerschaftlichen Engagements sei.[82] Lebensmittelwetten machen deutlich, dass die gesellschaftliche Akzeptanz für vorsozialstaatliche Formen der Armenfürsorge mittlerweile gestiegen ist. Diese vormodernen Bewältigungsformen von Armut werden durch medienwirksame Kampagnen wie Lebensmittelwetten immer selbstverständlicher. Doch im Stil von Thomas Gottschalk lassen sich keine sozialen Probleme lösen. Selbstbestimmter Konsum wäre eine Lösung, Wetten auf Lebensmittel sind es nicht. Wie mir viele meiner Gesprächspartner berichten, fühlen sich die neuen Hilfsaktionen für die Betroffenen eher schal an. »Das ist nicht nur Abspeisung«, sagt eine junge Frau, »sondern auch die Ausnutzung unserer Gefühle. Vorgesetztes Essen, das ist Armenküche, aber kein Sozialstaat.«

Wenn soziokulturelle Existenzsicherung regelmäßig und öffentlichkeitswirksam zum Gegenstand von Wetten wird, dann zeigt sich, dass mit allen Mitteln versucht wird, eine verfehlte Sozialpolitik durch Wohltätigkeitswettbewerbe und Kampagnenideen auszugleichen. Doch diese Rechnung geht nicht auf. Unter dem Strich wird die Welt dadurch keinen Deut gerechter. Und mit Nachhaltigkeit haben solche Inszenierungen auch rein gar nichts zu tun.

Statt das Problem Armut ernsthaft anzugehen, zelebrieren Politik, Wirtschaft und Öffentlichkeit zunehmend eine Kultur der Verkitschung des Sozialen. Die notwendigen Entscheidungen für eine sozial gerechte Politik werden so vermieden oder vertagt. Am Horizont ist schon jetzt eine neue Gesellschaftsform erkennbar: die Freiwilligengesellschaft.

V
NACH DEM LOB

Engagement in der Freiwilligengesellschaft

Freiwilliges Engagement entlässt den Staat zunehmend aus seiner Verantwortung. Die neuen Freiwilligen sind Lückenbüßer eines Systems, das sich gerade von seinen zivilisatorischen Grundprinzipien verabschiedet. Sie tauchen in vielen Varianten auf. Als Ehrenamtliche, als bürgerschaftlich Engagierte oder als Bürgerarbeiter in Selbsthilfe oder Freiwilligendiensten.[1] Regierung und Parteien hoffen darauf, mit dem ›Ehrenamt‹ (wie es oft fälschlicherweise verkürzt genannt wird) finanzielle Krisen und Engpässe überwinden zu können. Der Ruf nach zivilgesellschaftlichem Engagement ist eine typische, aber keineswegs neue Gegenreaktion auf ökonomische, soziale und politische Krisen, wie Gisela Notz schon vor Jahren anmerkte: »Soziale Versorgung wird großflächig reprivatisiert, staatlichen Kürzungen zum Opfer fallende soziale Einrichtungen werden der Wohlfahrt überantwortet bzw. der ehrenamtlichen Arbeit und Selbsthilfe übergeben – und all dies wird mit dem ideologischen Mäntelchen des Vorteils menschlicher Wärme ... gnädig zugedeckt.«[2] Ein hellsichtiger Satz, der immer noch gültig ist. Vor allem, wenn man dabei an die Tafeln denkt, die von vielen als Gegenbild zur kalten Bürokratie angesehen werden.

Scheinbar immer dringlicher stellt sich die Frage, wie vermeintlich brachliegende Potentiale freiwilligen Engagements aktiviert werden können. Immer häufiger werden Freiwilligenmessen organisiert, die zeigen, welche »bunten Engagementlandschaften« es bereits gibt. In ihnen können sich Freiwillige »Anregung und Ermutigung für kreative Neuerungen« sowie »Bestätigungen für bereits eingeschlagene Wege«[3] abholen. Bei Wohlfahrtsverbänden ist von der ›Weiterentwicklung eines flächendeckenden Freiwilligen-Managements‹ die Rede, mit dem das Regelangebot ergänzt werden soll. Im Bundesministerium für Familie, Senioren, Frauen und Jugend, dessen oberste Dienstherrin jeweils auch Schirmherrin der Tafeln in Deutschland ist, nennt man die Aktivierungsmaßnahmen wohlklingend »Engagementpolitik« und meint damit die aktive Gestaltung freiwilligen Engagements als »Ausdruck der Verantwortung« in unserer Gesellschaft. Im Klartext: Die Bürger sollen den Laden nun selber schmeißen. Als Lohn winken ihnen »Erfolgserlebnisse, die prägend sein können für das ganze Leben«.[4]

Tafeln passen perfekt in dieses Muster. Sie sind ein Paradebeispiel für die Privatisierung des Sozialen unter Zuhilfenahme der ideologisch aktivierten Freiwilligkeit der Helfer. Die systematische Instrumentalisierung engagierter Bürger gehört zum Notlösungskonzept einer ratlosen Politik. Das gute Image der Tafeln wirkt dabei als Vertrauensgarantie und Motivationsanschub. Viele Tafeln zeigen sich überrascht davon, wie viel Zulauf sie von Freiwilligen bekommen. Deutlich wird, dass es bereits flächendeckend zu einer Aktivierungsallianz gekommen ist. Beide Seiten der Gesellschaft werden, aus zwei unterschiedlichen Richtungen kommend, aktiviert. Die einen, um gefordert und gefördert zu werden. Und die anderen, um Leistungen und Verantwortlichkeiten des Staates zu übernehmen. Gerade die Privatisierung der elementaren Daseinsfürsorge im System der Tafeln zeigt jedoch, wie es zur Übernahme von Verantwortlichkeiten für die elementare Existenzsicherung kommen kann. Es findet eine schleichende Umwertung solidarischer Praktiken durch zivilgesellschaftliche Akteure statt, die – vom Mythos der guten Tat angespornt – eine zukünftige Freiwilligengesellschaft etablieren helfen. Es ist zu befürchten, dass mittelfristig aus der staatlich garantierten Existenzsicherung ein auf Willkür beruhendes privates Versorgungssystem für Mitbürger am unteren Rand der Gesellschaft entsteht. Innerhalb der Armutsökonomie müssen sich die Menschen dann mit dem zufriedengeben, was man ihnen freiwillig gewährt.

Die vergangenen 20 Jahre dieser Entwicklung zeigen, wie die Balance zwischen staatlicher Wohlfahrt und privater Wohltätigkeit mehr und mehr verlorenging. Die dabei im Mittelpunkt stehende Wechselwirkung zwischen Politik und Zivilgesellschaft ist im Kern marode. Anstatt Armut nachhaltig durch politisches Handeln zu bekämpfen, wird private Wohltätigkeit als kostengünstiger Ersatz instrumentalisiert und inszeniert. Früher nannte man das Propaganda, heute ist es Public Relation.

Den Helfern bei den Tafeln darf man hierfür keinesfalls die Schuld geben. Die Verantwortung für soziale Sicherung wurde von der Politik nach und nach auf Freiwillige verlagert, ohne dass diese auf Dauer eine befriedigende Bewältigung dieser Aufgabe garantieren könnten. Sollten der sozialen Spaltung der Gesellschaft langfristig nur private Almosensysteme entgegengesetzt werden, sind zukünftig grundlegende gesellschaftliche Verwerfungen zu befürchten, die für demokratisch verfasste Gesellschaften nicht akzeptabel sind.

Freiwilligkeit als neuer Zwang
Die Rede von der Freiwilligkeit trägt dabei durchaus ideologische Züge. Oder ist schlicht euphemistisch. So werden schon in der Schule ›freiwillige‹ Betriebspraktika gemacht. Vor dem Studium geht es dann mit *Service Learning*, dem Bundesfreiwilligendienst oder einem Freiwilligen Sozialen Jahr weiter. Später, im Berufsleben, folgen dann weitere Praktika, *Corporate Volunteering* oder ein vereinspolitisches Engagement. Da sich freiwillige Tätigkeiten gut im Lebenslauf machen und in allen Branchen und auf allen Ebenen um Arbeitsplätze kon-

kurriert wird, sind immer mehr Menschen bereit, umsonst zu arbeiten.

Freiwilligkeit ist der neue Zwang. Eine ganze Generation wird in Richtung freiwilliger Umsonstarbeit sozialisiert. Von der Generation Praktikum zur Freiwilligengesellschaft ist es nur ein Sprung. Alle in diesem Spiel gewöhnen sich daran, möglichst keine Ansprüche mehr geltend zu machen. »Wir kommen gar nicht mehr auf die Idee, dass die Arbeit monetär entlohnt werden könnte«, so eine meiner jüngeren Gesprächspartnerinnen. Hier zeichnet sich ein Kulturwandel ab.

Gegenwärtig kennt die Wertschätzung freiwilligen Engagements kaum Grenzen. Bezeichnungen wie »Kraft im Hintergrund« oder »Helden des Alltags« verdeutlichen dies. Bücher zum Thema titeln voller Optimismus mit »100 Möglichkeiten, Gutes zu tun« oder »Werkzeugkiste für Weltverbesserer«. Populäre Deutungsmuster betonen, dass Helfen eine Art »Glücksformel« beinhalte oder gar »heilende Kräfte« entfalte – und zwar bei den Helfern.

Freiwilliges Engagement nimmt sowohl praktisch als auch symbolisch einen immer größeren Stellenwert in unserer Gesellschaft ein, ob online bei Wikipedia & Co. oder offline bei der Freiwilligen Feuerwehr, als Streetworker oder als Helfer bei Suppenküchen. Freiwilliges Engagement kann aber auch als Reflex auf den Umbau des Sozialstaats verstanden werden, der einer immer rigideren Ökonomisierung zum Opfer fällt. Warum sollte der Staat für etwas bezahlen, was er auch umsonst bekommen kann? In dieser Perspektive ersetzt das freiwillige Helfertum eine dringend notwendige Sachpolitik – echte Problemlösungen werden immer häufiger durch symbolträchtige Aktionen abgelöst.

Wie aus latenten Bereitschaftspotentialen und spontanen Impulsen systematisch quasi-institutionalisierte Hilfeleistungen geschaffen werden, lässt sich exemplarisch am Planungsvorgang der Europäischen Kommission zum »Jahr der Freiwilligentätigkeit« (2011) erläutern. Schon 2007 wurde vom

Engagement in der Freiwilligengesellschaft 219

Ausschuss für regionale Entwicklung im »Arbeitsdokument über Freiwilligentätigkeit als Beitrag zum wirtschaftlichen und sozialen Zusammenhalt« das Themenjahr strategisch vorbereitet.[5] 2008 wurde dieser Bericht von EU-Rat angenommen, der (unter anderem) auf dieser Grundlage die »Ausrufung« des EU-Themenjahres für 2011 entschied.[6] Der Bericht zeigt deutlich die Dominanz einer instrumentellen und ideologisch überformten Sichtweise auf freiwilliges Engagement. Zunächst ist vom »unschätzbaren Beitrag« der Freiwilligentätigkeiten die Rede. Gleichzeitig wird jedoch eine Studie zitiert, die den *wirtschaftlichen* Stellenwert der Zivilgesellschaft beziffert. Der Anteil der Freiwilligenarbeit am Bruttoinlandsprodukt wird mit jenem der Bau- oder Finanzbranche verglichen. Das »Sozialkapital«, verstanden als die Neigung der Bürger, den Staat freiwillig und vorauseilend finanziell zu entlasten, wird damit zu einem harten Standortfaktor – eine Ehrenamts-Schattenökonomie.[7] Ziel sei es, so der Bericht weiter, sicherzustellen, »dass der wirtschaftliche Wert von Freiwilligentätigkeiten als verlässliche Information in die volkswirtschaftliche Gesamtrechnung eingeht«. In den weiteren Auflistungen des »Mehrwerts« von Freiwilligentätigkeiten schwingt eine quasi-religiöse Heilserwartung mit. Freiwilligentätigkeiten erscheinen als omnipotente Lösungsformel für fast alle Bereiche des gesellschaftlichen Lebens. Sie sollen europäische Werte in die Praxis umsetzen, die Beschäftigungsfähigkeit sichern, Jugendarbeitslosigkeit verringern, Solidarität zwischen den Generationen und den Dialog zwischen den Kulturen fördern, Regionen attraktiver und Nachbarschaften sicherer machen sowie ein Gefühl örtlicher Verbundenheit entstehen lassen. Freiwilligentätigkeit wird zusammenfassend als »wertvollste Form erneuerbarer Energie« deklariert. Die Staats- und Finanzkrise wird damit sprachlich in die Nähe der Energiekrise gerückt. Solche Krisen lassen sich technisch, um nicht zu sagen technokratisch lösen – nämlich durch die Freiwilligen. Die Krise (verursacht durch wenige) wird damit zu einem Motivations- und Aktivierungsproblem vieler.

Diese Vorstellungen gingen direkt in die Planung des EU-Themenjahrs ein. In einem Amtsblatt der Europäischen Union lässt sich die »Entscheidung des Rates vom 27. November 2009 über das Europäische Jahr der Freiwilligentätigkeit zur Förderung der aktiven Bürgerschaft (2011)« detailliert nachlesen. Im Anhang dieses Dokuments werden Initiativen definiert. Insbesondere geht es dabei um eine umfassende Serie von »Informations- und Kommunikationskampagnen«: Preisverleihungen, Wettbewerbe sowie die »Entwicklung von EU-weit verfügbaren Materialien und Instrumenten für die Medien«. Es ging also darum, Loyalität gegenüber der Idee des freiwilligen Engagements zu erzeugen.

Früher versuchte man, sich durch die milde Gabe einen Platz im Paradies zu erobern. Heute geht es zuvorderst um soziales Prestige, eine sinnhafte Lebensführung oder auch die »Suche nach dem Glück im Alter«.[8] Freiwillige werden angelockt mit Ehrenamtspässen, von Ministerien vorgedruckten Zeugnissen oder gleich mit Bundes- oder Landesverdienstkreuzen.

Nur ein Beispiel. Der Gründer der Kasseler Tafel, Hans Mengeringhaus, wird von der Kultusministerin Eva Kühne-Hörmann mit dem Hessischen Verdienstorden geehrt, weil dieser ein »Wegbereiter einer Idee« gewesen sei, deren Umsetzung er in ganz Deutschland mitgestaltet habe. Der Oberbürgermeister Bertram Hilgen erinnerte an die Überzeugungsarbeit, die Mengeringhaus anfangs bei der Suche nach Mitstreitern leisten musste, und zieht dann das Fazit: »Heute sind alle Schwellenängste längst überwunden.«[9] Damit sind jedoch keineswegs die Schwellenängste der armutsbetroffenen Menschen gemeint. Dieses Beispiel zeigt, wie gerade Tafeln nur aus einer einzigen Richtung wahrgenommen werden, der selbstbezüglichen Perspektive der Gebenden.

Alle Aktivierungsformen zielen darauf ab, das wirtschaft-

Engagement in der Freiwilligengesellschaft 221

liche Potential der Freiwilligentätigkeit weitgehender als bisher auszuschöpfen. Nach Abschaffung der Wehrpflicht – und damit auch des Zivildienstes – wurde vom Bundesministerium für Familie, Senioren, Frauen und Jugend mit dem Bundesfreiwilligendienst ein weiteres staatliches Portal zur Vermittlung von Freiwilligen eingeführt. Unter dem Leitbegriff ›Engagementpolitik‹ etabliert sich dabei eine völlig neue Vermittlungsform, die quer zur Grenze zwischen Staat und Zivilgesellschaft liegt. Die Engagementpolitik der Bundesregierung lobt verstärkt Freiwillige ins Ehrenamt und ersetzt damit langfristig Politik durch Engagement. Der Begriff ›Engagementpolitik‹ wurde übrigens von einer Werbeagentur erdacht. Das allein sagt schon viel aus: Kann es sein, dass ›Engagementpolitik‹ nicht ›Politik für engagierte Bürger‹ bedeutet, sondern ›Engagement statt Politik‹?

Hier wird ein zentrales Problem sichtbar. Der Staat verabschiedet sich von seinen eigenen Leitbildern, insbesondere dem Leitbild der nachhaltigen Entwicklung. Dieses wurde erstmals im 13. Deutschen Bundestag (1994–1998) im Kontext einer Enquete-Kommission formuliert. Darin heißt es, dass soziale Gerechtigkeit als verfassungsrechtlich gestütztes Gut (»Bürgerrecht«) zu gelten habe und es Aufgabe des Staates sei, für menschenwürdige Lebensbedingungen sowie »Schutzräume sozialer Sicherung« zu sorgen – und dass diese Fürsorgepflicht nicht an freiwillige oder barmherzige Almosensysteme delegiert werden dürfe. Aber genau dies passiert, von vielen unbemerkt, seit fast 20 Jahren.

Die Frage ist also nicht, ob freiwilliges Engagement sinnvoll ist, sondern wo es angemessen ist. Freiwilligkeit in Lebensbereichen, in denen Leistungen bislang vom Staat garantiert wurden, ist daher kritisch zu beurteilen. Freiwillige operieren zunehmend in Verantwortungsbereichen, die hoheitlich dem Sozialstaat zuzurechnen sind. Als Pannendienst innerhalb einer Armutsökonomie entlasten sie den Staat und nehmen gleichzeitig in Kauf, dass durch Almosen Bürgerrechte beschädigt werden. Statt Armutslagen durch sozialstaatliche – also formalisierte und anonymisierte – Solidaritätsbeziehungen zu bewältigen, bedeutet diese Form des freiwilligen Engagements einen Rückschritt in die feudalen Abhängigkeiten vom Spender- und Helferwillen.

Die Rückbesinnung auf Freiwilligkeit als Lösungsformel im sozialen Nahbereich mag auf den ersten Blick wie eine sehr charmante Idee wirken. Doch wenn die freiwillig Handelnden gesellschaftliche Teilverantwortlichkeiten übernehmen, droht bei den politisch Handelnden der Sorgereflex zu erschlaffen. Durch Freiwilligkeit werden soziale Schutzfunktionen des Staates immer weiter von einer öffentlich-rechtlichen in eine privat-ehrenamtliche Sphäre verlagert. In dieser Sphäre werden Bürgerrechte durch personelle Abhängigkeiten und Schutzgarantien durch Willkür ersetzt.

Es ist zweifelsfrei als Ehrung gemeint, wenn die Politik auf der Vorderbühne immer wieder den Helfern auf die Schultern klopft. Sinnvoller wäre es aber, auch die Hinterbühne der Gesellschaft im Blick zu behalten. Sie ist der Ort, an dem sich die Selbstlügen und Verdrängungsprozesse der letzten Jahrzehnte offenbaren. Der Ort, an dem immer noch soziale Ungleichheit und persönliche Verletzungen an der Tagesordnung sind. Der Ort, der von den Menschen bevölkert wird, die kein Amt innehaben, das ihnen Ehre bringt, sondern die ein schweres Leben bewältigen müssen. Es wäre an der Zeit, diese Menschen ebenfalls zu ehren – durch Weitblick im Handeln. Dafür braucht es eine engagierte Politik und nicht bloß ›Engagementpolitik‹.

20 Jahre Tafelmythos

1993 wurde die erste Tafel in Berlin gegründet. Die neue Armutsökonomie wird also 20 Jahre alt. Nach Feiern ist trotz des Jubiläums längst nicht allen zumute. Denn Tafeln haben für viele einen bitteren Beigeschmack. Tafeln, das sind 20 Jahre gutgemeinter Aktionismus ohne wirklichen Weitblick, ohne Ziel. Mit dem Willen, Lebensmittel zu transportieren und umzuverteilen, aber ohne Anspruch, an den Ursachen und Bedingungen der eigenen Existenz etwas zu ändern. 20 Jahre, in denen die Tafelbewegung immer unglaubwürdiger geworden ist. Wie sonst ließe sich der Unterschied zwischen Worten und Taten interpretieren? Seit 20 Jahren wiederholen die Tafeln, dass sie sich am liebsten selbst überflüssig machen möchten. Und ebenso lange arbeiten sie an ihrer Verbreitung, Vernetzung und Verstetigung. Die Rhetorik der eigenen Überflüssigkeit ist inzwischen zur bloßen Begleitmusik mutiert. Tafeln sind längst keine spontanen Projekte mehr wie in der Anfangszeit der Bewegung, sondern Teil einer vernetzten und ideologisch untermauerten Charitykultur, die Hilfe für Arme zunehmend nach eigenen Regeln anbietet.

20 Jahre Tafeln, das sind 20 Jahre zu viel. Dies ist freilich ein Standpunkt, der im zu erwartenden Lob des Jubiläums unterzugehen droht. Zuletzt sei deshalb noch mal ein kurzer Blick auf die Selbstdarstellungsstrategien der Tafeln geworfen, die zweifellos dafür sorgen werden, dass Tafeln auch in

Zukunft wohlgelitten sind – zumindest bei denen, die nicht auf sie angewiesen sind.

Wegwerftage statt Markttage
Gegenwärtig kommen private Gästetafeln in Mode. Darunter werden (mehr oder weniger) geheime und kultige Wohnzimmer-Restaurants verstanden. Die Verbreitung von Gästetafeln macht deutlich, wie wunderbar kreativ wir beim Import und der Umwidmung von Ideen sind, die eigentlich einen ganz anderen Zweck hatten. Einst schlossen sich auf Kuba Menschen aus finanzieller Not zusammen, um gemeinsam zu kochen. In reichen Ländern dienen Gästetafeln dem Amüsement. Dafür werden bis zu achtgängige Menüs aufgefahren. Jeder Gast zahlt, freiwillig und für den puren Genuss und die gehaltvolle Gestaltung des Abends. Die Speisekarte liest sich etwa so: »Selbstgebackenes Baguette mit Rohmilchbutter, Spargel, frische Erbsensuppe mit Graukäseöl, Wildkräutersalat mit essbaren Blüten, eingelegter Kaninchenrücken, frische Cannelloni mit einer Füllung aus Steinpilzen und Kartoffeln, Kalbstafelspitz mit glasiertem Gemüse und zum Dessert Vacherin mit Erdbeeren.«[10]

Die Eventtermine der Gästetafeln fallen auf Markttage. Schließlich wollen Köche und Gäste nur das Beste aus der Wundertüte regionaler Bio-Anbieter. Die Ausgabetage der Lebensmitteltafeln richten sich hingegen nach dem Spendenaufkommen der Super- und Großmärkte im Umland, nach den Wegwerftagen. Beide Tafeln greifen auf sehr unterschiedliche Produkte zurück: möglichst hochwertige Lebensmittel im Fall der Gästetafeln und zwangsläufig zweitklassige im Fall der Lebensmitteltafeln. Produkte, die normale Kunden im Supermarkt schließlich aufgrund lebensmittelhygienischer Vorgaben oder ökonomischer Spekulationen nicht mehr kaufen dürfen oder wollen.[11] Schon hieran zeigt sich, dass Tafeln Ausdruck unserer Zwei-Klassen-Gesellschaft sind. Die einen wollen nur das Beste, die anderen bekommen die Reste. Deutlich wird aber auch, dass es einen fundamentalen Unterschied zwischen privathäuslicher Gastfreundschaft und privater Fürsorge gibt. Die Kulturwissenschaftlerin Mareike Layer hat diese beiden Formen der sozialen Begegnung untersucht. Gastfreundschaft findet auf Augenhöhe statt, erklärt sie, da Gastgeber und Gast (zumindest potentiell) die Rollen tauschen könnten. Fürsorge hingegen beinhaltet immer eine klare soziale Hierarchie, weil zwischen dem Gebenden und dem Nehmenden ein Abhängigkeitsverhältnis besteht. In der Gastfreundschaft ist die Umkehrung der Rollen einkalkuliert.»Der Gast ist daher auf lange Sicht gesehen nicht machtlos, er ist ein gleichberechtigtes Gegenüber.«[12] In der Almosenfürsorge bei den Tafeln stehen hingegen die Rollen fest und werden durch die beiden Seiten der Ausgabetheke zementiert. So ist es nicht möglich, sich auf Augenhöhe zu begegnen, denn dazu müssten Tafelhelfer und Tafelnutzer ebenbürtig sein – und genau das wird durch ein System verhindert, das Menschen in eine Bittstellerrolle zwingt. Ohnmacht ist neben Scham das Grundgefühl vieler Tafelnutzer.

Schein und Sein

Der Begriff ›Tafel‹ ist daher problematisch. Er erzeugt positive Vorstellungen, die sich rein gar nicht mit der sozialen Realität der Armut decken. Die in das Wort eingeschriebene Symbolik der festlichen ›Tafel‹ ist präzise kalkuliert, auch Wohltätigkeitsorganisationen müssen schließlich damit umgehen, dass Aufmerksamkeit immer knapper wird. Um überhaupt noch aufzufallen und langfristig erfolgreich zu sein, stellen sie sich immer häufiger als Marke dar. Dies gelingt durch *Branding*, das ›Einbrennen‹ eines positiv besetzten Bildes beim Konsumenten – auch wenn dieses Bild mit den realen Fakten nicht mehr allzu viel zu tun hat. Genau dies setzt der Bundesverband Deutsche Tafel e. V. mit Hilfe von Werbeagenturen um. Logo (Messer und Gabel) sowie Slogan (»Essen, wo es hingehört«, »Jeder gibt, was er kann«) sind Beispiele für eine Branding-Strategie, die darauf abzielt, das Angebot der Tafeln so darzustellen, dass es möglichst nicht hinterfragt wird. Kritik tropft an dieser schönen Fassade zunächst ab. Wer kann schon etwas gegen reich gedeckte Tische oder Tafeln haben? Unser Bild von Tafeln ist seit 20 Jahren von diesem Markenbild durchdrungen. Damit versuchen sich Tafeln von anderen, konkurrierenden sozialen Dienstleistern abzugrenzen. Dort, wo dies nicht ausreicht, helfen juristische Klagen weiter, denn der Begriff ›Tafel‹ wurde inzwischen als Markenzeichen geschützt. Und diese Marke will mit der sozialen Realität ebenso wenig zu tun haben wie eine Automarke mit der Umweltverschmutzung. Während draußen im Land die Menschen Schlange stehen und der Kampf zwischen Tafeln und tafelähnlichen Einrichtungen immer härter wird, zeigen Fotos des Jahresberichts des Bundesverbandes Deutsche Tafel e. V. prekäre Lebenssituationen als Wohlfühlszenen:[13] lächelnde Helfer, die tadellose Lebensmittel verteilen. Wartende Bedürftige, die gelassen auf einer Bank sitzen und Zuversicht verströmen. Die soziale Realität am Rande der Gesellschaft wird damit in unverantwortlicher, aber selbstdienlicher Art und Weise verharmlost.

Genau gegen diese Weichzeichnung wendet sich eine Ortsgruppe von Attac. Die Aktivisten haben das Thema Tafeln entdeckt, denn sie treten für ein bedingungsloses Grundeinkommen ein, das Tafeln grundsätzlich überflüssig machen würde. Ich treffe sie auf meiner Reise im Rahmen einer öffentlichen Protestaktion in der Fußgängerzone einer Stadt in Mitteldeutschland. An einem Samstagvormittag zeigen sie, was eine Tafel eigentlich ist. An einem Tisch sitzt ein Mann im Frack, die Zigarre im Mund. Neben ihm schlürfen zwei Damen in Abendkleidern Austern und Champagner. Frack und Abendkleider sind geliehen, die Austern eigentlich nur leere Muschelschalen. Aber dieses Bild macht deutlich, was ›tafeln‹ bedeutet. Vor dem reich gedeckten Tisch sind Lebensmittel gestapelt, so wie sie typischerweise tagtäglich in Deutschland hunderttausendfach an bedürftige Menschen verteilt werden. Einige Passanten bleiben stehen und loben die Arbeit der Lebensmitteltafel. Sie erkennen den Unterschied zwischen ›festlich tafeln‹ und ›der Tafel‹ nicht mehr. Die Tafeln als Marke kreieren ihre eigene Realität. Sie zeigen Armut in einer Form, die gerade noch als gesellschaftlich akzeptabel gilt. Tafeln sind Verharmlosungsagenturen, weil sie nicht für Gerechtigkeit sorgen, sondern das Bedürfnis nach Verdrängung bedienen. Wer möchte sich schon freiwillig mit den Schattenseiten des eigenen Wohlstands befassen? Dank der Tafeln muss man das auch nicht mehr. Tafeln sind eine moderne Form der Absolution, sie lindern das schlechte Gewissen der Gewinner. Und sie helfen dabei, den Rückspiegel auf die eigene Gesellschaft so zu verdrehen, dass darin das Armutsproblem verschwindet.

Die Eigenwelt, die sich Tafeln seit 20 Jahren in ihrer PR erschaffen, setzt bewusst auf bekannte Assoziationen. Diese Bilderwelt lässt dem Profanen der Armut wenig Raum und knüpft lieber an das Heilige an, das christliche Abendmahl etwa oder die opulenten Essensarrangements an Fürstenhöfen. Nie ist im Zusammenhang mit dem Begriff Tafel von Mangel die Rede. Gleichwohl gibt es gerade diesen Mangel im Überfluss. Mangel an sozialer Gerechtigkeit, Mangel an Respekt und Anerkennung, Mangel an Chancen, Mangel an Teilhabemöglichkeiten, Mangel an Hoffnung auf ein besseres Leben und natürlich auch Mangel an Geld.

Der Markenname ›Tafel‹ produziert positive Assoziationen von Fülle, Reichtum und sozialer Integration – das Gegenteil der sozialen Realität innerhalb der Tafelwelt. Damit wird bewusst eine eigene Realität geschaffen, die mit Hilfe weiterer Euphemismen abgedichtet wird, etwa die Bezeichnung ›Kunde‹ für Personen, die Tafeln als letzte Rettungsanker nutzen. Der Begriff ›Kunde‹ passt rein gar nicht zur Abhängigkeit und Asymmetrie zwischen Ausgebenden und Nehmenden, hört sich aber gut an. Er ist eine schöne Verpackung für einen problematischen Inhalt.

Die Tafeln nützen vor allem sich selbst sowie ihren Unterstützern und Spendern. Zum Beispiel Firmen, die Lebensmittel an die Tafeln spenden und dafür Imagegewinne einfahren und zudem Müllentsorgungskosten sparen. Werbefachleute haben sich dafür das Konzept der *Corporate Social Responsibility* ausgedacht. »Am Beispiel der Tafeln zeigt sich das so: Zwei Akteure – die Tafeln und die Wirtschaft – treffen aufeinander und ergänzen sich«, so der Marketingexperte Rainer Witt.[14] Allein mit diesen Akteuren verhandeln die Tafeln auf Augenhöhe, nicht aber mit den Abholern der gespendeten Lebensmittel. Um Tafeln zu verstehen, müssen also Einfluss und Interesse der Sponsoren mit einbezogen werden. Der Ver.di-Vertreter und langjährige Experte für den Lebensmitteleinzelhandel Anton Kobel nennt die Tafeln einen »Seismographen für Armut, Mitgefühl und Skrupellosigkeit«.[15] Der erste Begriff repräsentiert die Verschärfung der neuen sozialen Frage, der zweite das Engagement der Helfer, die Gutes tun wollen. Mit dem dritten Begriff aber zielt er in Richtung der Lebensmittelspender. »Lebensmittelkonzerne produzieren Armut«, so seine These, »und zwar im globalen Maßstab, entlang der gesamten Wertschöpfungskette. Und am Ende stehen die Tafeln.« Er meint damit einerseits die Arbeitsbedingungen in den Produktionsländern, andererseits aber auch die Arbeitsbedingungen hierzulande. Lebensmittelkonzerne sind ganz weit vorne dabei, wenn es um die Beschäftigung von Minijobbern geht, sie setzen in großem Maßstab Abrufkräfte ein und verhindern durch das System der »grauen Überstunden« und Tarifflucht, dass MitarbeiterInnen auf auskömmliche Stundenlöhne kommen. Die Lebensmittelkonzerne erkaufen sich mit Hilfe der liebgewonnenen Tafeln Ruhe, damit sie ihrem Kerngeschäft, der Gewinnmaximierung, nachgehen können. In der Überflussgesellschaft werden Hungerlöhne gezahlt. Und am Ende dieser Nahrungskette stehen die Tafeln.

Tafeln erhoffen sich von der bewussten Betonung positiver Assoziationen eine breitere Akzeptanz. Der unangenehme Nebeneffekt ist jedoch, dass sie damit im Rahmen ihrer Selbstdarstellung dazu beitragen, den Gegensatz zwischen den gesellschaftlich anerkannten, sozial engagierten Tafelhelfern auf der einen und den gesellschaftlich geächteten, verschämten Tafelnutzern auf der anderen Seite zu verstärken. Anstatt für die Interessen ihrer Klientel zu kämpfen oder diese zu ermächtigen, wird die soziale Spaltung der Gesellschaft bei den Tafeln reproduziert. Wenn dann doch einmal Kritik an das politische System gerichtet wird, wie dies gerne bei Jahrestagungen des Bundesverbands oder anderen Anlässen geschieht, dann zeigt sich darin nur, wie die seit Jahren vorgebrachten Bedenken von Tafelbeobachtern geschickt in die eigene Argumentation eingebaut werden, ohne daraus jedoch irgendwelche Konsequenzen zu ziehen. Folglich konnte sich seit 20 Jahren eine Tafelszene entwickeln die inzwischen hohe öffentliche Anerkennung genießt, ohne die mit ihr verbundene Aufgabe – die Bekämpfung der Armut – auch nur ansatzweise wahrzunehmen.

Tafeln haben ihren Gründungsmythos. Niemand kann davon besser berichten als Sabine Werth, die Gründerin der ersten Tafeln in Deutschland. In einem Interview, das ich mit ihr geführt habe, erinnert sie sich. »1993 hatte ich als Mitglied der Initiativgruppe Berliner Frauen die Idee, die ›Berliner Tafel‹ zu gründen. Wir haben einen Vortrag von Ingrid Stammer, der damaligen Senatorin, zum Thema Obdachlosigkeit gehört. Ein anderes Mitglied kam mit einem Artikel über ›City Harvest‹ – eine Tafelorganisation in New York. Wir haben überlegt, ob sich das auf Deutschland übertragen lässt, und haben es dann einfach angefangen!« Was ursprünglich als Unterstützung für Obdachlose begann, weitete sich stetig aus. Nicht ohne Anfangsschwierigkeiten, wie Werth zu berichten weiß. »Wir haben viel Überzeugungsarbeit aufgewandt, um bei den Firmen Lebensmittel zu sammeln. Am Anfang war das mehr als mühsam. Zu Beginn mussten wir erst erklären, dass wir die Lebensmittel nicht einfach weiterverkaufen wollen. Nach und nach konnten wir uns aber verständlich machen.« Sie weiß sehr genau, dass sich das System der Tafeln nicht in allen Belangen optimal entwickelt hat. Während sie selbst nicht müde wird, darauf hinzuweisen, dass Tafeln nur eine *Zusatz*versorgung anbieten können, entstehen immer mehr Tafelläden, die Supermärkten nacheifern und versuchen, eine *Grund*versorgung (wenn auch auf niedrigem Niveau) anzubieten. Das wäre dann die Ruhigstellung der Armen durch Almosen. Werth beurteilt diese Entwicklung skeptisch, weil hierdurch echte Armutsbekämpfung erschwert, wenn nicht gar verhindert wird.»Kritisch gewendet, denke ich schon, dass die Tafeln das ganze System stabilisieren. ... Wir sind politisch betrachtet immer die Guten, weil wir den Politikern und Politikerinnen zumindest für eine gewisse Zeit den Rücken freihalten. Erst einmal sind wir eindeutig die Befrieder der Nation. Das System ändert sich nie, solange es Tafeln gibt.«[16]

So geht das inzwischen seit 20 Jahren. Sind Tafeln nun gut oder schlecht? Auf diese Frage läuft es meist in Talkshows oder bei Podiumsdiskussionen hinaus. Um es vorwegzunehmen: Es gibt hierauf keine abschließende Antwort – auch wenn Befürworter der Tafeln sich da ganz sicher sind. Zum einen handelt es sich in weiten Teilen um eine Wertedebatte, und zum anderen wissen wir einfach noch zu wenig. Wenn Fakten auftauchen, dann um die Leistung der Tafeln zu würdigen – etwa in den Präsentationen von Tafelvertretern. In Folien, Flyern oder auf Webseiten finden sich Tonnenangaben zu »transportierten Lebensmitteln« und Auflistungen der »Einsatzstunden« von Ehrenamtlichen. Und fast nie fehlen Angaben darüber, wie sich beide Kennzahlen *gesteigert* haben. Die Wachstumslogik hat auch das Denken der Tafelhelfer ergriffen, obwohl gerade die Reduzierung der eigenen Hilfe ein guter Indikator für eine sozial gerechtere Gesellschaft wäre. Kritik wollen sich Tafelhelfer nur ungern anhören. Oder wie

20 Jahre Tafelmythos

es der Leiter einer Tafel und ein Landesvertreter bei einer Podiumsdiskussion mir gegenüber ausdrückte: »Wir brauchen ein Stück Ruhe für unsere Arbeit.«
Der Boom der Tafeln in den letzten 20 Jahren lässt sich zunächst einmal quantitativ in Zahlen ausdrücken. Die Idee, Nahrungsmittel vor dem Müll zu bewahren, um damit bedürftigen Menschen zu helfen, war von Anfang an für viele überzeugend. Die unmittelbare Plausibilität der Idee von der Umverteilung der Supermarktware, das kulturelle Wegwerftabu für Lebensmittel sowie Prozesse der fortschreitenden Professionalisierung und Differenzierung halfen bei der rasanten Verbreitung der Tafeln. Besonders nach dem Inkrafttreten der Hartz-IV-Gesetze 2005 stieg die Zahl der Tafeln rapide an. Noch 2010 wagte Sabine Werth einen Ausblick auf die Zukunft. »Wir sind inzwischen wirklich so gut wie überall – das ist echt nicht zu fassen. Und gleichzeitig fürchte ich den Tag, an dem irgendjemand sagt, wir haben jetzt 1000 Tafeln in Deutschland. Ich hoffe, dass wir unendlich lange bei 999 bleiben, denn die 1000 will ich gar nicht erreichen, das stelle ich mir nicht schön vor.«[17]

Leider ist genau dieser Fall eingetreten. Inzwischen ist ein bundesweites Netz von über 1000 Tafeln (mit doppelt so vielen Ausgabestellen) und einer unbekannten Anzahl an ähnlichen Einrichtungen (sogenannte Brotkörbe, Carisatt oder Tischlein-deck-dich) entstanden. Daraus zu folgern, dass dies aus einer steigenden Nachfrage resultiert, ist jedoch zu kurz gegriffen. Der Sozialgeograph Timo Sedelmeier machte darauf aufmerksam, dass Tafeln längst nicht überall vertreten sind. Der Versorgungsgrad ist gerade dort am schlechtesten, wo die Armut am größten ist, in weiten Teilen Ostdeutschlands etwa. Tafeln entstehen also nicht dort, wo es die meisten Armen gibt, sondern dort, wo Freiwillige sich mit Zeit, Lust und Kompetenzen finden, die Tafeln gründen. »Die Gründung einer Tafel ist in erster Linie eben keine Frage der Nachfrage, sondern eine des Angebotes an potentiellen Lebensmittelspendern und Sponsoren.« Insgesamt weist Sedelmeier eindringlich darauf hin, »dass die Tafeln keinesfalls als Bewältigungsstrategie in prekären Lebenslagen dienen können«.[18] Dennoch ist genau dies Alltag. Tafelnutzer sind inzwischen hauptsächlich Hartz-IV-Empfänger, deren Kinder sowie Rentner. Die ursprünglich mit der Lebensmittelhilfe anvisierten Wohnungslosen machen hingegen nur noch einen verschwindend geringen Teil aus. Verlässliche Zahlen über den Gesamtnutzerkreis gibt es leider nicht. Eine Kleine Anfrage der Fraktion Die Linke von 2011 zur Armutssituation und Angeboten für Arme macht die immer noch mangelhafte Datengrundlage zu Tafeln und Sozialkaufhäusern deutlich. Darin wird nach der Anzahl von Tafeln und Sozialkaufhäusern auf Bundes- und Landesebene gefragt, nach den Nutzern sowie nach staatlichen Subventionen dieser Einrichtungen.[19] Diese Fragen kann bislang niemand in Deutschland neutral und repräsentativ beantworten. Weder der Bundesregierung noch dem Bundesverband Deutsche Tafel e. V. liegen überprüfbare Daten vor.[20] Was bleibt da anderes übrig, als auf die Schätzungen des Bundesverbands zurückzugreifen, die regelmäßig in den Medien zirkulieren. Nach diesen Angaben werden etwa 1,5 Millionen Bedürftige (Lebensmittelabholer und deren Familienangehörige) bei Tafeln versorgt. Das Problem an dieser Zahl ist allerdings, dass sie nur auf einer unzuverlässigen Hochrechnung basiert. Interessegeleitete Zahlen wie diese aus den sogenannten Tafelumfragen werden zwar häufig zitiert, sollten jedoch bezüglich ihrer Datenqualität kritisch hinterfragt werden.[21] Die selbstgemachten Zahlen erwecken den (durchaus kalkulierten) Anschein, dass hier eine machtvolle Organisation am Werk sein muss. Was der Bundesverband nicht so gerne in den Medien sieht, ist die Zahl derer, die *nicht* zu Tafeln gehen, obwohl sie eigentlich bedürftig sind und genau dies tun könnten. Vergleicht man verschiedene Modellrechnungen, so wird schnell klar, dass diese Gruppe sehr viel umfangreicher ist. Nur rund jeder Achte der rund 12 Millionen Armutsgefährdeten geht in Deutschland zu einer Tafel.[22] Die Gründe dafür werden kaum öffentlich diskutiert. Neben der Scham gibt es noch einen weiteren Hauptgrund. Armut macht immobil, Tafeln sind also für viele nicht oder nur unter hohem Kostenaufwand erreichbar. Die Studie *Angebot in Würde* der Diakonie Baden-Württemberg kommt zu der Einschätzung: »Die Begrenztheit ihres Einzugsgebietes und ihrer Stammkunden lassen eine umfängliche Armutsbewältigung ... nicht zu. Die Untersuchung ... zeigt, dass die Erwartung abwegig ist, mit Tafeln eine flächendeckende zuverlässige Armenversorgung sicherstellen zu wollen.«[23]

Obwohl erste Studien zeigen, dass Tafeln längst nicht so wirksam sind wie gerne angenommen, ist ihr Mythos ungebrochen. Die Tafelaktivisten fühlen sich als die größte *soziale Bewegung* seit den 1990er Jahren, und viele sind geneigt, dem zuzustimmen.[24] Falsch ist es dennoch. Tafeln gelten als Aushängeschild zivilgesellschaftlichen Engagements, doch sie lassen genau das vermissen, was eine soziale Bewegung eigentlich ausmacht: ein positiv besetztes Ziel. Und eine benennbare Differenz, anhand derer sich eine positive und sinnvolle Veränderung bestimmen ließe. Die Frauenbewegung verfolgte das Ziel der Gleichberechtigung, in der Friedensbewegung ist das Ziel bereits im Namen enthalten. Die Tafelbewegung aber hat seit 20 Jahren lediglich das Ziel, Lebensmittel »zu retten«. Sie kennt nur Zweck-Mittel-Zusammenhänge. Sie bedient den Markt der Barmherzigkeit durch das organisierte Engagement der freiwilligen Helfer. Sie transportiert Lebensmittel von A nach B. Was die Hilfe bei den Tafelnutzern bewirkt und welche Nebenkosten mit dieser Hilfe verbunden sind, steht bislang nicht zur Debatte. Tafeln sammeln und verteilen logistisch unglaublich aufwendig und kostenintensiv Lebensmittel. Am Missverhältnis zwischen Überfluss und Armut ändern sie nichts. Im Gegenteil. Für die Tafeln gehört genau dieses Missverhältnis zur elementaren Voraussetzung der eigenen Existenz. Einerseits profitieren sie von der

Wegwerfgesellschaft, andererseits beklagen sie sie, weil es gesellschaftlich und politisch opportun ist. Darin besteht ihre grundsätzliche Heuchelei.

Den ziellosen Weg der Tafeln hat die Berliner Politikwissenschaftlerin Luise Molling anhand eines Phasenmodells beschrieben.[25] Nach der Gründungsphase folgten eine Phase der Etablierung, der Professionalisierung und schließlich die Phase der Systembildung, die nun, nach 20 Jahren, überall erreicht wurde. Tafeln sind eine Marke geworden, die um ihre Monopolstellung kämpft. Sie bieten immer mehr Produkte und Dienstleistungen an, und es gibt sie in immer mehr Formen. Es gibt Kinderrestaurants und Kindertafeln, bei denen Kinder lernen sollen, sich wieder gesund zu ernähren. Medikamententafeln, die mit örtlichen Apotheken, und Brillentafeln, die mit Optikern zusammenarbeiten. Tiertafeln, die Tierfutter verteilen. Halal-Tafeln, die nach islamischen Speisevorschriften arbeiten. Und sogar eine erste Sporttafel, die Angebote an Bedürftige macht.[26] Das Tafelangebot differenziert sich stetig aus, nicht weil die Nachfrage so überwältigend ist, sondern weil es jemandem gelingt, ein Angebot zu machen. Dies zeigt, dass Tafeln keine Reaktion auf eine Nachfrage sind, sondern Ausdruck von Interessen. Die Frage, ob diese Tafelformen eine angemessene Reaktion auf die zunehmende sozioökonomische Spaltung der Gesellschaft sind, ist damit noch lange nicht beantwortet.

Die Kernidee der Tafeln, so der Pressesprecher des Bundesverbandes Deutsche Tafel e. V., hat vermeintlich nichts von ihrer Aktualität verloren. »Was noch ohne Einschränkung verzehrfähig ist, soll nicht im Müll landen.«[27] Diese Formel ist die Daseinsgrundlage eines Systems, das nichts wirklich ändert, darum aber viel Lärm macht. Bürgerschaftliches Engagement, das sich mit unglaublich aufwendiger Logistik darauf konzentriert, eine Tigerbanane vor dem Wegwerfen zu retten, ist Ausdruck einer fehlgeleiteten Ideologie, die am eigentlichen Bedarf vorbeizielt. Tafeln sind bestenfalls eine Hilfskonstruktion, die das Elend nicht abschafft, sondern lediglich in eine sozial erwünschte Form kleidet.

Rückfall in die Vormoderne

Unzählige Presseartikel, die jeweiligen Schirmherrinnen der Tafel und natürlich die Tafeln selbst behaupten freilich immer noch, dass es sich bei den Tafeln um ein Erfolgsmodell handelt. Zweifel am Erfolgsmodell Tafel werden nur gelegentlich angemeldet, etwa anlässlich einer Kleinen Anfrage der Fraktion Die Linke an die Bundesregierung: »Die Initiative der Tafeln in der Bundesrepublik Deutschland hat in den vergangenen Jahren eine starke Erweiterung erfahren. Diese ›Erfolgsgeschichte‹ hat jedoch einen sozial bedenklichen Beigeschmack ... Teilt die Bundesregierung die Auffassung, dass der offenbare Bedeutungsgewinn der Tafeln als Seismograf der sozialen Entwicklung und der Auswirkung von ›Hartz IV‹ gelten kann, und welche Schlussfolgerungen für sozialpolitische Maßnahmen zieht sie daraus?«[28] Auf diese Frage gibt es zwei Antworten. Die unkritische Antwort der Bundesregierung lobt das bürgerschaftliche Engagement: »Durch dieses Engagement wird auch Menschen geholfen, die über die staatliche Sozialpolitik nur unzureichend erreicht werden. Die Bundesregierung sieht deshalb in den Tafeln eine wichtige Ergänzung der vorhandenen staatlichen Hilfen.« Die Erklärung reproduziert dabei das Selbstbild des Bundesverbandes Deutsche Tafel e. V. teilweise im Wortlaut. Zudem lobt die Bundesregierung das Verhalten der Tafelnutzer, die sich als »Personen mit geringem Einkommen kostenbewusst verhalten«, indem sie zur Tafel gehen.[29]

Kritische Beobachter des Tafelsystems kommen zu weit differenzierten Schlüssen. Schon wenige Jahre nach Gründung der ersten »Mahlzeitnothilfen« (wie Tafeln damals noch genannt wurden) entstand der Eindruck, dass diese Hilfeform eine vormoderne Anmutung habe.[30] Fast gleichzeitig kam der Verdacht auf, dass private Wohltätigkeit in Freiwilligenorganisationen einen schleichenden Abbau von Bürgerrechten nach sich zieht. So wurde von Juristen befürchtet, dass Tafeln »als Ersatz für lang erkämpfte Rechtsansprüche genommen werden könnten und so die Hilfesuchenden am Ende wegen der prinzipiell ja nicht stetigen privaten Hilfe um ihre Rechte gebracht würden«.[31] Eine dritte Warnung bezog sich darauf, dass Tafeln, die aussortierte Lebensmittel an Arme verteilten, nur das soziale Prestige der Wohltätigen mehren, die Armen aber demütigen würden, ohne ihnen wirklich zu helfen. »Sie sind die BittstellerInnen und sie bleiben arm.«[32] Diese frühe Kritik wurde im Rausch des gefühlten Erfolgs und der perfekten zeitgeistkonformen Passung schnell wieder vergessen.

Kritische Thesen zu Tafeln wurden erst viele Jahre später wieder aufgegriffen. Tafeln sind ein ambivalentes Phänomen, da mit ihnen zahlreiche Nutzenerwartungen, zugleich aber auch Befürchtungen verbunden sind. Dabei widersprechen sich nicht nur die Beobachter in ihrer Einschätzung der Tafeln, sondern auch Nutzer und Helfer der Tafeln selbst. Das ›Sowohl als auch‹ – die Wahrnehmung, dass Tafeln vor Ort helfen, aber als System schaden – findet sich immer häufiger auch bei den Tafelhelfern selbst. 20 Jahre Engagement ohne sichtbare Veränderungen ermüden auch überzeugte Helfer. Einer von ihnen ist Wolfgang Wimmer. Er schrieb sich seinen Frust von der Seele. Sein Buch *Handeln im Widerspruch* zeigt deutlich, dass ein System nicht dadurch besser wird, dass es immer größer wird. Er beschreibt darin, dass es nur wenige Tätigkeiten gibt, »deren Sinn sofort einleuchtet. Anderen zu helfen, ihnen das Leben zu erleichtern ist eine davon.« Aber er stellt eben auch die entscheidende Frage, ob diese Art der Hilfe dazu der richtige Weg ist. Seine eigenen Erfahrungen als ehrenamtlicher Helfer bei einer Tafel stimmten ihn nachdenklich. »Erst im Lauf der Zeit, die ich bei der Tafel war, begann ich mich immer mehr zu fragen, was ich da eigentlich tue. Das bedeutet nicht, dass ich die Arbeit der Tafeln im Ganzen infrage stelle. Sie ist sinnvoll. Aber es ist ein Handeln im Widerspruch ... Es gibt Ungereimtheiten ... und Brüche, die ich auf keinen Nenner bringen konnte.«[33] Ähnlich argumentiert auch Philipp Büttner, der beim ›Kirchlichen Dienst in der Arbeitswelt‹ (München) arbeitet und dort selbst für die Organisation einer Tafel verantwortlich ist. In dieser Doppelfunktion hatte er in den letzten Jahren die Gelegenheit, die Entstehung von Parallelwirtschaften zu beobachten, auf die breite Bevölkerungsgruppen dauerhaft angewiesen sind. Er spart nicht mit Selbstkritik: »Wir helfen einerseits, Armut zu lindern. Aber wir verändern nichts, wir bekämpfen Armut damit nicht nachhaltig. Die Aktivitäten haben etwas von Pflasterkleben: Das Pflaster ist nötig, aber die Wunde darunter wird niemals heilen ... Wer sich in der Hartz-IV-Ökonomie engagiert, muss diese zwiespältigen Wirkungen sehen.«[34]

Blinde Flecken in der Armuts- und Reichtumsberichterstattung

Die Konsequenzen dieser zwiespältigen Entwicklung blieben bislang weitgehend verborgen. In den bisherigen vier Armuts- und Reichtumsberichten der Bundesregierung werden Tafeln überhaupt nicht erwähnt. Auf Landesebene gibt es immerhin einige Spuren, etwa in den Landesarmutsberichten aus Sachsen-Anhalt (2003 und 2008), im Bericht »Lebenslagen in Brandenburg, Chancen gegen Armut« (2008) oder im Bericht »Lebenslagen in Bremen, Armutsbericht für das Land Bremen« (2009). Neben diesen spärlichen Einzelbefunden[35] und der Nennung von Tafeln in wenigen kommunalen Armutsberichten bietet allein der Bericht »Armut und Reichtum in Rheinland-Pfalz« (2009/2010) fundierte Hinweise auf Tafeln. Neben einigen Fallbeispielen wird hier auch auf die mangelnde Aktivierung der Bedürftigen und die Gefahr der Gewöhnung an Tafeln hingewiesen. Zudem wird diagnostiziert, dass Tafeln das Armutsproblem nicht lösen und Sachleistungen nicht Rechte ersetzen dürfen. Der Bericht enthält ein ausführliches und äußerst kritisches Kapitel zur Tafelproblematik. Hartz IV wird darin als »staatlich verordnete Unterversorgung« bezeichnet – ein Umstand, der den Boom der Tafeln bewirkt hat. Kritisiert werden weiterhin der euphemistische Kundenbegriff und die Gefahr der Entwürdigung durch Tafelbesuche. Tafeln werden als Element einer Strategie des Sozialabbaus begriffen. »Wenn das solidarische Bürgerengagement dazu dient, den Abbau des Sozialstaates, konkret: nicht bedarfsgerechte Regelsätze überhaupt erst durchsetzbar zu machen, dann wird die höchst problematische Seite dieses solidarischen Bürgerengagements sichtbar.«

Kritisch an der bislang üblichen Armutsberichterstattung ist die mangelnde Erfassung von Armutserfahrungen. Außerdem werden latente und langfristige Kosten von Armut für die Betroffenen und die Gesellschaft nicht abgebildet. In keinem der Berichte tauchen Aussagen über die Kosten auf, die durch Scham und Stress entstehen. Diese psychosozialen Belastungen verursachen aber nicht nur individuell Leid und Kummer, sie sind – in einer längerfristigen Perspektive – auch ein volkswirtschaftlicher Faktor, der überhaupt nicht berücksichtigt wird. Scham gehört aber zur Lebenswelt armer Menschen. Sie mag sich beschönigen und verleugnen lassen, für die betroffenen Menschen ist Scham aber real. Die Autoren eines Eckpunktepapiers der Nationalen Armutskonferenz kommen zu einem ähnlichen Ergebnis. »Arm zu sein bedeutet, einer großen psychosozialen Belastung ausgesetzt zu sein, besonders in unserer leistungsbezogenen Gesellschaft, in der man(n) sich besonders über die Arbeit und das Einkommen definiert. Erschwerend kommt zudem hinzu, dass es immer noch eine Unkultur der Diffamierung und Schuldzuweisung gegenüber sozial benachteiligten Menschen gibt, die häufig zu einer ausgeprägten Selbstwert-Infragestellung durch die betroffenen Menschen selbst führt.«[36]

Die klassischen Berichte berücksichtigen die emotionalen Dimensionen von Armut überhaupt nicht und zeigen daher kein vollständiges Bild. Bislang ist es nicht gelungen, die verschiedenen Kostenarten, die mit Armut verbunden sind, in einem volkswirtschaftlichen Modell zu erfassen. Armutsberichte sollen ein Instrument sein, um Armut und soziale Ausgrenzung anhand von Kennzahlen und Statistiken langfristig zu vermessen, Probleme zu erkennen und Lösungen anzubieten. Tatsächlich aber funktioniert das nur bedingt, wie der Ökonom Rudolf Martens nachweist. Armutsberichte erzeugten bislang weder politischen Druck noch einen öffentlichen Skandal. Es besteht vielmehr die Gefahr, dass sie sich zum Politik-Surrogat entwickeln. »Armutsberichte ersetzen Politik durch Public Relation. Endgültig ›erledigt‹ wäre das Thema Armut«, so Martens in seiner kritischen Analyse, »wenn es die Politik bei einem ›Armutsbeauftragten‹ abladen könnte«.[37] Leider ist genau dies das einzige erklärte politische Ziel des Bundesverbands Deutsche Tafel e. V. So forderte der Vorsitzende Gerd Häuser einen »Bundesbeauftragten zur Bekämpfung der Armut«.[38]

Berücksichtigt man die Brisanz des gesellschaftlichen Problems Armut, so sind in den Armutsberichten die tatsächlichen Kosten von Armut und sozialer Ausgrenzung vollkommen unangemessen wiedergegeben. Martens unterscheidet hierbei drei Kostenarten, die sich unter der »Deutungshoheit einer modellökonomisch verkürzten und dazu noch neoliberal ideologisierten Beratungswirtschaftswissenschaft« nicht beziffern und darstellen lassen. Neben fiskalischen und parafiskalischen Kosten (Belastungen der öffentlichen Haushalte oder Steuerausfälle) und gesamtökonomischen Kosten (Wachstums- und Konsumverluste) benennt er vor allem individuelle und soziale Kosten. Das sind im Wesentlichen jene Verluste und Belastungen, von denen meine Gesprächspartner in unzähligen Varianten berichtet haben. Verloren gehen etwa berufliche Kompetenzen, soziales Ansehen, Selbstbestimmung. Und zu den Belastungen gehören Scham und Stress sowie armutsbedingte Krankheiten (z. B. durch schlechte Ernährung oder mangelnde Gesundheitsvorsorgemöglichkeiten). Martens weist darauf hin, dass auch die schwindende soziale Gerechtigkeit, die Destabilisierung des sozialen Sicherungssystems und zurückgehendes gesellschaftliches Engagement und politisches Interesse auf der Kostenseite einer umfassenden Bilanz zu verbuchen wären. Wie man persönlich erfahrenes Leid auch als Kostenfaktor für die Allgemeinheit betrachten kann, ist bislang allerdings unklar. Notwendig wäre es dennoch, eine vollständige Bilanzierung aller direkten, indirekten und langfristigen Kosten von Armut zu erstellen. Genau das forderte auch der britische Historiker Tony Judt. »Es ist billiger, in mildtätiger Ansicht Gaben an die Armen zu verteilen, als diesen per Gesetz eine Fülle sozialer Dienstleistungen zu garantieren. Aber milde Gaben entgegenzunehmen bedeutet eine Demütigung ... Wie wäre es aber, wenn wir auch Demütigungen als Kosten und Belastungen für eine Gesellschaft begreifen würden?«[39] So schnell wird dies aber nicht geschehen, denn die Bezifferung persönlicher und langfristiger sozialer Kosten gehört nicht in den Methodenkoffer der Volkswirtschaft. Solange die sozialen Begleit- und Folgekosten jedoch nicht in den Berichten und Gutachten vorkommen, bleiben armutsbetroffene Menschen lediglich »sozial- und wirtschaftspolitische Abstrakta«.[40]

Tafeln sind inzwischen zu einem symbolischen Ort im Schamland geworden – zu einem Symptom dafür, dass die sozialstaatlichen Leistungen den Bürgerinnen und Bürgern kein Existenzminimum mehr sichern. Sie sind der gesellschaftliche Ort, an dem diese Zusammenhänge ganz konkret einseh- und spürbar werden. Tafeln haben allein durch ihre bloße Existenz eine sozialpolitische Verantwortung, der sie aber nur in Ausnahmefällen gerecht werden. Damit sind Tafeln ein Symbol für den Abbau des Sozialen und die Ökonomisierung des Menschlichen. Sie verleihen der Armut ein neues Gesicht, indem sie vereinfachende, an Werbe- und PR-Strategien geschulte Wahrnehmungsschablonen anbieten und eine vormoderne und neofeudale Hilfskultur etablieren. Die Tatsache, dass gerade Tafeln zum Sinnbild rückwärtsgewandter Gesellschaftsentwicklungen wurden, war sicher nicht beabsichtigt. Und diese Diagnose wird von den meisten Tafelvertretern auch nicht geteilt. Dennoch wurde genau die Abspeisung durch Lebensmittelausgaben und Suppenküchen, Wärmestuben und Kleiderkammern immer mehr zu einem markanten Sinnbild unserer Gegenwartsgesellschaft. 20 Dienstjahre sind kein Jubiläum, das gefeiert werden sollte, sondern ein politischer Skandal. Tafeln und die Renaissance der Armenküchen sind das Armutszeugnis einer Gesellschaft, in der Symptombehandlung ohne Weitsicht wichtiger geworden ist als nachhaltige Lösungen. Diese Entwicklung wird nicht ohne Folgen bleiben. Den Tafeln wünsche ich in der Zukunft mehr Fähigkeit zur Selbstkritik und weniger Pomp.

Die Gnade der kollektiven Selbsttäuschung

Seit ich mit soziologischem Blick auf Tafeln, Suppenküchen und ähnliche Einrichtungen der Armutsökonomie schaue, wundere ich mich immer wieder darüber, wie viel Mühe wir uns geben, die damit verbundenen Kosten zu übersehen. Dahinter steckt ein Mechanismus, der erklärbar ist und den ich abschließend erläutern möchte. Denn genau das ist es, was wir letztlich doch noch von Tafeln lernen können: die Gnade der kollektiven Selbsttäuschung.

Tafeln lenken ungewollt den Blick darauf, wie sehr wir geneigt sind, einen eigentlich unerträglichen gesellschaftlichen Zustand als neue Normalität hinzunehmen – vorausgesetzt, der Übergang findet nur schleichend genug statt. In der Forschung ist dieser Mechanismus als das Phänomen der ›Shifting Baselines‹ bekannt.[41]

Wir leben in einer »gleitenden Gegenwart«, in der wir nicht merken, wo Entwicklungen beginnen, die sich später als dramatisch erweisen. Das Konzept der ›Shifting Baselines‹ geht davon aus, dass sich unsere sozialen Orientierungsrahmen dauernd und in derart kleinen Schritten verändern, dass dies gar nicht mehr wahrgenommen wird. Selten merken wir, an welcher Stelle eine falsche Richtung eingeschlagen wird. Uwe Schneidewind, Direktor des Wuppertal Instituts (das sich prominent mit nachhaltiger Entwicklung beschäftigt), fasst es so zusammen: »Provokant formuliert beschreiben Shifting Baselines die herausragende Fähigkeit von Menschen, sich in so-

Die Gnade der kollektiven Selbsttäuschung 243

zialen Kontexten immer wieder selbst zu täuschen.«[42] Da sich mit den Dingen auch unser Orientierungsrahmen für wirtschaftliches, politisches und soziales Handeln verändert, nehmen wir unsere soziale Umwelt in der Regel als »normal« oder »natürlich« wahr. »Insofern ist ein Vertrauen in die Stabilität von Werthaltungen sowie in Normalitäts- und Zivilisierungsstandards nicht angebracht«, so der Kulturwissenschaftler Harald Welzer. Weil sich Werthaltungen und Standards flexibel verhalten, kommt es immer wieder zu kollektiven Versäumnissen, die langfristig Folgen nach sich ziehen. Verpasster Klimaschutz und die Finanzkrise sind dafür ebenso Beispiele wie die vergessene Armutsbekämpfung.

Die Gründe, warum sich Orientierungsrahmen schleichend und meist unbemerkt verändern, sind hinlänglich bekannt. Einerseits werden Umstände und Rahmenbedingungen viel zu früh als nicht veränderbar – als Sachzwänge – hingenommen. Ein Beispiel dafür ist die Aussage, dass es keine Alternative zum Abbau von Sozialleistungen gäbe, weil diese nicht mehr zu finanzieren seien. In der Folge steigt die Akzeptanz von Vereinfachungs- und Entlastungsstrategien. Zweitens werden diese schleichenden Veränderungen in der Wahrnehmung sozialer Probleme und ihrer vermeintlichen Lösungen durch gruppendynamische Prozesse stabilisiert. Die eigene Wahrnehmung wird immer wieder mit der anderer, ähnlich denkender Personen abgeglichen. Menschen verlassen sich aufeinander, um Realität zu definieren, und produzieren gemeinsam Kategorien wie »richtig« und »falsch« oder »gut« und »schlecht«. Es verwundert daher nicht, dass sich in der Tafelbewegung, in Politikerkreisen oder sonstigen Bezugsgruppen »Überzeugungsgemeinschaften« herausgebildet haben, die sich wechselseitig in ihren Ansichten bestätigen.

Das 20-jährige Bestehen von Tafeln verdeutlicht mehrere dieser veränderten Orientierungsrahmen, die für die meisten von uns inzwischen zu einer gemeinsam geteilten Normalität gehören. Die Perspektive auf Armut hat sich durch die

Existenz von Tafeln schleichend verändert – und statt zu einer Skandalisierung hat sie zu einer Normalisierung der bestehenden Situation beigetragen. Die Grenzen der Erträglichkeit, des Mitleids und der Dankbarkeit wurden neu ausgehandelt, ebenso wie die der Scham und Beschämung oder die Unterscheidung zwischen ›würdigen‹ und ›unwürdigen‹ Armen. Auch die Mechanismen der sozialen Deklassierung (›Hartzer‹, ›sozial Schwache‹, ›Sozialschmarotzer‹) sind leichtgängiger geworden und werden immer mehr Menschen zugeschrieben.

In der Summe kam es zu erheblichen Veränderungen, die aber aufgrund der sich schleichend verändernden Referenzrahmen nicht weiter auffallen. Zunehmend werden Zustände als »normal« empfunden, die es vorher nicht waren. Nur wenige stören sich wirklich noch an den zahlreichen Vorgängen, die damit verbunden sind. Selten werden sie gehört. Der Diskussionsbedarf sinkt oder bleibt ganz aus.

Der mit den Tafeln verbundene gesellschaftliche Wandel gestaltet sich als ein schleichender Prozess. Er setzt sich aus unzähligen kleinen Einzelereignissen und Veränderungen im Alltag zusammen, die zunächst unbemerkt bleiben. Die immer weiter fortschreitende Praxis der Tafeln und anderer armutsökonomischer Angebote wirkt sich jedoch in der Summe zunehmend auf Wahrnehmungen, Denken, Fühlen und Handeln aller Beteiligten aus. Und verändert dabei die Grundlagen des gesellschaftlichen Solidaritätsgefüges. Während der legitime Anspruch der Bürger auf wohlfahrtsstaatliche Hilfe erodiert, werden zeitgleich freiwillige Helfer vom Staat aktiviert, um ein privates Wohltätigkeitssystem immer weiter zu etablieren.

Wegen der Unterschwelligkeit dieser Prozesse ist es schwer, davor zu warnen. Wie soll man etwas ernst nehmen, was man noch nicht oder nicht mehr sehen kann und dessen Konsequenzen sich erst in der Zukunft zeigen werden? Für eine aufgeklärte Gesellschaft sollte es dennoch selbstverständlich sein, sich nicht blind diesen Praktiken zu beugen, sondern zu versuchen, die Ursachen dieser Entwicklung zu kennen, um negative Folgen zu verhindern.

Ein Endpunkt dieses schleichenden Wandels unserer Gesellschaft ist bislang nicht in Sicht. 20 Jahre Tafeln sind jedoch kein gutes Omen. Sie sind die Vorläufer einer langwierigen gesellschaftlichen Entwicklung, die sich schleichend vor unseren Augen abspielt. Schleichend, aber nicht gänzlich unbemerkt, denn dieses Buch macht zumindest einen Teil des Wandels sichtbar. Die Lehre im Schamland lautet: Wer das Gute in den nächsten 20 Jahren neu erfinden will, sollte nicht Fehler der letzten 20 Jahre wiederholen.

Epilog

Das Ringen um die richtige Interpretation der Wirklichkeit findet in einer demokratisch verfassten Gesellschaft im öffentlichen Raum statt. Einer meiner persönlichen Höhepunkte war die Verkündung des Urteils des Bundesverfassungsgerichts im Februar 2010 zur Regelwidrigkeit des Feststellungsverfahrens der Hartz-IV-Regelsätze für Kinder. Ich fuhr nach Karlsruhe, um bei der Urteilsverkündung anwesend zu sein. Die Entscheidung des Bundesverfassungsgerichts stimmte mich hoffnungsfroh und zeigte mir, dass es noch ein ernstzunehmendes Korrektiv in diesem Land gibt. In der ersten Reihe des Gerichtssaals saßen prominente Politikerinnen und Politiker (darunter Ursula von der Leyen, die damalige Schirmherrin des Bundesverbandes Deutsche Tafel e. V.), die gleich nach der Urteilsverkündung eilig Pressekonferenzen gaben, auf denen sie versicherten, dass sie schon immer das taten, was das Bundesverfassungsgericht gerade verlangt hatte.

Aber so ganz stimmte das nicht. Denn zuvor hatten sich die Politiker eine deutliche Rüge anhören müssen. Eindringlich wurde ihnen von den Richtern »mehr Nähe zur sozialen Realität« angemahnt. Eine der anwesenden Richterinnen, Christine Hohmann-Dennhardt, hat an anderer Stelle einmal gesagt, was sie unter sozialer Gerechtigkeit versteht.»Dass Vieles im Leben nicht gerecht verteilt ist, ist solange hinnehmbar, wie man selbst einen hinreichend festen Boden unter den Füßen verspürt und sich in der Lage sieht, eigenen Bedürfnissen nachzukommen und aus seinem Leben etwas machen zu können. Nicht das Greifen nach unerreichbaren Sternen ist das Begehren der meisten Menschen, sondern der Wunsch ... nicht anderen ausgeliefert zu sein und nicht in ein Loch zu fallen, wenn man von Schicksalsschlägen getroffen wird.«[1] Im Schamland aber sind Mitbürgerinnen und Mitbürger anderen ausgeliefert. Es wäre die Aufgabe von Politikern, genau dies zu verhindern. Notwendig dazu ist allerdings eine ehrliche Interpretation der gesellschaftlichen Realität.

An diesem Tag im Frühjahr 2010 schöpfte ich Kraft und Hoffnung, weil ich glaubte, dass die Richter tatsächlich Einfluss auf das politische System hätten. Aber schon im Sommer 2012 dämpfte der Leiter des Bundessozialgerichts Kassel meine Erwartungen: Arme, die mit den knapp 140 Euro, die der Hartz-IV-Regelsatz für Lebensmittel vorsieht, nicht auskämen, könnten doch, so seine Argumentation, zu den Tafeln gehen.[2]

Die größte Gefahr besteht für mich darin, dass sich eine Art Blindheit durchsetzt, dass wir dort wegschauen, wo es nötig wäre zu handeln. Regelmäßig erlebe ich dies auf öffentlichen Veranstaltungen von Stiftungen und Wohlfahrtsverbänden, zu denen ich als Redner oder Diskutant eingeladen werde. Meist läuft alles sehr ritualisiert ab. Schon im Vorfeld lobt ein möglichst hochrangiger Vertreter der veranstaltenden Organisation das Engagement der Ehrenamtlichen und macht deutlich, dass dieses als uneingeschränkt anerkennenswert zu gelten habe. Aber man müsse sich eben auch der Kritik stellen. Das ist dann meine Rolle. Dann darf ich einen (mehr oder weniger) kritischen Vortrag halten. Anschließend wird diskutiert oder in sogenannten Murmelrunden die eigene Erfahrung abgefragt. Dabei wird über Tafeln und Suppenküchen gesprochen, wie man eben so spricht, wenn man nicht selbst hingehen muss.

Nur einmal erlebte ich, wie sich die Widerspenstigkeit der

Epilog

Welt zeigte und die Nähe zur Realität plötzlich da war, hautnah und ungeplant. Mitten in einer dieser durchorganisierten Veranstaltungen stand eine Frau auf und griff sich das Saalmikrofon. Nach mehreren Anläufen schaffte sie es, stockend zu sprechen. »Es geht, wenn man sich nicht so viel leisten kann, das geht. Wenn man nicht so tolle Klamotten hat wie andere, das geht auch. Aber wenn meine siebenjährige Tochter nach Hause kommt, und mich fragt, Mami, sind wir arm? Das geht nicht!« Da war pure Verzweiflung. »Ich schäme mich so sehr, da auf der Straße zu stehen.« Sie richtete sich an den anwesenden Leiter der örtlichen Tafel und fragte ihn, während sie in Tränen ausbrach: »Warum machen Sie das mit uns? Wir sind doch auch Menschen!«

Nach der Veranstaltung kam ein Mann auf mich zu. Er war unzufrieden mit dem Ergebnis des Abends. »Viel Gerede, keine Lösungen, wie immer.« Er fragte nach einem meiner Bücher, ich gab es ihm. Dann erkundigte er sich nach dem Preis. Ich nannte ihn. Er blättert noch ein wenig in dem Buch und gab es mir dann zurück. Auf der Straße unterhielten wir uns weiter, denn wir hatten den gleichen Weg. Ich verabschiedete mich. »Meine Tasche ist zu schwer«, sagte ich und gab ihm das Buch.

Er schaute mich an. »Stefan, es ist kalt, du musst gut auf deinen Kopf aufpassen.«

Ich setzte meine Mütze auf und ging.

Danksagung

Bevor ich allen, die mir geholfen haben, meinen Dank ausspreche, möchte ich John Searle erwähnen, einen großen Philosophen. Eine Stelle in seinem Buch *Wie wir die soziale Welt machen* liest sich wie eine perfekte Anleitung zur öffentlichen Soziologie. »Wenn du es nicht klar sagen kannst, verstehst du es selbst nicht; und wenn du es im Rahmen öffentlicher Debatten nicht erfolgreich verteidigen kannst, solltest du es nicht veröffentlichen.« Ich fand dieses Zitat im Danksagungskapitel seines Buches. Man sollte diese Kapitel also nicht überblättern.

Dieses Buch wäre ohne die direkte Hilfe zahlreicher Personen nicht möglich gewesen. Jeder Versuch, *allen* Beitragenden zu danken, kann eigentlich nur scheitern. Dennoch will ich es versuchen.

Allen voran bedanke ich mich bei meinen zahlreichen Gesprächspartnern, die ich zwischen 2009 und 2012 in allen Teilen des Landes getroffen habe – besonders dafür, dass sie mir ihre Geschichten erzählt und mich vieles gelehrt haben, was ich sonst nie gelernt hätte. Ich hoffe, dass sie alle sich in den Schilderungen dieses Buches angemessen wiederfinden.

Viele Unterstützer haben dafür gesorgt, dass ich den oben zitierten Rat von Searle praktisch in die Tat umsetzen konnte. Ich danke Luise Molling, die mich seit langem als Mitarbeiterin in meinen Projekten mit ihrem fundierten Wissen begleitet und mit ihrem kritischen Feedback unterstützt. Sie half mir immer wieder, meine Gedanken aus dem »Soziologischen« (wie sie es nennt) ins Deutsche zu übersetzen. Zudem wäre die öffentliche Diskussion über Tafeln ohne sie um zahlreiche zentrale Argumente ärmer.

Vielen weiteren Personen bin ich zu Dank verpflichtet, weil sie mich bei meinen Feldforschungen vor Ort unterstützt oder motiviert haben: Jörg Ackermann, Dorothee Bodewein, Lioba Breu-Wedel, Claudia Daseking, Petra Ehrenfort, Peter Grottian, Michaela Hofmann, Werner Rätz, Hilde Rektorschek, Friedrich Scherrer, Roman Schlag, Gabriele Schmidt, Ulrich Thien, Stefan Weber und Ursula Zeeb.

Wichtig waren auch viele Menschen, die mir immer wieder »den Rücken freigehalten haben«, damit neben der Pflicht auch Zeit für die Kür blieb. Dies waren insbesondere die Mitarbeiterinnen an der Hochschule Furtwangen Jeanine Erdman, Tamara Ernst, Cornelia Gradel, Michaela Hölz, Liane Kochendörfer, Manuela Philipp, Nadine Roskoden sowie die Studierenden Ina Dressler und Levke Johannsen. Auch ihr Beitrag ist in diesem Buch mit enthalten. Danke dafür!

In diesem Zusammenhang möchte ich einen ganz besonderen Kollegen und Freund erwähnen, Eduard Heindl und seine Frau Katharina. Beide leben wie ich im Schwarzwald. Mit ihnen und ihren Kindern verbrachte ich kurzweilige Abende, gefüllt mit Diskussionen über Gott, die Welt und die Tafeln. Obwohl beide Physiker sind, habe ich ihnen zahlreiche Anregungen zu verdanken. Vielleicht gerade deswegen. Vor allem haben sie mir immer wieder Mut gemacht. Ich danke euch dafür!

Meinen ersten kritischen Lesern des Manuskripts danke ich für die vielen nützlichen Anmerkungen, die ich zur Verbesserung des Textes verwenden konnte: Georg Dold, Søren Gahrmann, Michaela Hofmann, Luise Molling und Nadine Roskoden.

Geholfen haben mir auch echte Profis. Silvie Horch und Andy Hahnemann vom Econ-Verlag waren als Lektoren an der

Danksagung

Strukturierung und Veredelung meines Textes maßgeblich beteiligt. Ein lehrreicher Prozess, für den ich beiden danken möchte.

Mein Forschungsfreisemester im Wintersemester 2012/13 verbrachte ich am Soziologischen Institut der Universität Wien. Dort stellte ich das Buch fertig. Besonders bedanken möchte ich mich bei Jens Becker und Sieghard Neckel, die das möglich gemacht haben, sowie Ulrike Froschauer und Roland Verwiebe, die mich dort aufs Herzlichste aufgenommen haben. Mein Dank geht auch an die Studierenden meines Seminars *Die Topographie des Guten. Zur gesellschaftlichen Konstruktion wertvoller Handlungen*, die mich durch ihre Kritik zu zahlreichen neuen Überlegungen animiert haben.

Dieses Buch ist auch ein Anlass, meinen Eltern zu danken. Meinem Vater danke ich dafür, mich gelehrt zu haben, jeden Menschen bedingungslos zu achten. Meiner Mutter dafür, dass sie mich immer wieder aufgefordert hat, meine Ziele zu verfolgen.

Zu guter Letzt möchte ich meiner Frau Marion von ganzem Herzen danken. Seit ich mich mit diesem Thema beschäftige, setzt sie sich geduldig mit meinen Zweifeln auseinander. Sie erstellte alle Transkripte der Gespräche, die ich in den letzten Jahren geführt habe, eine Mammutaufgabe, die mehrere Ordner füllt. Sie sorgte immer dafür, dass ich zum richtigen Zeitpunkt vor der richtigen Haustüre stand. Ohne sie, ihre praktische Unterstützung, ihre Motivation und ihre bedingungslose Liebe wären dieses Leben und diese Aufgabe nicht möglich gewesen. Ihr ist dieses Buch gewidmet.

ANMERKUNGEN

Prolog

1. Nachdem die Karlsruher Bundesverfassungsrichter festgestellt hatten, dass die Leistungsbezüge über Hartz IV so niedrig sind, dass sie gegen das Grundgesetz verstoßen, warnte Guido Westerwelle, damals Außenminister: »Wer dem Volk anstrengungslosen Wohlstand verspricht, lädt zu spätrömischer Dekadenz ein.«
2. Die Nationale Armutskonferenz ist ein Zusammenschluss der Spitzenverbände der Freien Wohlfahrtspflege, bundesweit tätiger Fachverbände und Selbsthilfeorganisationen sowie des Deutschen Gewerkschaftsbundes. Sie gründete sich 1991 als Sektion des Europäischen Armutsnetzwerkes. Gegenwärtig entstehen immer mehr Landesarmutskonferenzen.

I Armut mitten unter uns

1. Originaltitel »2030 – Aufstand der Jungen«, Regie und Drehbuch Jörg Lühdorff, ZDF 2011. Der Film ist das Pendant zum Vorgänger »Aufstand der Alten«, in dem der Zusammenbruch des Rentensystems thematisiert wurde. Die Zitate stammen aus Rezensionen in der *Frankfurter Rundschau* vom 12. Januar 2011 (www.fr-online.de/medien/duestere-zeiten,1473342,5175 610.html – letzter Abruf am 12. 11. 2012) und *Spiegel-Online* (www.spiegel.de/kultur/tv/zdf-schocker-aufstand-der-jungen-rente-her-sonst-gibt-s-randale-a-738204.html).
2. Alle Zitate, die in diesem Buch verwandt werden, stammen aus meinem eigenen Forschungskontext, etwa dem Projekt »Tafel-Monitor. Transformation der Lebensmitteltafeln und ähnlicher existenzunterstützender Angebote im institutionellen Spannungsfeld zwischen Angebot und Nachfrage«, das von 2011 bis 2013 vom Ministerium für Wissenschaft und Kunst Baden-Württemberg gefördert wurde. Mehr dazu unter www.tafel-

forum.de/forschung/projekte.html. Die Zitate werden in anonymisierter Form wiedergegeben.
3 Vgl. dazu: Selke, Stefan (2010): Kritik der Tafeln in Deutschland – Ein systematischer Blick auf ein umstrittenes gesellschaftliches Phänomen. In: ders. (Hg.), Kritik der Tafeln in Deutschland. Standortbestimmungen zu einem ambivalenten sozialen Phänomen. Wiesbaden, S. 11–53.
4 Auf der Basis des Wandels der Vorstellungen über Wohlstand – weniger Wachstum, dafür mehr Sicherheit – haben Forscher des Ipsos-Instituts einen »Nationalen Wohlstandsindex für Deutschland« entwickelt. Dieser misst Wohlstand anders als das BIP. Auch die Enquete-Kommission des Bundestages arbeitet an der Entwicklung eines umfassenden und ganzheitlichen Wohlstandsmaßstabs. Allerdings werden die Alternativ-Indizes ebenso kontrovers diskutiert wie das BIP.
5 Das BIP betrug dabei 2011 umgerechnet gut 43 000 Dollar pro Bürger. Quellen: www.destatis.de/DE/PresseService/Presse/ Pressekonferenzen/2012/BIP2011/Pressebroschuere_BIP 2011.pdf?__blob=publicationFile sowie www.imf.org/external/ country/index.htm und http://de.wikipedia.org/wiki/Liste_ der_Länder_nach_Bruttoinlandsprodukt_pro_Kopf.
6 Vgl. Ehlert, Martin/Heisig, Jan Paul (2011): Arm, ärmer, am ärmsten. Menschen mit niedrigem Einkommen steigen immer häufiger ab. In: WZB-Mitteilungen, S. 134, 7 ff.
7 Vgl. dazu: www.spiegel.de/wirtschaft/soziales/statistik-zu-armut-und-sozialer-ausgrenzung-verzerrt-die-wirklichkeit-a-862962.html.
8 In globaler Perspektive werden darunter Menschen verstanden, die mit weniger als einem US-Dollar pro Tag auskommen müssen. Das ist die Armutsgrenze für die UNO und die Weltbank. Absolute Armut kann es also in Deutschland kaum geben.
9 Vgl. dazu: Pfeiffer, Sabine (2010): Hunger in der Überflussgesellschaft. In: Selke (2010), (Hg.): Kritik der Tafeln in Deutschland, S. 91–107.
10 Trotz einiger Unterschiede in verschiedenen Konzepten hat sich dieses durch das »Bedarfsgewicht« dividierte Haushaltseinkommen als Vergleichsmaßstab in der Armutsforschung durchgesetzt. Es ist der Maßstab für die rechnerische Grenzziehung zwischen ›arm‹ und ›nicht-arm‹. Wer weniger als 60 Prozent des Netto-Äquivalenzeinkommens zur Verfügung hat, gilt als ›relativ arm‹. Gegenwärtig liegt dieser Schwellenwert bei rund

Anmerkungen 259

950 Euro/Monat für eine alleinstehende Person. Wer sogar weniger als 40 Prozent zur Verfügung hat, gilt als ›streng arm‹.

11 Vgl. dazu: Paugam, Serge (2008): Die elementaren Formen der Armut. Hamburg, S. 9.

12 Die Berechnung der Armutsgrenze nach der EU-Standardmethode ist nur eine von mehreren konkurrierenden. Neben der EU-einheitlichen Berechnung auf Basis des sogenannten Laeken-Indikators gibt es Berechnungsansätze auf Basis des Sozioökonomischen Panels (SOEP) des Deutschen Instituts für Wirtschaft DIW sowie auf Basis der Einkommens- und Verbrauchsstichprobe EVS. Je nach Berechnungsgrundlage variieren die Armutsschwellen also erheblich. Armut lässt sich auch auf der Basis des Steuerlichen Existenzminimums sowie die Pfändungsfreigrenze definieren.

13 Damit sind die Hausrestaurants des Möbelanbieters gemeint, die immer öfter von Personen frequentiert werden, die günstig essen gehen wollen. Vgl. dazu: www.spiegel.de/spiegel/print/d-44943904.html.

14 Zum Beispiel: Nahrungsmittel und Getränke (135,62 Euro), Bekleidung und Schuhe (34,13 Euro), Gesundheitspflege (15,55 Euro), Freizeit, Unterhaltung und Kultur (39,98 Euro). Die Zahlen können wegen laufender Änderungen geringfügig variieren. Seit Januar 2012 werden folgende Hartz-IV-Regelsätze gezahlt: Erwachsene: 374 Euro, Lebenspartner im gleichen Haushalt: 337 Euro, Erwachsene im Haushalt anderer: 299 Euro, Jugendliche zwischen 14 und 18 Jahren: 287 Euro. Die Regelsätze haben sich wie folgt entwickelt: 345 EUR (2006), 351 EUR (2007), 359 EUR (2009), 364 EUR (2011).

15 Vgl. dazu: www.abendblatt.de/hamburg/article1379391/Evangelische-Kirche-ruft-zum-Hartz-IV-Fasten-auf.html.

16 Das Medianeinkommen ist nicht identisch mit dem Durchschnittseinkommen, sondern repräsentiert das mittlere Einkommen (»Zentralwert«). Das heißt 50 Prozent aller Einkommen liegen unterhalb des Medianwertes und 50 Prozent liegen darüber. Statistische Ausreißer würden das Durchschnittseinkommen verändern, das Medianeinkommen hingegen kaum. Daher dient das Medianeinkommen als Berechnungsgrundlage für Armuts- und Reichtumsverteilungen. Die ›Reichtumsschwelle‹ liegt gegenwärtig bei rund 3500 Euro monatlichem Nettoeinkommen. Fragt man die ›Menschen von der Straße‹, dann beginnt für sie im Durchschnitt Reichtum bei rund 9000

bis 10 000 Euro. Reichtum und gefühlter Reichtum, also auch Armut und gefühlte Armut, können weit auseinanderliegen. Vgl. dazu: www.naechste-nah-und-fern.com/naechste_downloads/0_11_Werkstatt_Oekonomie-Reichtum_und_Armut.pdf.

17 Vgl. dazu: Hans-Böckler-Stiftung (2003): Armut und Reichtum in Deutschland. Forschungsinitiativen für mehr Verteilungsgerechtigkeit, www.boeckler.de/pdf/p_fo_arm_und_reich_2003.pdf.

18 www.bertelsmann-stiftung.de/bst/de/media/xcms_bst_dms_33013_33014_2.pdf.»Im Durchschnitt« bedeutet hier, dass unterschiedliche Bevölkerungsgruppen unter- oder überdurchschnittlich von Armut betroffen sind. Besonders gefährdet sind Nicht-Deutsche (rund 23 %) Bewohner der neuen Bundesländer (rund 23 %), Geschiedene (rund 27 %), Personen mit Hauptschulbesuch ohne Abschluss (rund 26 %), Ein-Eltern-Haushalte (rund 35 %) und Arbeitslose (57 %).

19 Das Armutsrisiko liegt in den neuen Bundesländern um rund 50 Prozent höher als in den alten Bundesländern. Fast jeder fünfte Bürger in Ostdeutschland ist von Armut betroffen. Gemessen am Bundesmedian (15 Prozent) erreicht die Armutsrisikoquote in Mecklenburg-Vorpommern 24,3 Prozent und in Sachsen-Anhalt 21,5 Prozent. Die niedrigsten Werte finden sich in Bayern mit 11 Prozent und in Baden-Württemberg mit 10 Prozent. Vgl. dazu: Nationale Armutskonferenz (2010): Armut und Ausgrenzung überwinden – in Gerechtigkeit investieren. Erfahrungen, Hintergründe, Perspektiven. Berlin, S. 9.

20 Diesen Zusammenhang hat der Soziologe Georg Simmel (1858–1918) in seinem Essay *Der Arme* zeitlos klassisch auf den Punkt gebracht. Er zeigte, dass wir durch die Art und den Umfang der gewährten Unterstützungsleistung erst definieren, wer als arm zu gelten hat und wer nicht. Vgl. Simmel, Georg (1992): Soziologie. Untersuchungen über die Formen der Vergesellschaftung. Band 2 der Gesamtausgabe. Frankfurt a. M., S. 551.

21 Vgl. www.sueddeutsche.de/politik/einkommensverteilung-in-deutschland-bundesregierung-schoent-armutsbericht-1.1535166.

22 Vgl. www.der-paritaetische.de/245/?tx_ttnews%5Btt_news%5D=7329&cHash=4b84cc5019029c624d7604b1b231c406.

23 www.sueddeutsche.de/wirtschaft/armutsbericht-des-paritaetischen-gesamtverbandes-deutschland-arbeitet-sich-arm-1.1555664.

Anmerkungen   261

24 Vgl. www.bertelsmann-stiftung.de/bst/de/media/xcms_bst_
   dms_33013_33014_2.pdf.
25 Vgl. www.wdr.de/tv/quarks/sendungsbeitraege/2009/0519/
   006_geld2.jsp.
26 Vgl. Nationale Armutskonferenz (2012): Die im Schatten sieht
   man nicht. Armut in Deutschland. Schattenbericht der Nationalen Armutskonferenz. Sonderausgabe der Berliner Straßenzeitung Straßenfeger.
27 Vgl. dazu Camporesi, Piero (1990): Das Brot der Träume. Hunger und Halluzination im vorindustriellen Europa. Frankfurt a. M.
28 Vgl. Lengfeld, Holger/Hirschle, Jochen (2009): Die Angst der Mittelschicht vor dem sozialen Abstieg. In: Zeitschrift für Soziologie, Jg. 38, H. 5, S. 379–398.
29 Die neue soziale Frage bedeutet aber auch eine Status-Umverteilung der Gesellschaft. In den späten 1980er und den 1990er Jahren tauchten die ersten Thesen von der Polarisierung der Gesellschaft auf; man sprach von der »Zwei-Drittel-« oder der »Vier-Fünftel-Gesellschaft«.
30 Vgl. dazu: Selke, Stefan/Maar, Katja (2011): Grenzen der guten Tat. Ergebnisse des Forschungsprojekts »Existenzunterstützende Angebote in Trägerschaft von gemeindlichen und verbandlichen Anbietern in NRW«. In: Caritas in NRW (Hg.), Brauchen wir Tafeln, Suppenküchen und Kleiderkammern? Hilfen zwischen Sozialstaat und Barmherzigkeit. Freiburg i. Br., S. 12–104.
31 Vgl. dazu: Dingeldey, Irene (2007): Wohlfahrtsstaatlicher Wandel zwischen »Arbeitszwang« und »Befähigung«. Eine vergleichende Analyse aktivierender Arbeitsmarktpolitik in Deutschland, Dänemark und Großbritannien. In: Berliner Journal für Soziologie, Jg. 17, H. 2, S. 189–207 sowie Weischer, Christoph (2011): Sozialstrukturanalyse. Grundlagen und Modelle. Wiesbaden, S. 469.
32 Und zwar nicht etwa für Arbeiten im öffentlichen Raum, sondern als Umsonst-Arbeiter in einer Supermarktkette, die auf »Workfare-Mitarbeiter« zurückgreift, um ihren Umsatz zu steigern. Im »Community Action Program« werden rund 500 000 Menschen zu Arbeitstätigkeiten ohne Lohn gezwungen. Betreut werden dieses und andere Programme von Konzernen, nicht vom Staat. Vgl. www.gegen-hartz.de/nachrichtenueberhartz iv/zwangsarbeit-ohne-lohn-in-grossbritanien-9001075.php.
33 Vgl. dazu: Kowitz, Doris (2012): Die Arbeitsbeschaffungsmaßnahme. In: brand eins. Wirtschaftsmagazin, Jg. 14, H. 9, S. 81–89.

34 Der allgemein verbindliche und damit gesetzliche Mindestlohn betrug im Tatzeitraum 7,68 Euro pro Stunde (Oberlandesgericht Naumburg, Beschluss vom 1.12.2010, 2 Ss 141/10). Vgl. www.kostenlose-urteile.de/OLG-Naumburg_2-Ss-14110_OLG-Naumburg-Nichtzahlung-von-Mindestlohn-ist-Straftat.news10697.htm.
35 Für die Sammlung von Daten über Deutschland sind verantwortlich: Asienhaus; Deutscher Caritasverband; DGB-Bildungswerk; FIAN Section Germany; Friedrich-Ebert-Stiftung; Global Policy Forum Europe; IG Metall; INKOTA Netzwerk; Ökumenischer Trägerkreis Armut/Reichtum – Gerechtigkeit; Pax Christi; Philippinenbüro; Pro Asyl; Terre des hommes Germany; World Economy, Ecology & Development (WEED); Werkstatt Ökonomie. Vgl. www.social-watch.de.
36 Alle Zitate: Sprachendienst des Deutschen Bundestages. Unredigierte Vorabfassung, 20. Mai 2011, S. 6 f.
37 Alle Zitate: www.bundesregierung.de/Content/DE/Artikel/2011/07/2011-07-08-un-sozialbericht.html.
38 Vgl. dazu: www.nwzonline.de/politik/un-kritik-an-sozialer-lage-in-deutschland_a_1,0,596443040.html.
39 Nur linke Medien und NGOs sahen sich in ihrer Sichtweise bestätigt. *Der Spiegel* zweifelte wie die Bundesregierung an den zugrunde liegenden Daten und kritisierte, wie diese zustande gekommen sind. Vgl.: www.spiegel.de/politik/deutschland/bericht-zur-sozialen-lage-wie-deutschland-zum-buhmann-der-uno-wurde-a-773055.html. Auch die *Welt* stellte sich auf die Seite der Bundesregierung und war erzürnt, dass die positiven Entwicklungen und die im internationalen Vergleich gute soziale Lage Deutschlands nicht anerkannt würden. Vgl. dazu: www.welt.de/politik/deutschland/article13472078/UN-Bericht-mangelt-es-an-serioesen-Grundlagen.html.
40 Grundlagenpapier von FIAN Deutschland »Ernährungsarmut und das Menschenrecht auf Nahrung in Deutschland«. Vgl. dazu: www.fian.de/online/index.php?option=com_content&view=article&id=456:asylbewerberleistungsgesetz-verstoesst-gegen-international-geschuetzte-menschenrechte&catid=56:pressemitteilungen&Itemid=59. FIAN (Food First Informations- und Aktionsnetzwerk) ist die Internationale Menschenrechtsorganisation für das Recht auf Nahrung und in 18 Ländern auf allen fünf Kontinenten vertreten.
41 Umfrage im Auftrag der Bertelsmann Stiftung. Die Umfrage wurde in Deutschland und Österreich mit 1003 bzw. 500 Be-

Anmerkungen

fragten im Juli 2012 durchgeführt. Vgl. dazu: www.bertelsmann-stiftung.de/cps/rde/xchg/bst/hs.xsl/nachrichten_113 236.htm.

42 Vgl. dazu: Boltanski, Luc/Chiapello, Ève (2006): Der neue Geist des Kapitalismus. Konstanz.

43 Vgl. dazu: Hirsch, Joachim (1995): Der nationale Wettbewerbsstaat. Staat, Demokratie und Politik im globalen Kapitalismus. Berlin; Lessenich, Stephan (2008): Die Neuerfindung des Sozialen. Der Sozialstaat im flexiblen Kapitalismus. Bielefeld; Butterwegge, Christoph (2010): Gerechtigkeit auf dem Rückzug. Vom bismarckschen Sozialstaat zum postmodernen Suppenküchenstaat? In: Selke (2010), (Hg.): Kritik der Tafeln in Deutschland, S. 73–89.

44 Vgl. dazu: Sennett, Richard (2000): Der flexible Mensch. Die Kultur des neuen Kapitalismus. Berlin.

45 Vgl. dazu: Crouch, Colin (2008): Postdemokratie. Frankfurt a. M., S. 35.

46 Ebd., S. 11 ff.

47 Vgl. dazu: Nationale Armutskonferenz NAK (2010): Armut und Ausgrenzung überwinden – in Gerechtigkeit investieren. Erfahrungen, Hintergründe, Perspektiven. Berlin, S. 8.

48 Vgl. ebd.

49 Vgl. dazu: Molling, Luise (2009): Die Tafeln und der bürgerliche Diskurs aus gouvernementalistischer Perspektive. In: Selke, Stefan (Hg.): Tafeln in Deutschland. Aspekte einer sozialen Bewegung zwischen Nahrungsmittelumverteilung und Armutsintervention. Wiesbaden, S. 166.

50 Befragt wurden in dieser Studie vier Männer und fünf Frauen im Alter von 29 bis 69 Jahren. Der Kontakt für die Interviews wurde dabei bei tafelähnlichen Lebensmittelausgabestellen hergestellt. Vgl. dazu Becker, Jens/Gulyas, Jennifer (2012): Armut und Scham – über die emotionale Verarbeitung sozialer Ungleichheit. In: Zeitschrift für Sozialreform, J. 58. H. 1, S. 83–99.

51 Vgl. Bolay, Eberhard (1998): Scham und Beschämung in helfenden Beziehungen. In: Metzler, Heidrun/Wacker, Elisabeth (Hg.), »Soziale Dienstleistungen«. Zur Qualität helfender Beziehungen. Tübingen, S. 29–52.

52 Vgl. dazu: Neckel, Sighard (2008): Die Macht der Stigmatisierung: Status und Scham. www.armutskonferenz.at/index2.php?option=com_docman&task=doc_view&gid=324&Itemid=6.

53 Vgl. dazu: Marks, Stephan (2007): Scham – die tabuisierte Emotion. Düsseldorf.
54 Diese Formulierung geht auf eine klassische Untersuchung des Soziologen Simmel zurück. Vgl. Simmel, Georg (1983/1901): Zur Psychologie der Scham. In: ders., Schriften zur Soziologie. Eine Auswahl. Frankfurt a. M., S. 142.
55 Vgl. dazu: Bittlingmayer, Uwe H./Bauer, Ullrich (2009): II. Begriffe. Herrschaft (domination) und Macht (pouvoir). In: Fröhlich, Gerhard/Rehbein, Boike (Hg.), Bourdieu-Handbuch. Leben – Werk – Wirkung. Stuttgart, S. 118–124, Zitat S. 119.
56 Vgl. dazu: Becker/Gulyas (2012): Armut und Scham, S. 87.
57 Vgl. dazu: Neckel, Sighard (2009): Soziologie der Scham. In: Schäfer, Alfred/Thompsen, Christiane (Hg.), Scham. Paderborn, S. 103–118.
58 Vgl. dazu: Winkler, Marlis (2010): Nähe, die beschämt. Armut auf dem Land. Eine qualitative Studie des Sozialwissenschaftlichen Instituts der EKD. Münster, S. 42.
59 Vgl. Wiesinger, Georg (2003): Ursachen und Wirkungszusammenhänge der ländlichen Armut im Spannungsfeld des sozialen Wandels. In: SWS-Rundschau, 1, S. 47–72; Becker, Irene/ Hauser, Richard (2005): Dunkelziffer der Armut, Ausmaß und Ursachen der Nicht-Inanspruchnahme zustehender Sozialhilfeleistungen. Berlin.
60 Vgl. Becker/Gulyas (2012): Armut und Scham, S. 85.
61 Vgl. ebd., S. 85 f.
62 Vgl. ebd., S. 94.
63 Vgl. Keupp, Heiner (1998): Ich muss mich einmischen. Selbstsorge und Politik der Lebensführung erweitern die Berufsarbeit in der Gesellschaft. In: DIE ZEIT, Nr. 16, 8. April 1998.
64 Das Institut für Demoskopie Allensbach befragte im Auftrag der Bundesagentur für Arbeit rund 1600 Personen (ab 16 Jahren). Laut Bundesagentur für Arbeit wurden im ersten Halbjahr 2012 rund 520 000 Sanktionen wegen Versäumnissen bei der fristgerechten Antwort auf Anschreiben oder fehlender Rückmeldungen verhängt.
65 Vgl. Becker/Gulyas (2012): Armut und Scham, S. 95.
66 So hat unter anderem Arnold Schwarzenegger in seiner Zeit als Gouverneur ›shame punishment‹ im US-amerikanischen Bundesstaat Kalifornien eingeführt.
67 Herrmann-Otto, Elisabeth (2011): Altersarmut in der Antike. In: Dokumentation einer Ausstellung des Sonderforschungsbe-

Anmerkungen

reichs »Fremdheit und Armut. Wandel von Inklusions- und Exklusionsformen von der Antike bis zur Gegenwart« der Universität Trier in Kooperation mit dem Stadtmuseum Simeonstift Trier und dem Rheinischen Landesmuseum Trier. Darmstadt, S. 265–272.

68 So bezeichnet der vagabundierende Kulturwissenschaftler Roland Girtler aus Wien Wissenschaftler, die die eigene Studierstube nicht verlassen. Vgl. Girtler, Roland (2009): 10 Gebote der Feldforschung. Münster, S. 9 ff.

II Trostbrot

1 Inzwischen sind die Lemmi-Märkte eine kleine Kette in NRW. Vgl. www.derwesten.de/wirtschaft/lemmi-ware-fuer-schnaeppchenjaeger-id6271651.html. Auch der Kik-Gründer Stefan Heinig investierte in die Lemmi-Märkte, die beiden Konzepte ergänzen sich wohl trefflich. Vgl. www.ruhrnachrichten.de/lokales/dortmund/KiK-Gruender-investiert-in-Lebensmittel-Discount-Lemmi;art930,1450779.

2 Am 18. Januar 2011 wurde die Klage vom Landgericht München I abgewiesen (Aktenzeichen 33 O 3818/09). Vgl. www.tiertafel.de/images/BV%20Dt.%20Tafel%20gg.%20Tiertafel%20-%20Endurteil%20LG%20Muenchen%2018.01.11.pdf.

3 Sie verfolgt dabei aber gänzlich andere Ziele: Die Tiertafel versucht in ihrer Web- und Printwerbung sowie in der Presseberichterstattung das Alleinstellungsmerkmal ›Mensch-Tier-Beziehung‹ in den Mittelpunkt zu rücken. So werden bei Tiertafeln u. a. Informationen über die artgerechte Haltung verschiedener Haustierarten vermittelt. In den Ausgabestellen hängen zwei Poster. Eines zeigt eine Katze, der ein Zettel um den Hals hängt. Darauf steht: »Ich mag Mäuse, aber mein Frauchen hat davon zu wenige auf dem Konto.« Das andere zeigt einen Hund, der einen Zettel im Maul hält, auf dem steht: »Liebe bekomme ich ohne Ende. Nur beim Futter sind wir knapp.«

4 Interview mit der Gründerin der Tiertafel Deutschland sowie Erläuterung des Prinzips der Tiertafel auf der Webseite. Vgl. dazu www.tiertafel.de/images/Tiertafel-Prinzip-Kurz-und-Knapp.pdf.

5 Vgl. http://blog.tiertafel.de/?page_id=182&cpage=18#comments.

6 Bei diesen bundesweit durchgeführten Zukaufaktionen kooperieren die Tafeln mit der Supermarktkette REWE. Kunden des Supermarktes werden dazu aufgefordert, ein Produkt mehr zu

kaufen und dieses dann an die Tafeln zu spenden. Für den Supermarkt ist dies eine lohnende Werbestrategie und Umsatzsteigerungsmethode, die Tafeln erhalten auf diese Weise Waren, die sonst im Warenkreislauf selten überflüssig sind und daher auch kaum gespendet werden (z. B. Zucker, Kaffee und ähnliche »Hartware«).

7 Grundlage der dort geleisteten Arbeit sind die Paragraphen 67 ff. im Sozialgesetzbuch XII.

III Der Chor der Tafelnutzer

1 Vgl. dazu http://de.wikipedia.org/wiki/Das_Echolot#Stellung_im_Werk.
2 Vgl. dazu http://de.wikipedia.org/wiki/Das_Echolot#Technik_der_Collage.
3 Katja Sauerbrei, Geschäftsführerin des Neunkircher Jobcenters, erläutert in einem Interview, dass sie Hartz-IV-Empfänger an die Tafel verweist, wenn das Geld nicht reicht, vgl. www.saarbruecker-zeitung.de/aufmacher/Jobcenter-Tafel;art27856,4601688.

IV Zurückbleiben, bitte!

1 Vgl. dazu: Kowitz, Doris (2012): Die Arbeitsbeschaffungsmaßnahme. In: brand eins. Wirtschaftsmagazin, Jg. 14, H. 9, S. 81–89.
2 Vgl. Groh-Samberg, Olaf (2010): Armut verfestigt sich – ein missachteter Trend: In: Armut in Deutschland. Aus Politik und Zeitgeschichte, 51–52/2010.
3 Hartz-IV-Ökonomien (2011). Stellungnahme des KDA (Kirchlicher Dienst in der Arbeitswelt). Hannover.
4 Vgl. Kaletta, Barbara (2008): Anerkennung oder Abwertung. Über die Verarbeitung sozialer Desintegration. Wiesbaden.
5 Vgl. dazu z. B. Robert-Koch-Institut (2005): Armut, soziale Ungleichheit und Gesundheit. Expertise des Robert Koch-Instituts zum 2. Armuts- und Reichtumsbericht der Bundesregierung (Thomas Lampert, Thomas Anke-Christine Saß, Michael Häfelinger, Thomas Ziese). Berlin; und Robert-Koch-Institut (2005): Gesundheitsberichterstattung des Bundes, H. 10. Gesundheit im Alter. Berlin.
6 Vgl. Richter-Kornweitz, Antje (2012): Die gesundheitliche Ungleichheit im Alter – ein Armutszeugnis. In: Butterwegge, Christoph/Bosbach/Birkwald (2012) (Hg.): Armut im Alter, S. 144–160.

Anmerkungen

7 Arm ist, wer weniger als 60 Prozent des mittleren Äquivalenzeinkommens zur Verfügung hat. Reich ist, wer mehr als 200 Prozent des mittleren Einkommens zur Verfügung hat.
8 Vgl. z. B. Robert-Koch-Institut (2005): Armut, soziale Ungleichheit und Gesundheit. Expertise des Robert Koch-Instituts zum 2. Armuts- und Reichtumsbericht der Bundesregierung (Thomas Lampert, Thomas Anke-Christine Saß, Michael Häfelinger, Thomas Ziese). Berlin; sowie Robert-Koch-Institut (2005): Gesundheitsberichterstattung des Bundes, H. 10. Gesundheit im Alter. Berlin.
9 Vgl. Nationale Armutskonferenz (2010): Armut und Ausgrenzung überwinden – in Gerechtigkeit investieren. Erfahrungen, Hintergründe, Perspektiven. Berlin, S. 72 ff.
10 »Jeder hat das Recht auf einen Lebensstandard, der seine und seiner Familie Gesundheit und Wohl gewährleistet, einschließlich Nahrung, Kleidung, Wohnung, ärztliche Versorgung und notwendige soziale Leistungen.« (Art. 25, Allgemeine Erklärung der Menschenrechte, 1948).
11 Lessenich (2008): Die Neuerfindung des Sozialen.
12 Vgl. Martens, Rudolf (2010): Der Armutsbericht ist tot – es lebe die Armutsrechnung! Armut als Folge der Wirtschaftspolitik. In: Blätter der Wohlfahrtspflege, Zitat 2, S. 63–67, S. 65.
13 Vgl. Crouch, Colin (2011): Das befremdliche Überleben des Neoliberalismus. Postdemokratie II. Frankfurt a. M., S. 227.
14 Vgl. Nationale Armutskonferenz (2010): Armut und Ausgrenzung überwinden – in Gerechtigkeit investieren. Erfahrungen, Hintergründe, Perspektiven. Berlin, S. 7.
15 Vgl. Heitmeyer, Wilhelm (2012) (Hg.): Deutsche Zustände. Folge 10. Frankfurt a. M.
16 Die folgenden Ausführungen basieren auf der Ausstellung »Armut – Perspektiven in Kunst und Gesellschaft« in Trier.
17 Vgl. Uerlings, Herbert (2011): Armut – Perspektiven in Kunst und Gesellschaft. In: Dokumentation einer Ausstellung des Sonderforschungsbereiches »Fremdheit und Armut. Wandel von Inklusions- und Exklusionsformen von der Antike bis zur Gegenwart« der Universität Trier in Kooperation mit dem Stadtmuseum Simeonstift Trier und dem Rheinischen Landesmuseum Trier. Darmstadt, S. 16.
18 Das Bild stammt von Pieter Brueghel d. J. (Die sieben Werke der Barmherzigkeit, zwischen 1616 und 1638, Ulm, Museum der Brotkultur).

19 Das Bild stammt von Wilhelm von Herp (Der Heilige Antonius von Padua verteilt Brot an die Armen, um 1650, Ulm, Museum der Brotkultur).
20 Aristoteles, Nikomachische Ethik, 1124b, zit. n. Metzler, Heidrun/ Wacker, Elisabeth (Hg.): »Soziale Dienstleistungen«. Zur Qualität helfender Beziehungen – Einführung. Tübingen.
21 Vgl. Uerlings (2011), S. 17. Eine ähnliche Bedeutung schwingt auch in der Redewendung »Vergelt's Gott« mit. Lautete die Dankesformel von Bettler oder Gabenempfänger »Vergelt's Gott«, so bedeutete dies ein Plus auf dem Punktekonto bei Gott. Mit der Formel schwang der (Aber-)Glaube mit, dass man für drei »Vergelt's Gott« in den Himmel käme.
22 www.merkur-online.de/lokales/dorfen/dorfener-tafel-armut-schrecken-nehmen-1413043.html.
23 Vgl. Wahse, Jürgen u. a. (2010): IAB Betriebspanel. Ergebnisse der vierzehnten Welle. Berlin, S. 29.
24 Vgl. Weischer, Christoph (2011): Sozialstrukturanalyse. Grundlagen und Modelle. Wiesbaden, S. 470.
25 Vgl. Sennett (2000): Der flexible Mensch.
26 Vgl. Dörre, Klaus u. a. (2006): Prekäre Arbeit. Ursachen, Ausmaß, soziale Folgen und subjektive Verarbeitungsformen unsicherer Beschäftigungsverhältnisse. Gutachten für die Friedrich-Ebert-Stiftung. Bonn.
27 Vgl. Lutz, Ronald (2010): Grundversorgung, Barmherzigkeit und Elendsverwaltung im Modus der Tafeln. In: Selke, Stefan (Hg.): Kritik der Tafeln in Deutschland. Standortbestimmungen zu einem ambivalenten sozialen Phänomen. Münster, S. 241–257.
28 Vgl. Lebenslagen in Deutschland. Entwurf des 4. Armuts- und Reichtumsberichts der Bundesregierung.
29 Arbeitslose (41 %), Erwerbstätige, die mehr als 15 Stunden pro Woche arbeiten, denen aber das Geld nicht zum Leben reicht (13 %), Personen, die arbeitsmarktpolitische Maßnahmen absolvieren (14 %), sowie Personen, die dem Arbeitsmarkt nicht zur Verfügung stehen (32 %). Monatsbericht der Bundesagentur für Arbeit, Januar 2011. Die SGB-II-Quoten variieren hier je nach Region erheblich. Sie schwanken von 4,1 Prozent in Bayern und 4,9 Prozent in Baden-Württemberg bis hin zu 16,7 Prozent in Sachsen-Anhalt und 20,6 Prozent in Berlin, vgl. http://statistik.arbeitsagentur.de/Statistikdaten/Detail/201212/iiia7/grusi-in-zahlen/grusi-in-zahlen-d-0-pdf.pdf.

Anmerkungen 269

30 Vgl. www.zeit.de/2011/52/DOS-Maria-und-Josef-Gespraech sowie die kompletten Ergebnisse der Langzeitstudie unter Heitmeyer, Wilhelm (2012) (Hg.), Deutsche Zustände. Folge 10. Frankfurt a. M.
31 www.duden.de/rechtschreibung/hartzen.
32 Das Konzept Inklusion/Exklusion wurde in den 1980er Jahren entwickelt, um den Blick für neue Aspekte des sozialen Wandels zu schärfen. Vgl. dazu auch Weischer (2011, S. 476): »Vermittelt über die ›Nationalen Aktionspläne zur Bekämpfung von Armut und sozialer Ausgrenzung‹ findet das Konzept auch in die nationale Sozialpolitik Einzug.«
33 Bundesministerium für Wirtschaft und Arbeit (2005), S. 10. Die Anzeigen gegen Clement wegen Volksverhetzung wurden von der Staatsanwaltschaft Berlin mit der Begründung abgewiesen, dass es zum Tatbestand der Volksverhetzung an einem Angriff auf die Menschenwürde fehle. Diese Herleitung ist schon recht alt. Allerdings verstand man unter ›Parasiten‹ zunächst ehrbare Leute. In der berühmten Enzyklopädie von Diderot/d'Alambert (1765) findet sich unter dem Stichwort »Parasit (Griechisches und römisches Altertum)« folgender Eintrag: »Die Griechen nannten die ersten Früchte des Feldes heiliges Getreide, denn sie bestanden hauptsächlich aus Weizen und Gerste. Jene, die dazu bestimmt waren, sie entgegenzunehmen, wurden Parasiten genannt, was sich von den griechischen Wörtern für neben & Speise ableitet, also denjenigen bezeichnete, der sich um die Nahrung kümmerte, dem das Amt oblag, das Getreide für den heiligen Ritus zu sammeln. Die Parasiten waren hochgeachtet & erhielten einen Anteil von dem Opferfleisch.« Erst durch den biologistischen Vergleich (Parasiten als schädliche Pflanzenarten) entstand die negative Konnotation. Vgl. Enzensberger, Ulrich (2001). Parasiten. Ein Sachbuch. Frankfurt a. M., S. 107 f.
34 Zum Zeitpunkt der Fertigstellung des Buches war lediglich der 3. Armuts- und Reichtumsbericht vollständig einsehbar. Vgl. Lebenslagen in Deutschland, 3. Armuts- und Reichtumsbericht der Bundesregierung (2008). Vgl. www.bmas.de/SharedDocs/Downloads/DE/PDF-Publikationen-DinA4/forschungsprojekt-a333-dritter-armuts-und-reichtumsbericht.pdf;jsessionid=976CD3098BBDF3E07DDE412381224A9E?__blob=publicationFile.
35 Nationale Armutskonferenz (2010): Armut und Ausgrenzung

überwinden – in Gerechtigkeit investieren. Armut in Deutschland. Zahlen, Stichworte, Fakten. Berlin.
36 Drucksache 17/6317 (29. 6. 2011).
37 www.spiegel.de/wirtschaft/soziales/zahl-der-empfaenger-von-grundsicherung-steigt-auf-rekordstand-a-861963.html
38 Vgl. www.berlin.de/sen/soziales/sicherung/sozialhilfe/regelsatz.html.
39 Vgl. Bäcker, Gerhard et al. (2010): Sozialpolitik und soziale Lage in Deutschland, Wiesbaden; sowie Bäcker, Gerhard/Neubauer, Jennifer (2008): Soziale Sicherung bei Armut durch Arbeitslosigkeit. In: Huster, Ernst-Ulricht et al.: Handbuch Armut und soziale Ausgrenzung, Wiesbaden, S. 501–522. Gesetzliche Grundlage vgl. www.gesetze-im-internet.de/sgb_12/BJNR3023000 03.html.
40 Vgl. Bäcker et al. (2010), S. 480/493 f.
41 Butterwegge/Bosbach/Birkwald (2012) (Hg.): Armut im Alter.
42 www.tagesschau.de/inland/altersarmut132.html.
43 Bäcker et al. (2010), S. 468.
44 Vgl. Wiesinger, Georg (2003): Ursachen und Wirkungszusammenhänge der ländlichen Armut im Spannungsverhältnis des sozialen Wandels. In: SWS-Rundschau, H.1, S. 47–72.
45 Vgl. Butterwegge, Carolin/Hansen, Dirk (2012): Altersarmut ist überwiegend weiblich. Frauen als Hauptleidtragende des Sozialabbaus. In: Butterwegge/Bosbach/Birkwald (Hg.): Armut im Alter, S. 111–129.
46 So ist grundsätzlich umstritten, ob die bedarfsgeprüfte Grundsicherung Armut vermeidet, also das Grundsicherungsniveau die Armutsgrenze markiert, oder ob die auf EU-Ebene angewandte Armutsgefährdungsgrenze (die bei 60 Prozent des Medians des Nettoäquivalenzeinkommens liegt) eine bessere Orientierung bietet. Das Grundsicherungsniveau liegt meist deutlich *unter* der EU-Armutsgrenze (Hauser 2009, S. 248). Letztlich ist die zentrale Frage, ob das im Grundgesetz vorgeschriebene soziokulturelle Existenzminimum mit der Grundsicherung tatsächlich gesichert ist.
47 Vgl. Herrmann-Otto, Elisabeth (2011): Altersarmut in der Antike. In: Uerlings, Herbert/Trauth, Nina/Clemens, Lukas: Armut. Perspektiven in Kunst und Gesellschaft. Dokumentation einer Ausstellung des Sonderforschungsbereiches »Fremdheit und Armut. Wandel von Inklusions- und Exklusionsformen von der Antike bis zur Gegenwart« der Universität Trier in Kooperation

Anmerkungen

mit dem Stadtmuseum Simeonstift Trier und dem Rheinischen Landesmuseum Trier. Darmstadt, S. 265.

48 Die Frage des gesellschaftlichen Stellenwerts des Alters und damit des Wertes des alternden Menschen kann hier nicht diskutiert werden. Zumindest aber kann festgestellt werden, dass die Bewertung des Alters von euphorischen Diagnosen im Feld der Gerontologie bis hin zu essayistisch-biographischen Betrachtungen zur Nutzlosigkeit des Alterns reicht. Vgl. Kruse, Andreas/Wahl, Hans-Werner (2010): Zukunft Altern. Individuelle und gesellschaftliche Weichenstellungen. Heidelberg; sowie Heinzen, Georg (2012): Von der Nutzlosigkeit älter zu werden. Gütersloh.

49 Vgl. Herrmann-Otto, Elisabeth/Schäfer, Christoph (2011): Armut, Arme und Armenfürsorge in der paganen Antike. In: Uerlings, Herbert/Trauth, Nina/Clemens, Lukas: Armut. Perspektiven in Kunst und Gesellschaft. Dokumentation einer Ausstellung des Sonderforschungsbereiches »Fremdheit und Armut. Wandel von Inklusions- und Exklusionsformen von der Antike bis zur Gegenwart« der Universität Trier in Kooperation mit dem Stadtmuseum Simeonstift Trier und dem Rheinischen Landesmuseum Trier. Darmstadt, S. 74 f.

50 Vgl. Hermann-Otto (2011), S. 269. In Japan lässt sich gerade beobachten, wie diese extrem auf Nützlichkeit bedachte Sichtweise wieder Konjunktur hat. Der ›Badehaus-Selbstmord‹ unter alten Frau wird wieder gesellschaftsfähig. Der Druck auf alleinstehende alte Frauen steigt, auf diese Weise dem Gemeinwesen nicht zur Last zu fallen.

51 Zit. n. ebd., S. 269.

52 Die Anfrage findet sich unter http://dip21.bundestag.de/dip21/btd/17/001/1700169.pdf, die Antwort der Bundesregierung unter http://dip21.bundestag.de/dip21/btd/17/022/1702271.pdf. Vgl. auch die Presseberichterstattung, z. B. www.sueddeutsche.de/karriere/senioren-mit-minijob-immer-mehr-rentner-arbeiten-1.1451641.

53 www.tafel.de/die-tafeln/zahlen-fakten.html.

54 Selke, Stefan/Molling, Luise (2012): Tafeln gegen Altersarmut? – Grenzen privater Wohltätigkeit in der »Freiwilligengesellschaft« In: Butterwegge/Bosbach/Birkwald (2012) (Hg.): Armut im Alter, S. 267–280.

55 www.tafel.de/nc/aktuelles/aktuelle-projekte/senioren.html?sword_list[0]=senioren.

56 Ebd.
57 www.noz.de/lokales/50273633/mit-walter-kalthoff-auf-tour-bringdienst-der-bramscher-tafel-versorgt-kunden-jede-woche-mit-lebensmitteln.
58 Vgl. www.redensarten-index.de.
59 Vgl. Schubert, Ernst (2004): Hausarme Leute, starke Bettler: Einschränkungen und Umformungen des Almosengedankens um 1400 und um 1500. In: Armut im Mittelalter, Ostfildern, S. 283–348; Johanek, Peter (2000): Städtisches Gesundheits- und Fürsorgewesen vor 1800. Köln/Weimar/Wien, S. 161; Rösener, Werner (2000): Kommunikation in der ländlichen Gesellschaft vom Mittelalter bis zur Moderne. Göttingen, S. 145.
60 Vgl. Hartz-IV-Ökonomien (2011). Stellungnahme des KDA (Kirchlicher Dienst in der Arbeitswelt). Hannover.
61 Vgl. Kessl, Fabian/Wagner, Thomas (2011): »Was vom Tisch der Reichen fällt ...« Zur neuen politischen Ökonomie des Mitleids. In: Widersprüche, H. 119/120, 31. Jg., Nr. 1/2, S. 55–76.
62 Und weiter: »Die alte Ideologie, dass Entwicklungspolitik nur selbstlos sein darf, ist überholt. Was so uneigennützig daherkam, ähnelte dem Verhalten von Kolonialherren. Eine solche Herangehensweise fördert kaum die unabhängige Entwicklung eines Staates.« Vgl. www.spiegel.de/wissenschaft/natur/rio-20-entwicklungsminister-dirk-niebel-im-interview-a-8389 05.html.
63 Vgl. Bundesverband Deutsche Tafel e. V. (2011): Jahresbericht 2010. Nachhaltigkeit im Fokus. Berlin.
64 Vgl. dazu: Selke, Stefan/Maar, Katja (2011): Grenzen der guten Tat. In: Caritas NRW (Hg.), Brauchen wir Tafeln, Suppenküchen und Kleiderkammern? Hilfen zwischen Sozialstaat und Barmherzigkeit. Freiburg i. Br., S. 12–104.
65 Hartz-IV-Ökonomien (2011). Stellungnahme des KDA (Kirchlicher Dienst in der Arbeitswelt). Hannover.
66 Diese Ambivalenz zeigt sich zum Beispiel auch in den Titeln von Eckpunkte- und Positionspapieren der Wohlfahrtsverbände, die selbst institutionelle Träger von Tafeln sind. Eine Auswahl: Caritas NRW (2008): Zwischen Sozialstaat und Barmherzigkeit. Positionspapier der Caritas NRW zu niedrigschwelligen, existenzunterstützenden Angeboten. Düsseldorf; Diakonisches Werk der Evangelischen Kirche in Deutschland e. V. (2010): »Es sollte überhaupt kein Armer unter Euch sein«. »Tafeln« im Kontext sozialer Gerechtigkeit. Berlin.

Anmerkungen 273

67 So ein Vertreter der Tafeln in Rheinland-Pfalz anlässlich einer Podiumsdiskussion der Katholischen Arbeiterbewegung des Diözesenverbands Trier am 31. 8. 2012.
68 Degenhart, Elisabeth (2009): Das 2-Euro-Kochbuch: 101 2-Euro-Gerichte für sparsame Genießer. Graz; Glinka, Uwe/Meier, Kurt (2009): Das Sparkochbuch – günstig und ausgewogen ernähren nach dem Regelsatz Hartz IV. Köln.
69 Degenhart, Elisabeth (2009): Das 1-Euro-Kochbuch: 202 1-Euro-Gerichte für sparsame Genießer. Graz.
70 www.solinger-tafel.de/index.php?article_id=17.
71 www.tafel.de/foerderer/kochbuch-das-gute-essen.html.
72 So Johanna Stefan, Generaldirektorin der Donauversicherung (Vienna Insurance Group), anlässlich einer Podiumsdiskussion zum 13-jährigen Bestehen der Wiener Tafel am 6. 9. 2012.
73 Debord, Guy (1996): Die Gesellschaft des Spektakels. Berlin, S. 13.
74 Vgl. Gleichstellungsstelle der Stadt Baden-Baden (2012): Zwischen Suppenküche und Allee. Frauengeschichten aus Baden-Baden. Baden-Baden, S. 237.
75 Hessel, Stéphane/Morin, Edgar (2012): Wege der Hoffnung. Berlin, S. 13.
76 Vgl. www.deutschland-rundet-auf.de.
77 Vgl. dazu den REWE-Nachhaltigkeitsbericht oder auch das Metro-Jahrbuch. Beide Firmen sind Hauptsponsoren der Tafelbewegung.
78 Vgl. www.journal-frankfurt.de/journal_news/Kultur-9/Tafelwasser-fuer-Flaschensammler-11834.html.
79 Für eine ähnliche Aktion warben die bekannten Münchner Tatort-Kommissare Udo Wachtveitl und Miroslav Nemec. Das Kloster Andechs stellt 2500 Pfandflaschen zur Verfügung, mit denen dann »Pfandflaschen-Recruiting« für ein Straßenmagazin gemacht wurde. Vgl. www.wuv.de/agenturen/pfandflaschen_recruiting_fuer_strassenmagazin_biss.
80 www.frankfurter-tafel.de/?page_id=16.
81 Vgl. feedback (2008): Gute Tat am Pfandautomat! Das Lidl-Pfandflaschenprojekt. In: feedback. Für Freunde, Förderer und Mitarbeiter der Tafeln in Deutschland, H. 2, S. 4 f.
82 Auf einen offenen Brief des »Kritischen Aktionsbündnisses 20 Jahre Tafeln«, das sich ausdrücklich gegen diese Form der Verkitschung des Sozialen wandte, reagierte weder der stellvertretende Minister Matschie noch die Schirmherrin der Tafeln, Ministerin Kristina Schröder.

V Nach dem Lob

1 Zur definitorischen Unterscheidung dieser Formen vgl. das Rahmenkonzept »Freiwilliges Engagement im Diakonischen Werk in Hessen und Nassau«, das grundlegende Gemeinsamkeiten und Unterschiede erläutert. Download unter: http://diakonie-hessen-nassau.de/freiwillige-mitarbeit/freiwilliges-engagement.html.
2 Vgl. dazu: Notz, Gisela (1999): Die neuen Freiwilligen. Das Ehrenamt – Eine Antwort auf die Krise? Neu-Ulm, S. 7.
3 Vgl. www.bmfsfj.de/BMFSFJ/freiwilliges-engagement.html.
4 Ebd.
5 EU (2007): Arbeitsdokument über Freiwilligentätigkeit als Beitrag zum wirtschaftlichen und sozialen Zusammenhalt. Ausschuss für regionale Entwicklung. Vgl. http://bmsk2.cms.apa.at/cms/freiwilligenweb/attachments/6/3/7/CH1058/CMS129 2419696384/ep-harkin-papier_%282%29.pdf.
6 EU (2010): Entscheidung des Rates vom 27. November 2009 über das Europäische Jahr der Freiwilligentätigkeit zur Förderung der aktiven Bürgerschaft (2011). Vgl. www.ejf2011.de/index.php?id=2428.
7 Vgl. dazu klassische Illich, Ivan (1980): Schattenarbeit oder vernakuläre Tätigkeiten. Zur Kolonisierung des informellen Sektors. In: Duve, Freimut (Hg.): Technologie und Politik. Das Magazin zur Wachstumskrise. 15/1980, S. 48–63.
8 http://derstandard.at/1347492709129/Auf-der-Suche-nach-dem-Glueck-im-Alter.
9 www.hna.de/nachrichten/stadt-kassel/kassel/ehrung-gruender-kasseler-tafel-2311723.html.
10 Fallert, Mareike (2012): Ich koche für euch! In: chrismon, H. 7, S. 12–19.
11 Die Supermärkte wollen mehr Absatz machen, indem sie mehr Produkte und Produktvarianten vorrätig halten – damit steigt aber auch die Wahrscheinlichkeit, dass Lebensmittel übrig bleiben. Umgerechnet wird dieser kalkulierte Überfluss auf die Preise.
12 Layer, Mareike (2011): Prekäre Gastfreundschaft im historischen Vergleich. In: Selke, Stefan/Maar, Katja (Hg.), Transformation der Tafeln in Deutschland. Wiesbaden, S. 51–64.
13 So wurde der Jahresbericht des Bundesverbandes Deutsche Tafel e. V. 2009 sogar mit einem »creative award« prämiert. »Bei

Anmerkungen 275

den »ARC Awards 2010« erhielt der Bericht eine Ehrung in der Kategorie ›Social Service Organization‹. Der in Zusammenarbeit mit der Berliner Agentur M. Schulz, Büro für Kommunikationsdesign AG gestaltete Jahresbericht trägt den Titel »Geben und Nehmen«. (Quelle: Webseite www.tafel.de, 12. 11. 2012).

14 Anlässlich eines vielbeachteten Vortrags auf dem »1. Interdisziplinären Tafelsymposium« an der Hochschule Furtwangen, vgl. auch Witt, Rainer (2011): Die Dienstleistung der Tafeln als Premiummarke. In: Selke, Stefan/Maar, Katja (Hg.), Transformation der Tafeln in Deutschland. Wiesbaden, S. 85–102.

15 Anlässlich seines Vortrags bei der Veranstaltung »Zur Kritik und Überwindung der ›Tafel-Gesellschaft‹« der Katholischen Arbeiterbewegung des Diözesanverbandes Trier am 31. August 2012.

16 Vgl. Werth, Sabine (2010): Es geht auch anders – Nach der Routine kommt die Vielfalt. In: Selke, Stefan (Hg.): Tafeln in Deutschland. Aspekte einer sozialen Bewegung zwischen Nahrungsmittelumverteilung und Armutsintervention. Wiesbaden, S. 257–263. Vgl. dazu ausführlich Sedelmeier, Timo (2011): Armut und Ernährung in Deutschland. Eine Untersuchung zur Rolle und Wirksamkeit der Tafeln bei der Lebensmittelausgabe an Bedürftige. Berlin.

17 Vgl. ebd., S. 263.

18 Vgl. Sedelmeier, Timo (2011): Tafeln und Verwundbarkeit. In: Selke, Stefan/Maar, Katja (Hg.), Transformation der Tafeln in Deutschland. Wiesbaden, S. 67–80.

19 Vgl. http://dip21.bundestag.de/dip21/btd/17/056/1705641.pdf. Darin wird gefragt: »Ist der Bundesregierung bekannt, wie viele Tafeln es gegenwärtig in der Bundesrepublik Deutschland und in den einzelnen Bundesländern gibt? Wie viele Personen wurden in den einzelnen Jahren 2005 bis 2010 in der Bundesrepublik Deutschland und in den einzelnen Bundesländern von diesen Tafeln versorgt? Wie erklärt sich die Bundesregierung die Zunahme der Tafeln und der mit diesen Angeboten versorgten Personen? Ist der Bundesregierung bekannt, in welchen Bundesländern die Tafeln in welcher Höhe Zuschüsse aus dem Landeshaushalt erhalten? Ist der Bundesregierung bekannt, wie viele Sozialkaufhäuser es gegenwärtig in der Bundesrepublik Deutschland und in den einzelnen Bundesländern gibt? Wie viele Personen haben in den einzelnen Jahren 2005 bis 2010 in der Bundesrepublik Deutschland und in den einzelnen

Bundesländern Sozialkaufhäuser genutzt? Wie erklärt sich die Bundesregierung die Zunahme der Sozialkaufhäuser und die steigende Nutzung dieser? Ist der Bundesregierung bekannt, in welchen Bundesländern die Sozialkaufhäuser in welcher Höhe Mittel aus dem Landeshaushalt erhalten?« Die Antwort der Bundesregierung findet sich unter http://dip21.bundestag.de/dip21/btd/17/060/1706043.pdf.

20 Speziell für Lebensmittelausgaben, die nicht dem Bundesverband angehören, gibt es keine Zahlen auf Länder- oder Bundesebene. Auch über die Zahl der Sozialkaufhäuser in Deutschland liegen keine belastbaren Informationen vor. Unter der Internetadresse www.sozialkaufhaus.com gibt es eine deutschlandweite und nach Ländern gegliederte Übersicht über Sozialkaufhäuser, oftmals mit Angaben zum jeweiligen Sortiment. Ob es sich dabei um eine vollständige Auflistung handelt, kann von Seiten der Bundesregierung nicht überprüft werden. Eine solche Einschätzung wird auch dadurch erschwert, dass die Bezeichnung Sozialkaufhaus nicht klar definiert ist. Generell handelt es sich um Verkäufer von Gebrauchtwaren, was auch Internethändler einschließt, eine durchgängige Beschränkung der Kundschaft auf Personen mit einem Leistungsbescheid nach dem SGB II oder SGB XII oder sonstigen Einkommensnachweisen kann jedoch nicht unterstellt werden. Deshalb ist die Abgrenzung zu »normalen« Secondhandläden fließend und damit auch die Abgrenzung zwischen gemeinnützigen und kommerziellen Anbietern.

21 Kritisch an der Datenlage ist die Tatsache, dass die teilnehmenden Tafeln nicht nach einem Zufallsverfahren ausgewählt wurden. Zentrale Gütekriterien der empirischen Sozialforschung sowie die Trennung von Erhebungs- und Verwendungszusammenhang werden damit nicht erfüllt. Zudem gibt es beim Bundesverband Tafel keine Auskunft darüber, wer die Daten erhoben und aggregiert hat.

22 Vgl. Diakonie Baden-Württemberg GmbH (2011) (Hg.): Angebot in Würde. Sozialwissenschaftliche Untersuchung der Situation der Nutzerinnen und Nutzer von Tafelläden in Baden-Württemberg. Karlsruhe/Stuttgart. Vgl. auch Hoffmann, Holger/Hendel-Kramer, Anneliese (2011): Angebot zur Würde? Befragung von NutzerInnen zu den Wirkungen der Tafeln. In: Selke/Maar (Hg.), Transformation der Tafeln. Wiesbaden, S. 123–135.

23 Vgl. Diakonie Baden-Württemberg GmbH (2011), S. 9.

Anmerkungen 277

24 Vgl. o. V. (2003): Tafelfreuden. In: Stern Nr. 50/2003, S. 97 ff.
25 Molling, Luise (2009): Die ›Berliner Tafel‹ zwischen Sozialstaatsabbau und neuer Armenfürsorge. In: Selke, Stefan (Hg.): Tafeln in Deutschland. Aspekte einer sozialen Bewegung zwischen Nahrungsmittelumverteilung und Armutsintervention. Wiesbaden, S. 181–202.
26 Vgl. »Bewegung für Bedürftige. Erste ›Sporttafel‹ Deutschlands gegründet«. In: Badische Zeitung vom 21. 11. 2010.
27 Vgl. Feedback 2011, S. 4.
28 Anfrage vom 11. Januar 2008 von Abgeordneten der Fraktion Die Linke (Bundestag Drucksache 16/7807).
29 Hier das vollständige Zitat: »Die deutschen Tafeln sind ein herausragendes Beispiel für zivilgesellschaftliches Engagement. Etwa 32 000 ehrenamtliche Helferinnen und Helfer stehen hinter der Tätigkeit der Tafeln. Durch dieses Engagement wird auch Menschen geholfen, die über die staatliche Sozialpolitik nur unzureichend erreicht werden. Die Bundesregierung sieht deshalb in den Tafeln eine wichtige Ergänzung der vorhandenen staatlichen Hilfen. Zu begrüßen ist ferner, dass durch die Tafeln qualitativ einwandfreie Produkte sinnvoll verwendet werden. Nach dem Motto ›Jeder gibt, was er kann‹ engagieren sich nicht nur lokal, sondern auch bundesweit zahlreiche Unternehmen. Aus Sicht der Bundesregierung ist es auch positiv zu bewerten, wenn sich Personen mit geringem Einkommen kostenbewusst verhalten und deshalb ergänzende Möglichkeiten nutzen, um sich möglichst günstig mit Produkten des täglichen Bedarfs zu versorgen.«
30 Vgl. Reidegeld, Eckart/Reubelt, Beatrice (1995): Die Mahlzeitnothilfen in Deutschland. In: neue praxis, 25, H. 2, S. 167–182.
31 Vgl. Roscher, Falk (1996): Gefährdung von Rechtsansprüchen durch private Wohltätigkeit? In: info also 3/1996, S. 147 f.
32 Vgl. Notz (1999): Die neuen Freiwilligen, S. 59.
33 Vgl. Wimmer, Wolfgang (2010): Handeln im Widerspruch. Als Brotverkäufer in der Emmendinger Tafel. Norderstedt.
34 Das Bild des Pflasters wird immer wieder gerne genutzt, um zu verdeutlichen, was fehlende Nachhaltigkeit ist. Vgl. Gröschner, Annett (2008): Das Pflaster auf einer Wunde, die zu groß ist. In: Freitag, 1. August 2008: http://freitag.de/2008/31/08310301.php; sowie Segbers, Franz (2011): Pflaster auf eine Wunde, die zu groß ist. Tafeln, Sozialkaufhäuser und andere Dienste zwischen Armutslinderung und Armutsüberwindung. In: Eurich, Johan-

nes u. a. (Hg.), Kirchen aktiv gegen Armut und Ausgrenzung. Theologische Grundlagen und praktische Ansätze für Diakonie und Gemeinde, Stuttgart, S. 475–492.

35 Die Sozialstudie Saar »Teilhabe und sozialer Zusammenhalt im Saarland« (2009) listet in einem Exkurs mit dem Titel »Das Gesicht der Armut – belastete Familiensituationen im Spiegel von Interviews mit Alleinerziehenden« eine Typenbeschreibung unter der Überschrift »Wir sind keine Sozialschmarotzer – Verharren im Hilfesystem« die Kurzbeschreibung einer Mutter auf, die »manchmal kein Geld für Lebensmittel übrig hat« und dann die Tafel aufsucht. In der Studie zur Armut von Kindern und Jugendlichen im Saarland (2011), die vom Otto-Blume-Institut für Sozialforschung und Gesellschaftspolitik (ISG Köln) herausgegeben wurde, werden Tafeln erwähnt, da 1 Prozent der Kinder in einer Umfrage zum »Erleben von Armut« angegeben haben, dass sie manchmal Lebensmittel umsonst von den Tafeln oder anderen kostenlosen Ausgabestellen bekämen. In kommunalen Armutsberichten werden Tafeln öfter als Indikator für Einkommensarmut und als »Hilfsquelle« erwähnt. Im »Wiener Sozialbericht« (2010) gibt es unter der Rubrik »Angebote für Wohnungslose« einen kurzen Hinweis darauf, dass Asylbewerber die Tafeln nutzen.

36 Nationale Armutskonferenz (2010): Armut und Ausgrenzung überwinden – in Gerechtigkeit investieren. Erfahrungen, Hintergründe, Perspektiven. Berlin, S. 73.

37 Vgl. Martens, Rudolf (2010): Der Armutsbericht ist tot – es lebe die Armutsrechnung! Armut als Folge der Wirtschaftspolitik. In: Blätter der Wohlfahrtspflege, H. 2, S. 63–67.

38 Häuser, Gerd (2011): Die Wirkung von Tafeln aus Sicht des Bundesverbandes. In: Selke/Maar (Hg.): Transformation der Tafeln, S. 109–120.

39 Judt, Tony (2010): Ein Sinn für Anstand. In: Die Zeit, 7. 1. 2010, S. 9.

40 Martens, Rudolf (2010), S. 63–67.

41 Vgl. zum Phänomen der ›Shifting Baselines‹ Welzer, Harald (2009): Klimakriege. Wofür im 21. Jahrhundert getötet wird. Frankfurt a. M. (darin vor allem das Kapitel »Veränderte Menschen in veränderten Wirklichkeiten«, S. 211–240); sowie Schneidewind, Uwe (2008): ›Shifting baselines‹ – zum schleichenden Wandel in stürmischen Zeiten. Öffentliche Vorlesung anlässlich des Ausscheidens aus dem Präsidentenamt der Carl von Os-

Anmerkungen

sietzky Universität Oldenburg. Download unter: www.produktion.uni-oldenburg.de/download/081031Shifting-Baselines-Abschiedsvorlesung.pdf.

42 Vgl. ebd.

Epilog

1 Anlässlich eines Vortrags im Rahmen des »Studium Generale« an der Hochschule Furtwangen. Dieser Vortrag wurde dann später in leicht abgeänderter Form publiziert. Vgl. Hohmann-Dennhardt, Christine (2010): Sozialstaat und Gerechtigkeit. In: Selke, Stefan (2010) (Hg.): Kritik der Tafeln in Deutschland. Standortbestimmungen zu einem ambivalenten sozialen Phänomen. Wiesbaden, S. 57–72.
2 Zum vollständigen Interview mit Peter Udsching vgl. www.guter-rat.de/recht/Oberster_Hartz-IV-Richter_1505735.html.

Misstrauen Sie Ihrer Bank!

Olaf Kumpfert · **Zinsklau**
Wie Banken uns ausrauben
416 Seiten mit zahlreichen Abbildungen, Hardcover mit Schutzumschlag
€ [D] 19,99 · € [A] 20,60
ISBN 978-3-430-20128-5

Hätten Sie gedacht, dass Banken falsch rechnen? Regelmäßig werden Kunden bei der Zinsberechnung übers Ohr gehauen, der Schaden der Verbraucher geht in die Milliarden. Es könnte jeden treffen, der seinen Dispo nutzt oder sein Haus oder seinen Betrieb mit Hilfe einer Bank finanziert hat.
Olaf Kumpfert hat eine Fülle schockierender Fälle recherchiert. Er enthüllt die gängigsten Zinsklau-Methoden und beschreibt, wie sich Gerichte, Staatsanwaltschaften, Politik und Bankenaufsicht wegducken.
Ein erschütternder Bericht über die die tragischen Schicksale der Opfer und die skrupellosen Methoden der Banken.

Econ

Bestseller-Autor Jürgen Roth schlägt Alarm

Jürgen Roth · **Spinnennetz der Macht**
Wie die politische und wirtschaftliche Elite unser Land zerstört
ca. 350 Seiten · Hardcover mit Schutzumschlag
€ [D] 19,99 · € [A] 20,60
ISBN 978-3-430-20134-6

In seinem neuen Buch beschreibt der Enthüllungsjournalist Jürgen Roth den immer schamloseren Machtmissbrauch einer gesellschaftlich destruktiven Elite: Höchste Politiker in Berlin, die Ermittlungen gegen Steuersünder behindern; Richter, die sich nicht für die Wahrheit interessieren oder nur die Interessen von Banken wahrnehmen; Unternehmer, deren unethisches Verhalten von prominenten politischen Fürsprechern gedeckt wird. Roths Recherche bietet eine explosive Mischung aus neuen Fällen kriminellen und unethischen Handelns der sogenannten deutschen Elite.

Altersarmut durch private Vorsorge

Holger Balodis / Dagmar Hühne · **Die Vorsorgelüge**
Wie Politik und private Rentenversicherungen uns in die Altersarmut treiben
272 Seiten · Klappenbroschur
€ [D] 18,00 · € [A] 18,50
ISBN 978-3-430-20142-1

Private Altersvorsorge muss sein, so das Mantra der Politik. Doch schützen Versicherungen wie Riester, Rürup und Co. wirklich vor Altersarmut? Holger Balodis und Dagmar Hühne decken auf, dass private Altersvorsorge für mehr als 80 Prozent der Beitragszahler ein Verlustgeschäft ist.

Ein Augen öffnendes, empörendes Buch, das alle künftigen Rentner dieses Landes interessieren muss.

»Hier decken die Autoren tatsächlich einen Skandal auf.
Ausführlich, nachvollziehbar und beweisbar.«
Süddeutsche Zeitung

Israelische Soldaten brechen ihr Schweigen

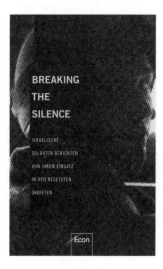

Breaking the Silence (Hrsg.)
Israelische Soldaten berichten von ihrem Einsatz in den besetzten Gebieten
416 Seiten mit s/w-Abbildungen und farbigen Karten
Hardcover mit Schutzumschlag
€ [D] 19,99 · € [A] 20,60
ISBN 978-3-430-20147-6

In diesem Buch berichten Veteranen der israelischen Armee von Schikanen und Übergriffen gegenüber der palästinensischen Bevölkerung, die sie gesehen oder selbst begangen haben. Ein schockierendes Dokument über das Vorgehen der israelischen Armee und die Realität in den besetzten Gebieten.

»Ein wichtiges Buch« *Avi Primor*

»Ein extrem wichtiger Beitrag, um die Ereignisse
im Nahen Osten besser zu verstehen.«
Financial Times Deutschland

Bericht aus der Schlammzone

Johannes Clair · **Vier Tage im November**
Mein Kampfeinsatz in Afghanistan
416 Seiten mit Bildteil, Klappenbroschur
€ [D] 18,00 · € [A] 18,50
ISBN 978-3-430-20138-4

Johannes Clair, ein 25jähriger Fallschirmjäger, hat den Krieg in Afghanistan am eigenen Leib erlebt. Er war dabei, als erstmals seit dem Zweiten Weltkrieg Artillerie eingesetzt wurde, hat mehrere Sprengstoffanschläge und vier Tage Dauerbeschuss überlebt. In seinem mitreißenden und sehr persönlichen Buch erzählt er von seinem Wunsch, in Afghanistan etwas zu bewirken, vom Leben als Soldat, von seinen Hoffnungen und seiner Todesangst. Clair ist ein reflektierter Beobachter und beschreibt ehrlich, wie der Einsatz ihn verändert hat. Ein sehr bewegendes Dokument über eine moderne Kriegserfahrung.

Econ